캐릭터 소설 쓰는 법

CHARACTER SHOSETSU NO TSUKURIKATA

Copyright © 2006 Eiji Otsuka
All rights reserved.
Korean translation rights arranged with Eiji Otsuka
through COMICPOP Entertainment.

이 책의 한국어판 저작권은 COMICPOP Entertainment를 통해
원저자와의 독점 계약으로 북바이북에 있습니다.
저작권법에 의해 한국 내에서 보호를 받는 저작권물이므로
무단 전재와 복제를 금합니다.

살아있는 캐릭터 만들기

개정증보판

오쓰카 에이지 지음
김성민 옮김

북바이북

일러두기

1. 일본어 인명 및 지명 표기는 「외래어표기법」(1986년 문교부 교시)에 따랐다.
   단, 우리에게 익숙한 한자어의 경우 가독성을 고려하여 한국어 읽기로 표기했다.
2. 독자의 이해를 돕기 위해 옮긴이의 주가 필요한 부분은 책의 끝에 미주로 보충했다.
3. 본문에 사용한 부호와 기호의 뜻은 다음과 같다.

    — 단행본 : 『 』
    — 단편소설, 논문, 기사 : 「 」
    — 잡지, 프로그램, 영화, 애니메이션, 게임 : 〈 〉
    — 시리즈물 : ' '
    — 강조와 인용 : ' ', " "

서문

몇 년 전부터, 아니 대학 졸업 후 편집자 비슷한 일을 시작한 뒤로 줄곧 '사람들은 어떻게 이야기를 만드는가'라는 문제에 미련스러울 정도로 파고들었다. '왜'가 아닌 '어떤 식으로'에 초점을 맞췄다는 것만 봐도 알겠지만 나는 사색적인 인간은 아니다. 여하튼 이 화두가 나로 하여금 몇 권의 창작 입문서를 쓰도록 했고 '쓰기'에서 '가르치는' 현장으로 향하게 했다. 창작 입문서란 『이야기 체조物語の体操』[1](북바이북, 2014)와 이 책이며, 넓은 뜻에서 소설 입문서인 이 책들은 '문학' 관계자들에게는 빈축만 샀지만 영화를 가르치려는 대학, 대학원 커리큘럼 관계자들에게는 예상 밖의 관심을 얻었다. 보강에서도 다루었지만 〈스타 워즈〉 시나리오에 신화학자 조지프 캠벨Joseph compbell이 관여하였다는 유명한 일화가 보여주듯이 과거 문예 비평이나 문화인류학의 분석론이었던 이야기론을 영화산업에 응용하는 할리우드의 실상이 나름대로 반영되지 않았나 싶다. 실제로 나의 원작 만화 『다중인격 탐정 사이코』[2]의 할리우드판 시나리오 제작(기획 단계에서 끝날 게 뻔하므로 팬들은 별 기대하지 마시기를)에 대해 미국측 관계자와 대화하면서 느낀 점은 그들이 내 '원작'에 접근하는 방식('어이 당신, 원작자로 여기는 말이 안 된다는 거 알고 있지' 같은 식의)이 이야기론적인 논리성에 바

당한다는 점이었다. 시나리오 창작론을 쓰려고 이 책이나 『이야기 체조』를 쓴 것은 아니지만, 바다 건너에서는 나 같은 사고방식을 크게 싫어하지 않는구나, 하고 '세계'에 대해서는 관심도 없는 '오타쿠'로서 씁쓸했다.

내 생각은 그렇다. 창작이란 자신의 특별함을 증명하기 위한 것이어선 안 된다, 보다 많은 사람이 자기 힘으로 어떤 창작적 표현을 할 수 있으면 그보다 좋을 수 없다고. 이런 생각을 '문학 한 줄 못 쓰는 사람이 어디 있느냐'라며 나름 도발적으로 표현한 바람에, '문학자'로 존재하는 것이 '특별한 나'의 존재 증명인 줄 아는 기득권 집단('문단'이나 '문예지')과의 관계가 상당히 나빴다. 자세한 이야기는 생략하겠지만 이 책이 문예지인 〈군조群像〉[3]를 발행하던 고단샤講談社의 신서에서, 고작 〈야성시대〉[4] 정도 발행하던 가도카와쇼텐角川書店의 문고로 옮긴 데도 그런 사정이 있다. 어쨌거나 독자도 또야? 싶겠지만 나도 '문단'이나 '문예지' 옆만 스쳐도 또야? 하고 몸서리를 치게 된다. 이걸 다 내 인간성 탓으로만 돌릴 수도 없다는 얘기다.

나는 '누구나 쓸 수 있다'는 것이 가장 큰 강점인 만화 표현 속에서 살아오긴 했지만, 소설이나 문학 또한 누가 써도 상관없다고 본다. 그래서 '만화'뿐만 아니라 '문학'이나 '영화' 시나리오에도 폭넓게 응용할 수 있는 '쓰는 법'을 매뉴얼화하는 데 어떤 거부감도 없다. '문학'이 정녕 특별하다면 이 매뉴얼을 갖다 쓸 수 없는 글은 어떤 게 있는지 보여달라고 미움받을 말만 쓰는 나도 문제지만, '글쓰기'를 선택 받은 사람들의 특권으로 여기는 생각도 이해가 되지 않는다.

그런 와중에 문학사를 공부하고 나서 깨달은 점은 오히려 메이지 시대, 일본에 '문학'이 생겨나던 때에는 나와 같은 사고방식이 보통이었다는 점이다. '언문일치체言文一致體', '사생문寫生文'으로 소설을 쓰기 시작한 젊은 작가들은 작법을 입문서 형태로 독자에게 알렸고 문예지도 지금의 인터넷 게시판 같은 독자 참가형 매체였다. 관심이 있어 좀 파헤쳐본 미즈노 요슈水野葉船[5]라는 작가는 소설보다 입문서 쪽 저서가 많을 정도다. 그러나 '보시오, 언문일치체로 쓰면 누구든지 소설을 쓸 수 있다오'라던 시대는 한순간이었다. 나는 이 책에서 다룬 다야마 가타이[6]의 『이불』[7]의 배경에서도 '소설을 쓰는 특별한 나'와 '단순한 초보'로 나뉘어지는 양상을 엿보았다. 이런 역사를 고려한 나로서는 '어떻게 쓸 것인가'라는 문제는 '문학'에 대한 본질적인 비평으로 이어지지 않을 수 없었다.

당신 그러다 너도나도 소설 쓰겠다고 나서면 어쩔래, 무엇보다 누가 그런 책을 읽겠냐는 소리가 들리는 듯하다. 그렇지만 일본 문학사상 소설을 '나'에 대한 글, '나'란 존재를 증명하는 글이라고 좁은 의미로 해석해온 점을 고려하면 휴대전화, 블로그, 2채널에서 전국의 누구나가 '나'에 대한 '글말'을 적는 현재는 말 그대로 누구나가 '사소설'[8]을 쓰기 시작한 것이나 진배없다. 이미 무수한 '사소설'이 읽는 이의 수를 능가할 기세로 인터넷에 만연해 있다.

이런 때일수록 '어떻게 쓸 것인가'라는 문제제기가 의미를 갖는다. 단순히 '어떻게 하면' 소설 신인상을 따느냐는 차원이 아닌, 좀더 넓은 의미로 파악할 필요가 있다. 나는 이 '어떻게'를 '문장과 그림의 전개를 뒷받침하는 이야기의 인과율을 어떻게 이용할 것인가' 하는 기술론의 문제로 본다. 물론 '어떻게'는 여러 차원에서 해석할 수 있다.

이 책과 『이야기 체조』는 주로 중학생 이상 독자 중에서 소설가나 만화가를 지망하는 사람들을 위한 실용 입문서이다. 그러나 나의 관심사는 '어떻게 직업 작가의 기술을 익힐까'가 아니다. 대학이나 대학원에서 직업 작가를 지원하는 사람들 상대로 가르치고 있고 그 나름대로 재미있다. 물론 그들 중 직업 작가가 되는 학생은 소수에 불과하다. 그렇다고 해서 무언가를 창작하는 법을 배울 필요가 없는가? 그건 아니다. 직업 작가는 못 되더라도 '쓰기'는 누구나 배워두면 좋다.

구체적으로 설명해보자. 지금 나의 최대 관심사는 부모나 보육원, 유치원, 초등학교 선생님처럼 어린이를 상대하는 사람들이 아이들과 '이야기'를 만들고 들려주는 기술에 관한 커리큘럼을 만드는 일이다. 내가 만화 일을 계속하고 있는 이유는 독자를 '재밌게 하는 일'에 '재미'를 느끼기 때문이다. 그런 의미에서 나는 평생 엔터테인먼트를 만드는 사람이고 싶다. 나 자신을 이해시키거나 인정받기 위해 무언가를 쓰는 게 아니라, '눈앞에 있는 누군가를 재밌게 만드는 일'이 새삼 중요해 보여서다. 내 눈에 '문학'이 굉장히 한심해 보이는 건 작가가 '나를 이해해줘' '나를 인정해줘'라는 메시지만 일방적으로 발신하기 때문이다. 신인 작가일수록 이런 경향은 노골적이다. '소설'뿐 아니라 모든 창작물은 '수용자'와의 커뮤니케이션이다. '나를 인정해줘'가 아니라 '상대를 받아들인' 다음에 이야기하는 방식이 바람직한 창작이라고 나는 생각한다.

　지금 가장 '해보고 싶은 일'은 '말하다' '이야기를 들려주다'라는 행위를 사람과 사람 사이의 커뮤니케이션으로서 처음부터 다시 생각해보는 작업이다. 그래서 요즘 작은 모임을 꾸려 어린이를 상대하는 어른이 어떻게 하면 즉석에서 '이야기'를 만들 수 있을지 시행착오를 통해 연구하고 있다. 그림이나 낱말을 써넣은 카드를 트럼프처럼 늘어놓고 '이야기'를 만들기도 하고, 지도를 만들어 그 위에서 다같이 이야기를 생각해내기도 하고, '빈칸 채우기 그림책' 견본을 만들기도 한다. 대부분의 명작 아동문학이 '이야기 들려주세요'라는 아이들의 요청에 생각나는 대로 만들어간 결과물이듯, 누구나가 그런 행복한 창작을 재현할 수 있는 방법이 없을지 고민중이다. 나는 이 책에서 세계가 '재이야기화'하고 있고 사람들이 모르는 사이 '이야기'처럼 전개하는 현실에 젖어 있다고 썼다. 누구나가 '이야기'를 자유자재로 만드는 능력을 가진다는 것은 책 밖에 있는 '이야기'에 대한 내성을 기르는 길이기도 하다. 연장자와 대화하는 가운데 '이야기'를 창작하는 것 역시 '말하기 능력' '이야기 능력'을 길러준다.

　말하자면 '작가'가 아니라 이야기 능력을 기르는 '이야기 인스트럭터'같은 사람을 양성하는 커리큘럼이나 입문서를 써보면 어떨까. 이같은 관심은 아이들에게 그들만의 표현으로 헌법 서문을 쓰게 하는 나의 또 다른 시도와도 맥을 같이 한다. 누구나가 인터넷이나 블로그에서 '나'에 대해 끄적이기 시작한 오늘날에는 그런 종류의 직능이 반드시 필요해질 것이다. 돌이켜보면 교사가 되려고 임용고시를

쳤다가 도쿄 도에 채용되지 못하는 바람에 취미였던 '만화'를 밥벌이로 삼았던 것인데, 이제사 그 두 가지 역할이 맞물려가는 듯하다.

이렇게 해서 나의 관심은 '문학'에서 멀어졌다. 과거 이 책의 구판을 집필할 때, 지금은 '라이트 노벨'이라 총칭되는 소설에서 가능성을 발견하고자 나는 그것을 '캐릭터 소설'이라 명명했다. '나를 이해해줘' '나 특별하지?'라는 '사소설', 즉 '문학'이란 껍질을 깨고 나와 소설의 가능성을 더 풍성하게 할 수 있는 '라이트 노벨'이 되길 바라는 마음에 '캐릭터 소설은 문학이어도 된다'라고 썼으나, 결국 그들 일부는 '문단'이나 '문예지'에 편입하여 과거 '문학'이 걸어온 애로를 축소 재생산하는 길을 선택하였다. 어떻게 살든 자유지만, 무슨 재미로 사나 싶다. 그런 모습에 회의가 들어 '문학'에서 멀어진 것도 있다.

문고본으로 펴내면서 이 기회다 싶어 권말에 '보강' 두 꼭지를 새로 썼다. 도쿄예술대학 대학원에서 강의한 '이야기론' 워크숍 내용과 워크숍 레쥬메 중 일부를 바탕으로 하였으며 『이야기 체조』와 이 책을 잇는 역할을 한다. 다소 이론적인 내용으로 흘렀으나 '이야기'에는 일정한 문법, 규칙성이 있다는 기본 사고를 몇 가지 의미에서 조금이라도 실감할 수 있도록 썼다. '몇 가지 의미'란 부분을 자력으로 잘 읽어내주길 바란다.

차례

1강	캐릭터 소설이란	13
2강	살아 숨 쉬는 캐릭터 만들기	31
3강	캐릭터는 패턴의 조합	57
4강	가공의 '나' 만들기	81
5강	캐릭터는 '깨지기 쉬운 인간'일 수 있나	99
6강	이야기의 결말은 열려 있다	123
7강	TRPG풍 소설이란	143
8강	이야기의 법칙을 찾아라	163
9강	'세계관'이란 허구적 일상이다	183
10강	주제는 '세부'에 있다	199
11강	'전쟁'을 어떻게 그릴 것인가	217
종강	근대 문학도 캐릭터 소설이었다	239
보강 1	9 · 11 이후의 세계와 재이야기화하는 세계	259
보강 2	미야자키 하야오의 작품으로 본 이야기의 구조	289
	주석	321
	찾아보기	339

부록 : 「노파 가죽」, 「이즈의 무희」, 〈센과 치히로의 행방불명〉의 이야기 구조 대비표

인간은 왜 소설가가 되고 싶어 할까? 나도 참 궁금하다. 명성이나 인세 수입 같은 현실적인 이유로 소설가가 되려는 사람도 있을 것이다. 이유야 어찌 됐건 '소설가가 된다'는 건 '자기답게 사는 것'과 불가분의 관계를 맺고 있는 것 같아 신기할 따름이다.

  한 유명 작가는 "나는 소설가가 될 운명이었다"는 말을 즐겨 쓴다. 무라카미 하루키村上春樹가 진구神宮 구장에서 야쿠르트 스왈로즈의 야구경기를 보다가 불현듯 소설이 쓰고 싶어졌다고 쓴 걸 에세이에서 본 기억도 난다. 입담이 걸출한 '작가' 양반들이니 무슨 말을 하든 그럴 듯하게 들린다. 그들의 말대로라면 선천적으로 타고나든지 아니면 어느 날 갑자기 신이 내리듯 소설가의 인격이 몸에 내려야만 한다. 사실 여부를 떠나 작가들이 이런 식의 표현을 즐겨 쓰는 건 '소설가'라는 직업이 본인들의 '자기다움'과 떼려야 뗄 수 없는 관계에 있기 때문이 아닐까. 그래서 소설가들이 작품 창작 이상으로 자신의 캐릭터 만들기에 열중하는 것이고. 예로부터 무뢰파[1]나 아웃로outlaw를 자처하는 작가들이 많은데 그들의 말처럼 처참한 생활을 하고 있느냐 하면 꼭 그렇지도 않다. 소설가가 될 운명이었다느니 진구 구장에서 계시를 받았다느니 하는 것도 소설가로 산다는 것이 소설가 자신, 즉 '나'와 구차할 만큼 단단하게 엮여 있다는 의미 그 이상도 이하도 아니다.

이처럼 소설가가 되는 것이 자아 발견과 밀접한 관계를 맺는 건 일본 문학이 '사소설'이라는 전통 위에 발전해온 데 기인한다. 그리고 소설가를 지망하는 사람들이 좀처럼 그 꿈을 이루지 못하는 건 '자아 발견'과 '소설 창작'이라는 행위를 적절하게 구분하지 못하는 탓도 있다. 기성 작가들은 한술 더 떠, 나는 어느 날 갑자기 작가가 됐다며 '작가인 자신'을 아주 당연하다는 듯 주장한다.

우선 자아 발견은 뒤로 미루자. 이 책에선 여러분이 자아 발견이란 문제로 고민하지 않아도 되는 소설 형식을 예로 들어 소설 창작법에 관해 참고서처럼 강의하겠다. '나는 나에 대한 소설을 쓰고 싶어'라는 분도 많겠지만 '나'나 '사소설'에 대한 생각은 잠시 접어두자. 속는 셈치고 말이다.

주니어 소설의 가능성

'나'를 배제한 소설이란 대체 어떤 소설을 가리킬까. 다름 아닌 '스니커문고スニーカー文庫 같은 소설'(이하 스니커 소설)이다. '스니커 소설'이라 하면 얼른 이해되지 않는 분도 있을 텐데, 주니어 소설이라고 생각하면 된다. 젊은 세대를 대상으로 한 달에 수십 종씩 간행되는 게임이나 만화를 떠올리게 하는 소설이다. '스니커문고'는 가도카와쇼

텐에서 나오는 주니어 소설로 좋은 의미로도 나쁜 의미로도 이 장르의 기본 틀을 잡았다.

이 책을 읽는 분 가운데는 스니커 소설을 쓰려는 사람도 있고 〈군조〉 같은 문학 잡지에 실리는 순문학 작가가 되려는 사람도 있고 또 장르 구분 없이 무조건 소설가가 되려는 사람도 있을 것이다. 이 책은 주니어 소설 입문서니까 나하고는 상관없다고 여기는 사람도 있을지 모르겠다.

그러나 주니어 소설이야말로 일본 '문학'이 탄생할 때부터 존재해 온 엄연한 소설의 한 형식이다. 주니어 소설 쓰는 법을 배우는 건 마지막에는 '나'에 대한 소설 쓰는 법을 배우는 것으로도 이어진다는 얘기다. 물론 '사소설'이 아니라 주니어 소설가를 지망해도 상관없다. 아무튼 작가가 깊이 파고들면 사실 주니어 소설도 무궁무진한 가능성이 있는 장르다. 그런데 이따금 전직 주니어 소설가가 일반 소설 잡지나 주간지에 등장하는 에세이스트 또는 작가가 되면 과거의 경력을 지워버리거나 넌더리나는 기억으로 회상하곤 한다. 실제로 이런 사람이 몇 명 있다. 그 심정을 이해하지 못하는 건 아니다.

그러나 나는 스니커 소설에서 소설의 미래를 본다. 그래서 편집자로, 평론가로, 만화 원작자로, 대학 강사로 활동하다 지금은 스니커 소설을 쓰기 시작했다. 사실 스니커 소설을 쓰거나 펴내는 사람들은 아직도 그 가능성을 모르고 있다. 예외도 있지만 스니커 소설은 낮은 수준의 소설이란 인식이 아직 남아 있는 탓일까. 결코 순수 문학이 아니라거나 어른들이 읽는 소설이 아니라서 낮은 수준이라고 보는 건 아니다. 작가도 편집자도 스니커 소설의 본질에 대해 한 번도 진지하게 고민한 적이 없는 탓에 '소설'로서 진화하지 못했을 뿐이다. 가장 큰 원인은 출판사가 스니커 소설을 소설로 보지 않기 때문이다.

소설이 아니면 도대체 무엇이란 말인가. 이 문제는 '스니커문고의 표지는 왜 만화가가 그리는가'라는 점과 깊은 관련이 있다.

스니커문고의 표지 일러스트는 왜 애니메이션 그림인가

스니커문고의 표지에는 거의 예외 없이 만화가나 애니메이터가 그린 일러스트를 쓴다. 서점의 서가에서 스니커문고와 함께 진열되는 덴게키문고[2]나 후지미판타지아문고[3], 또는 여학생 대상의 코발트문고[4]나 X문고[5]를 봐도 사정은 마찬가지다. 물론 일반 문고본이나 단행본 중에도 표지에 일러스트가 들어간 경우가 있다. 최근 들어 이런 사례가 부쩍 늘고 있는데 일반 소설 문고본이 잘 팔리지 않기 때문이다. 나쁜 의미에서 스니커문고와 닮아가고 있다. 한편 이와나미문고[6], 고단샤문예문고[7]처럼 소설 문고본인데 표지에 제목과 작가명만 싣는 경우도 있다.

그럼 '스니커 소설' 문고본은 왜 하나같이 약속이라도 한 것처럼 만화나 애니메이션 그림을 표지 일러스트로 쓸까? 스니커 소설의 본질과 어떤 연관이 있을까? 스니커문고를 이해하려면 이 점부터 알아봐야 한다.

스니커문고의 표지는 만화나 애니메이션 그림이어야 한다고 원래부터 정해져 있는 건 아니다. 예전에 내가 쓴 『다중인격 탐정 사이코』(이하

『사이코』를 스니커문고에서 낼 때 표지 일러스트를 누구에게 맡길 것인지 출판사와 실랑이를 벌인 적이 있다. 무슨 일을 하든지 출판사나 관계자들과 티격태격하는 편이라 그 자체는 별 문제가 되지 않는다. 아무튼 표지 일러스트에 원작 만화 『사이코』의 그림 담당이었던 다지마 쇼우[8]가 아니라 무명에 가까운 영국인 일러스트레이터 트레버 브라운[9]을 쓰겠다고 했을 때 출판사(가도카와쇼텐)의 반응은 시원찮았다.

트레버 브라운은 애니메이션이나 만화 장르에서만 무명일 뿐, 당시 화집도 냈고 그의 그림을 모으는 수집가가 있을 정도로 세계적으로 유명했다. 나도 그중 한 사람이었고. 애니메이션이나 만화를 그린답시고 컷 만화가 아닌 한 장짜리 그림밖에 못 그리면서 아티스트를 자칭하는 일러스트레이터들과는 격을 달리하는 사람이다. 그의 화집에 해설문을 쓴 적도 있고 해서 『사이코』의 표지 일러스트레이터를 생각하던 차에 자연스레 그의 그림이 떠올랐던 것이다.

출판사에선 곤란하다고 했고, 왜 다지마 쇼우의 그림이 아니냐는 독자들의 지적도 충분히 예상할 수 있었다. 그런데도 트레버로 밀어붙인 건 스니커 소설에 대한 내 나름의 작은 의문을 공유하기 위해서다. 왜 스니커 소설은 애니메이션 그림이나 만화로만 표지를 꾸며야 하는지 출판사나 독자, 동업자인 소설가들에게 한 번쯤 생각할 기회를 마련해주고 싶었다. 그동안 내가 원작을 담당했던 게임을 소설로 펴낸 적은 있었지만 처음부터 소설을 쓰겠다고 마음먹고 쓴 작품은 소설판 『사이코』가 처음이었다. 그런 만큼 본격적으로 소설을 쓰기 전에 소설의 원형에 대해 명확하게 짚어두고 싶었다.

캐릭터 상품으로 본 소설

이유야 어찌됐건 표지에 애니메이션 그림이나 만화를 넣는 게 그렇게 중요한 문제일까. 결론부터 말하면 중요하다. 왜냐하면 스니커 소설과 일반 소설의 결정적인 차이와도 관련되는 문제니까.

지금은 스니커 소설에 애니메이션 그림이나 만화를 그려 넣는 게 편집자나 작가들 사이에선 상식이 되었다. 그래서 어느 누구도 왜 그래야 하는지 생각조차 하지 않는다. 굳이 말하자면 그렇게 해야 '잘 팔리니까'라는 게 가장 큰 이유다. 스니커 소설은 게임이나 애니메이션을 소설화한 2차 상품에 해당한다. 다시 말해서 원작 일러스트가 들어간 공중전화 카드나 상품들과 표지에 애니메이션 일러스트가 들어간 스니커 소설은 상품이란 면에서 보면 별반 다를 게 없다. 캐릭터 상품들과 마찬가지로 스니커 소설은 애당초 캐릭터 상품으로 팔릴 운명이기 때문에 애니메이션 그림이나 만화가 표지에 들어가는 것이다.

인기 애니메이션의 일러스트만 들어가 있어도 책을 사고 싶어 하는 독자들의 심리는 이해한다. 하지만 스니커 소설도 엄연한 소설이라는 점을, 책을 내는 장본인인 출판사측이 잊어서는 안 된다.

내가 소설판 『사이코』에 다지마 쇼우의 일러스트를 사용하지 않은 것도 표지 일러스트의 부속품으로 여겨지는 '스니커 소설'에 대해 회의를 느꼈기 때문이다. 초코에그[10] 속에 들어 있는 캐릭터 인형을 봐도 원래는 초콜릿 속에 들어 있는 경품이었는데 주객이 전도되어 요즘은 경품이 상품 본체가 되고 말았다. 초코는 '식품완구'로 유통시키기 위한 수단에 지나지 않는다. 스니커 소설에도 이런 측면이 없지 않다. 그렇다고 만화나 애니메이션 그림이 들어간 표지를 부정하는 건 아니다. 스니커 소설이 '캐릭터 상품'이 아닌 '소설'로도 팔릴 가치가 충분히 있다는 걸 입증하고 싶을 뿐이다.

또한 스니커 소설이 캐릭터 상품으로서 존재하는 걸 부정하지도 않는다. 다만, 캐릭터 상품의 역할을 하는 소설과 그렇지 않은 두 종류가 있다는 건 확실하다.

애니메이트[11]에서 나오는 캐릭터 상품만 봐도 팬의 입장에서 보면 분명 만족할 만한 수준은 아니다. 마찬가지로 좋아하는 캐릭터라도 팬의 마음에 드는 그림과 그렇지 않은 그림이 있을 수 있다. 무턱대고 필통이나 휴대전화 줄로 만든다고 되는 게 아니다. 상품이란 디자인이나 감각이 중요한데 캐릭터 상품 중 대부분은 그림만 넣어놓으면 끝인 줄 아는 경우가 허다하다.

캐릭터 상품으로 본 소설도 마찬가지다. 입어서 편하고 색깔도 디자인도 괜찮다는 게 먼저 보장된 티셔츠에 질 높은 캐릭터 그림이 인쇄되어야 하지 않는가. 이처럼 스니커문고도 소설이라는 것이 전제조건이다. 그런데 스니커 소설의 필자 중에는 작가로서 최소한의 조건도 갖추지 못한 사람들도 있다. 스니커 소설 작가나 편집자 중에는 자기네 장르가 다른 소설보다 하급으로 평가되는 걸 억울해 하는 사람이 있는데, 자격 미달인 작가가 있고 그 사람들을 허용하는 이상 어쩔 수 없는 일이다. 그러니 주니어 소설가를 지망하는 여러분은 절대로 수준 낮은 작가를 목표로 삼지 말기를 바란다.

애니메이션이나 만화를 표본으로 한 소설

방금 스니커 소설은 만화나 애니메이션 표지 일러스트에 의존해선 안 된다고 잘라 말했다. 하지만 앞에서도 설명했다시피 애니메이션 그림이나 만화로 된 표지 일러스트가 스니커 소설 장르를 본질적으로 규정하고 있다는 것도 부인할 수 없다.

〈그림 1, 2〉를 보자. 이 그림은 '다중인격 탐정 사이코' 시리즈와 『기지마 일기』[12] 라는 나의 원작 만화에 관한 설정 자료다. 일러스트는 내 사무실에서 일하는 히라린이라는 직원이 그렸다. 그에게 이미지나 대략적인 생각을 들려주면 이런 일러스트로 대강 그린 후 캐릭터별로 디자인화를 그린다. 만화가들은 이 디자인화를 자신의 화풍에 맞춰 수정한 후 만화용 캐릭터로 승화시킨다. 쉽게 말해 내가 '원작'을 담당할 경우에는 시나리오 원고와 함께 시각적 이미지로 표현한 시안도 제공하고 있다.

번거롭지만 캐릭터의 이미지를 글로 전하기 전에 이런 식의 '그림'으로 구체화하는 편이 이미지의 성격을 전달하는 데는 훨씬 수월하기 때문이다. 그런데 여기에는 또 다른 이유가 하나 있다. 나는 주로 내가 쓴 만화를 노벨라이즈novelize, 즉 소설화하는 형식으로만 소설을 써왔다. 그리고 바로 이 노벨라이즈라는 소설 창작기법에서 스니커 소설이 갖는 가능성을 발견했다. '만화 그림을 한 번 거친 소설'이라는 점이 독자들의 흥미를 끈다는 사실이다. 이 점에서 노벨라이즈뿐만 아니라 일반 소설을 쓸 때도 사전에 캐릭터 시트를 준비하는 과정이 꼭 필요하다고 생각한다. 그래서 나는 만화풍, 애니메이션풍의

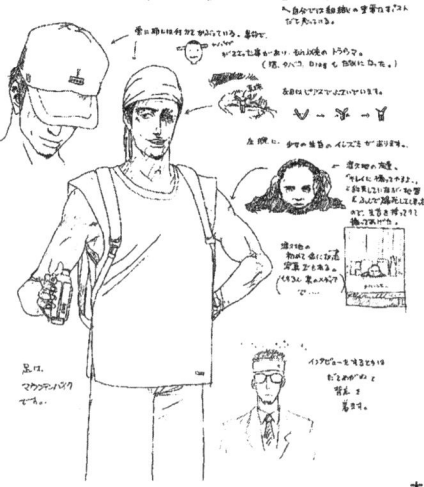

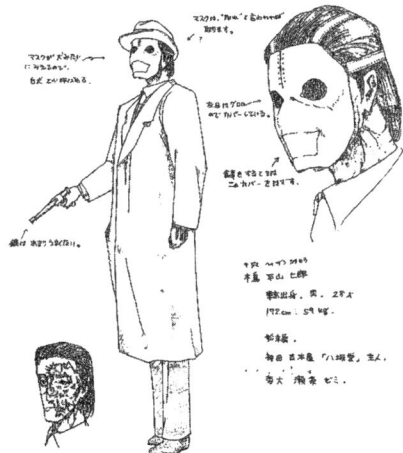

그림 1
『다중인격 탐정 사이코』의
도구치 고쿠오 캐릭터표(위)

그림 2
『기지마 일기』의 기지마 헤이하치로
캐릭터표(아래)

1강 캐릭터 소설이란 **23**

캐릭터 디자인을 만든 후 소설을 쓰겠다고 결심했다.

왜냐고?

그것이 스니커 소설을 다른 일반 소설, 즉 '문학'이나 '엔터테인먼트 소설'과 구별하는 결정적인 차이점이니까. 다시 말해 스니커 소설이란 원래 애니메이션이나 만화를 '표본'으로 한 소설이니까.

현실을 '사생'하는 문학

이제부터 이야기가 어려워지더라도 꿋꿋이 읽어주기 바란다. 여러분들이 쓰려는 소설이란 도대체 무엇인지 가장 기본이 되는 '정의'에 관한 부분이다.

문학사 수업 시간에 자연주의 문학에 대해 배운 적이 있을 것이다. 일본에서 정상적으로 문학수업을 받은 사람이라면, 다야마 가타이의 『이불』이라는 작품을 떠올리게 될 것이다. 이 작품에 대한 이야기는 뒤에 따로 하겠다.

요점만 간단히 설명하자면 '자연주의 문학'이란 우리가 사는 현실을 사생寫生하듯이 그려내는 글쓰기 방식을 일컫는 말이다. 자연주의 문학의 문체를 설명할 때 '사생문寫生文'이라는 말이 자주 등장한다. 사생화寫生畵란 사진을 찍은 것처럼 물체의 원근이나 음영부터 형태까지 '현실'을 정확하게 옮겨놓은 그림을 말한다. 자연주의 문학이란 곧 글로 현실을 사진 찍듯이 사생한 소설 형식이다. 회화든 소설이든 현실을 가능한 한 정확하게 재현하려는 주의를 현실주의라고 부른다. 메이지 시대(1868~1912) 무렵부터 적지 않은 일본 소설이 문학으로부터 엔터테인먼트에 이르기까지 '자연주의' 기법을 이용했다.

　오해가 없도록 덧붙이자면 자연주의란 사실 그대로를 글로 옮기는 걸 뜻하는 게 아니다. 소설 속에서는 비록 가공의 인물일지라도 현실 인간의 육체나 사고방식을 기준으로 등장인물의 육체나 사고방식을 묘사하는 걸 의미한다. 묘사가 현실을 벗어날 때는 '고증'이라 하여 현실적으로 있을 수 있는지 없는지를 따져본다. 이런 의미에서 SF도 자연주의라 할 수 있겠다. 물론 의도적으로 '현실' 원리와 동떨어지게 표현하는 초현실주의라는 소설 형식도 있으며 에도가와 란포[13]는 탐정소설을 자연주의와는 다른 원리로 성립하는 소설로 봤다. 여하튼 일본어로 쓰인 소설 중 대다수는 자연주의를 당연한 것처럼 채용하고 있고 너무나도 당연해서 별로 의식하지 않았다.

　이런 경향 속에서 이례적으로 등장한 것이 스니커 소설이다. 그러니까 자연주의 문학과 스니커 소설은 전혀 다른 사고방식에서 출발했다고 보면 된다.

아라이 모토코와 애니메이션풍 소설의 탄생

왜 '스니커문고의 표지는 만화가나 애니메이터들이 그리는가'라는 질문으로 돌아가보자. 이는 내가 왜 직원에게 캐릭터를 만화풍 그림으로 그리게 하는지에 대한 대답도 된다. 내 생각에 스니커 소설은 애니메이션이나 만화라는 허구의 세계를 '사생'하는 소설이다. 인기를 모은 애니메이션이나 만화를 바로 소설화하는 것과는 다르다.

　여러분이 소설판 '사이코' 시리즈를 읽는다고 치자. 저절로 다지마 쇼우의 그림이 머릿속에 떠오를 것이다. 애니메이션이나 만화가 원작인 소설이 아니더라도 스니커문고나 코발트문고를 읽으면서 독자들이 떠올리는 건 현실 인간의 모습이 아닌 애니메이션이나 만화 속 인물들일 게다. 스니커문고를 읽으면서 이 일러스트는 ××선생이 아니라 ○○선생이 그렸으면 더 나았을 텐데라는 생각을 수도 없이 했을 것이다. 말하자면 스니커 소설의 애니메이션이나 만화풍 표지는, 이 소설이 가상현실을 바탕으로 쓰였음을 암시한다.

이렇듯 '현실'이 아닌 애니메이션이나 만화를 사생하는 새로운 소설 형태를 일본에서 처음으로 시도한 사람이 바로 아라이 모토코[14]다. 그녀는 고교 시절에 지금은 없어진 한 SF잡지의 신인상을 수상한 경력이 있다. 당시 신문 인터뷰에서 "뤼팽 같은 소설을 쓰고 싶었다"라는 대답을 했다. 그녀가 말한 '뤼팽'이란 다름 아닌 애니메이션 〈뤼팽 3세〉[15]로 뤼팽이라는 애니메이션이 주는 인상을 글로 재현하고 싶었던 모양이다. 지금부터 20년 전의 일이다.

아라이 모토코의 발상은 일본 문학사상 획기적인 것이었다. 모두가 현실에서 일어날 법한 소설을 쓰는 게 당연한 줄 알고 있을 때 그녀는 애니메이션풍 소설을 쓸 생각을 했으니까. 과장을 좀 보태면 그녀는 자연주의적 현실주의라는 일본 근대 소설의 통념을 깬 사람이었다.

아마도 아라이 모토코는 당시 자신이 일궈낸 성과가 어떤 의미를 갖는지 몰랐을 것이다. 그녀의 데뷔작 표지에 만화나 애니메이션 그림이 들어가진 않았지만 글로 옮겨진 애니메이션이란 걸 스스로는 강하게 의식하지 않았을까. 그 결과 SF 팬뿐만 아니라 애니메이션, 만화 팬들의 열렬한 환영을 받았다. 또 한 사람, 그녀보다 먼저 데뷔한 SF작가 히라이 가즈마사[16]도 애니메이션이나 만화풍 소설의 매력을 독자에게 선보인 소설가인데 설명은 다음 기회로 돌리겠다.

코발트문고 같은 소녀 소설도 처음에는 자연주의적 현실주의에 의존했으나 아라이 모토코가 이 흐름에 합류하면서부터 변화한다. 그러고 보면 만화가이면서 글도 쓰고 표지나 삽화도 직접 그리는 오리하라 미토[17]의 등장은 어쩌면 필연이었는지도 모르겠다. 그녀야말로 소녀 만화를 소설로 옮기는 데 가장 걸맞은 작가였다고 할 수 있다.

어쨌거나 스니커문고가 어떤 특별한 이유가 있어서 애니메이션 그림을 표지에 넣은 건 아니다. 스니커문고가 나오기 전에 후지카와 게이스케[18]의 『우쓰노미코』[19]가 애니메이터인 이노마타 무쓰미[20]의 표지 그림으로 나온 것이 계기였다고 본다. 이 소설은 스니커문고에는 들어 있지 않지만 애니메이션풍 소설, 만화풍 소설을 읽고 싶다는 독자의 잠재적인 욕구에 잘 들어맞았다. 그러다 어디에서 어떻게 잘못되었는지 애니메이션풍 소설은 애니메이션이나 만화 표지만 달면 독자가 무조건 산다는, 독자를 우습게 보는 분야로 변하고 만다. 그렇다고 스니커 소설에 애니메이션이나 만화 표지를 다는 걸 부정할 생각은 없다. 그저 주니어 소설의 본질과도 연관되는 문제라는 걸 재확인하고 싶을 뿐이다.

가상현실을 그리는 소설

자연주의 문학은 또 다른 특징이 하나 있다. 바로 '나'라는 존재다. 자연주의 소설가들은 사생의 대상을 외부의 풍경만이 아닌 자신의 내면 심리에서도 찾았다. 일본의 현실주의는 '현실'이 아니라 '나'라는 내면을 사생하는 소설 쪽으로 너무 치우쳤다고 지적하는 사람도 있을 정도다. 사소설이 그 전형이다. 그렇지 않아도 문학이든 오락성 글이든 '나'라는 일인칭 시점으로 쓰면 독자는 거기에 작가가 투영되어 있는 줄 안다. 무라카미 하루키의 소설에 나오는 '나'는 가공의 캐릭터인데도 독자는 거기에서 무라카미 하루키를 발견하려 든다. 나쓰메 소세키[21]의 소설을 논할 때도 작중의 '나'의 체험은 소세키의 체험을 어떤 형태로든 반영한다고 해석한다.

그러나 애니메이션풍 소설에서는 사생해야 할 '나'란 존재하지 않는다. 거기에는 '나'나 살아 있는 인간이 아닌 가공의 캐릭터만이 존재할 뿐이다. 아무리 캐릭터를 일인칭으로 표현하여도 그것은 작자를 반영하는 '나'가 아니다. 어디까지나 작중의 '캐릭터'를 가리키는 '나'이다. 우리처럼 인간의 형태를 한 존재 속에 깃들여 있는 '나'가 아닌, 애니메이션이나 만화의 외견을 가진 캐릭터 속에 배치된 '나'이다.

그럼 여기서 '스니커 소설'의 정의를 내려보자.

1. 자연주의적 현실주의에 입각한 소설이 아닌, 애니메이션이나 만화 같은 완전히 다른 세계의 원리로 이루어져 있다.
2. '작가를 반영하는 나'는 존재하지 않고 '캐릭터'라는 무생물 속

에 '나'가 깃들여 있다.

내가 이 책에서 스니커 소설을 캐릭터 소설이라 부르는 이유가 여기에 있다. 자연주의를 바탕으로 '나'라는 존재를 묘사하는 사소설이 일본 근대 소설의 한 축이라면, 만화적인 비현실주의를 바탕으로 캐릭터를 그리는 스니커 소설은 캐릭터 소설이라 부르는 것이 그 본질을 가장 정확히 표현한다.

사실상 스니커 소설과 관련된 일을 하는 관계자 사이에서는 캐릭터 소설이란 말이 은어로 쓰이고 있는데 그 이면에는 어차피 캐릭터 상품이니까, 라는 편집자들의 부정적인 생각이 깔려 있다. 애니메이션 그림이 들어간 공중전화 카드나 책받침과 다를 바 없다는 것이다. 이래서 더더욱 캐릭터 소설을 적극적인 의미의 스니커 소설로서 부르고자 하는 것이다.

우리가 쓰려는 건 만화풍, 애니메이션풍, 게임풍 소설이며 그 중심에는 '나'가 아닌 '캐릭터'가 있다. 이런 소설을 쓴다는 건 일본 소설의 전통을 벗어나 미지의 장소에서 새로운 형식의 소설을 창작한다는 의미도 된다. 이로써 애니메이션을 소설화하는 스타일도, 표지가 애니메이션 그림일 수밖에 없는 것도 긍정적인 의미를 갖게 된다.

자신이 몸담고 있는 장르의 정체성을 모른다는 건 매우 불행한 일이다. 그런 의미에서 우선 우리가 쓰고자 하는 것이 무엇인지를 여기에서 재확인했다.

소설 쓰는 법과는 거리가 먼 이야기만 늘어놓고 있다는 볼멘소리가 들리는 것 같은데 그럴 리가 있겠는가. 여러분이 쓰려는 대상은 '나'가 아닌 '캐릭터'다.
 그리고 여러분이 묘사할 대상은 '현실'이 아니라 애니메이션이나 만화 같은 또 하나의 '가상현실'이란 사실부터 염두에 두기 바란다.
 그게 캐릭터 소설 쓰기의 첫걸음이다.

캐릭터 소설 전문지인 〈더 스니커〉 2000년 12월 호에 제6회 스니커 대상 1차 심사 통과자가 발표됐다. 덧붙여 「1차 심사를 끝내며」라는 글이 실렸는데 필자는 '라이트 스태프＋스니커 편집부'로 되어 있다. 누가 쓴 글인지 알 수 없지만 「2차 심사 중에 눈에 띈 문제점들」에 대해 지적하는 글도 있었다. 스니커대상에 응모한 사람이나 주니어 소설 작가를 지망하는 독자들이라면 눈이 번쩍 뜨일 제목이다.

그런데 나는 이 글을 다 읽고 나서 고개를 갸우뚱할 수밖에 없었다. 편집부는 "이대로라면 1차 심사를 영영 통과하지 못한다"고 생각한 응모작들의 공통된 문제점을 여섯 가지로 지적했다.

문제점이란 다음의 항목이다.

① 독창성이 없다
② 구성이 엉성하다
③ 묘사와 설명의 구분이 없다
④ 설정 능력이 미흡하다

⑤ 흔한 캐릭터를 사용한다

⑥ 세계관과 캐릭터가 맞지 않다

이 여섯 가지 중에 하나라도 해당되는 작품은 "1차 심사를 영영 통과하지 못한다"는 얘긴데 지금 스니커문고로 간행되고 있는 작품들은 과연 어떤지 되묻고 싶다. 이 말대로라면 스니커문고에선 내 작품을 펴내면 안 된다. 내 입으로 말하기는 뭣하지만 내 소설은 ①에서 ⑥까지 전부 갖추고 있으니까 말이다. 이 글이 지적한 '결점'이란 캐릭터 소설 신인상을 탈 때나 편집자가 신인작가에게 조언할 때 자주 등장하는 관용구 같은 것이다. 언뜻 보기에 그럴 듯해 보이는 지적이지만 대체 어떤 근거로 얘기하는지 궁금하다.

그래서 이번에는 「1차 심사를 끝내며」라는 글을 가지고 캐릭터 소설에 대해 생각해보고자 한다.

캐릭터 소설의 결점

먼저 이 글을 쓴 사람에게 해주고 싶은 말은 앞에서 지적한 여섯 가지 '결점'이 있는 응모작품이 많았다면 출판사나 작가의 문제라는 것이다. 스니커대상에 응모하는 사람들은 대다수가 스니커문고나 그 밖의 주니어 소설을 읽어온 독자들이다. 〈문학계〉[1]를 정기구독하고 작가는 가나이 미에코[2](몰라도 상관없다)를 좋아한다는 사람은 별로 없을 것이다. 응모자들은 대체로 평소에 스니커 소설을 읽고 '스니커 소설이란 이런 거구나'라는 이미지를 쌓아가며 그 '소설관'을 바탕으로 응모작을 썼을 터이다. 그 결과 수많은 응모작들이 공통된 결점이 있다면 그건 응모자들만의 문제라고 할 수 없다. 응모자는 스니커 소설의 공통된 결점을 자기도 모르는 사이 그 장르 고유의 특성이라고 생각하여 모방했을 가능성이 높으니까.

예전에 다카하시 겐이치로[3]가 "표현이란 장점보다 결점을 모방하기 쉽다"는 말을 한 적이 있다. 정곡을 찌르는 말이다. 말하자면 ①~⑥은 스니커 소설의 '개성'이 될 수도 있다. ①~⑥의 결점을 극복한 소설이 있다면 그건 더 이상 스니커문고가 아닌 소설이 된다. 스니커 대상이나 가도카와쇼텐이 앞으로 스니커 소설이 아닌 소설을 펴낼 생각이라면 또 모르겠으나 그럴 리는 없다. 스니커 소설에 대한 응모자들 나름의 해석을 단순히 '문제점'이라 보고 잘라내는 건 무책임할 뿐만 아니라 자기네 장르에 대한 성찰이 부족하다고 말할 수밖에 없다.

캐릭터 만들기의 문제점이란
글 쓴 사람을 탓해본들 무슨 소용이 있겠는가. 익명으로 쓸 때부터 이미 책임질 의사가 없다는 걸 의미하는데 말이다. 어쨌든 이 글을 좀더 건설적으로 해석하고 싶은데 어떻게 하면 좋을지 생각해보자.

①~⑥의 문제점은 스니커 소설만이 지닐 수 있는 개성이라고 설명했다. 그렇다면 거기에 스니커 소설 쓰기의 중요한 열쇠가 숨겨져 있지 않을까.

앞에서 인용한 여섯 가지 문제점을 다시 보면 그 중 네 가지가 캐릭터의 결점에 관한 문제다. '② 구성이 엉성하다'란 "플롯도 짜지 않고 쓰기 시작하는 바람에" 작품의 전후반에서 "같은 캐릭터의 성격이 전혀 달라진다"는 뜻이다. '③ 묘사와 설명의 구분이 없다'는 이를테면 "냉혹하고 비정한 캐릭터"를 "그는 냉혹하고 비정하다"라고 직설적으로 설명해서는 안 된다는 캐릭터 표현상의 문제점이다. 나머지 '⑤ 흔한 캐릭터를 사용한다' '⑥ 세계관과 캐릭터가 맞지 않는다'라는 두 항목도 캐릭터에 대한 지적이다.

  1강에서 스니커 소설을 캐릭터 소설이라 정의했다. 일본 근대 문학이 '나'에 대한 글, 즉 '사소설'의 역사를 걸어온 것과는 달리 우리가 추구하는 소설은 '캐릭터'를 소재로 한다. 그런 점에서 1차 심사에서 떨어진 작품들의 공통된 결점이 '캐릭터 묘사'로 집중되는 건 아주 중요한 의미가 있다. 적어도 대부분의 응모자들이 캐릭터 묘사에 부단히 애를 쓰고 있다는 걸 짐작할 수 있기 때문이다. 이렇게 생각하면 무엇보다 먼저 캐릭터를 묘사하려 한 1차 심사 낙선자들은 잘못된 게 아니다. 그런데도 "이대로라면 1차 심사를 영영 통과하지 못한다"는 말을 무책임하게 내뱉는 건 생각이 짧아도 한참 짧다.

  게다가 「1차 심사를 끝내며」라는 글 어디에도 캐릭터 소설을 어떻게 쓰면 될지 구체적인 방법론은 없다. 조언이랍시고 "자신이 모티브로 정한 세계에서 실제로 활약한 사람의 이름을 붙여보면 작품의 현실감이 증가한다"고 써놓긴 했는데, 프로들이 이런 식이니까 소설이나 게임 판타지에 나오는 인물들의 이름이 비슷비슷하다는 걸 왜 모를까. ⑤에서는 흔한 캐릭터를 사용하지 말라고 해놓고선 말이다. 상당한 모순이다.

이야기가 벗어났는데 「1차 심사를 끝내며」를 다시 읽어보면 주로 캐릭터에 관한 문제점을 지적하고 있다. 이 문제점을 좀더 살펴보면 다음과 같다.

1. 캐릭터 만드는 법
2. 캐릭터 운용하는 법

②의 구성 문제와 ③의 묘사 문제는 '운용하는 법'에 해당하고 '⑤ 흔한 캐릭터를 사용한다'와 '⑥ 세계관과 캐릭터가 맞지 않는다'는 캐릭터 만드는 법에 해당하는 문제다. 둘 다 독자 여러분이 가장 궁금해하는 부분이라 생각한다.

『로도스도 전기』는 독창적인가

먼저 캐릭터 만드는 법부터 살펴보자. 「1차 심사를 끝내며」에서는 캐릭터 만드는 법을 아래와 같이 설명하고 있다.

⑤ 흔한 캐릭터를 사용한다
이번 응모작을 보면 다섯 편에 한 편 꼴로 '좌우 눈동자의 색깔이 다른' 캐릭터가 나온다. 그런 식으로 개성을 표현하려고 한 것 같은데 과거의 인기작에 나온 캐릭터를 흉내 낸 것으로밖에 보이지 않는다. 자기만의 독창적인 소설을 쓰고자 한다면 캐릭터도 직접 창조했으면 한다.

결국 이 사람은 독창적인 캐릭터를 만들라는 말밖에 하지 않고 있다. 똑같은 말을 '① 독창성이 없다'에서도 하고 비슷한 설명을 달았다.

① 독창성이 없다
인기 게임이나 소설, 애니메이션 등의 설정을 그대로 모방하여 쓴 소설풍 작품을 가리킨다. 개중에는 다른 작품에 나오는 캐릭터들을 짜집기한 티가 역력한 작품도 있었는데 스니커대상이 원하는 작품이 아니다. 제아무리 그럴싸해 보이는 세계라 하더라도 남에게서 빌려온 세계에 불과하다. 독창적인 세계나 캐릭터로 승부했으면 한다.

그러면 내가 쓴 만화의 소설판을 비롯해 인기 게임이나 애니메이션의 소설풍 문고를 간행한 사람은 누구란 말인가. 가도카와쇼텐에 화살을 돌리고 싶지만 참겠다. 여러분은 독창적인 캐릭터를 만드는 방법론이 궁금한데 보다시피 위의 글은 소설가 지망생들에게 아무런 도움도 안 된다.

나는 위의 글을 읽으면서 필자가 맹목적일 만큼 믿어 의심치 않는 '독창성'이란 가치관에 대해 의문이 생겼다. 인기 애니메이션이나 게임의 설정을 빌려온 작품을 쓰면 안 된다고 하는데, 이건『로도스도 전기』'의 속편이나『사이코』의 캐릭터를 그대로 가져다 사용한 이른바 표절작을 두고 하는 말이 아니다. 이런 작품은 저작권 침해라 하여 법에 저촉된다. 따라서 이 글은『로도스도 전기』나『사이코』같은 작품을 흉내 낸 경우를 가리킨다.

그럼『로도스도 전기』나『사이코』를 흉내낸 응모작에 독창성이 없다고 하면 그 원조인 『로도스도 전기』나 『사이코』는 과연 '독창적'인 작품일까?

『로도스도 전기』와 TRPG의 관계

미리 말해두지만 지금부터 쓰는 글은 『로도스도 전기』나 작가인 미즈노 료[5]를 비판하려는 게 아니다. '스니커 소설'의 '독창성'을 알기 쉽게 설명할 수 있는 소재이므로 인용하겠다.

『로도스도 전기』를 비롯해 이후에 등장한 판타지 소설과 판타지 게임에선 왜 주인공들이 약속이라도 한 듯 파티[6]를 이루는 걸까. 너무 당연해서 생각해본 적도 없을 것이다.

원래 이 소설은 'TRPG 리플레이Tabletalk Role Playing Game Replay'[7]라는 형식으로 컴퓨터 게임 잡지에 연재된 글이었다. 이 테이블토크 롤 플레잉 게임, 즉 TRPG에 대해 모르는 사람에게 설명하려면 이야기가 길어지므로 여기서는 간략한 설명만 하고 넘어가겠다. 영화 〈E.T.〉를 보면 초반부에서 남자아이들이 게임을 하는 장면이 나오는데 TRPG의 일종이다.

TRPG란 플레이어가 자신이 연기할 캐릭터를 정한 다음 다른 플레이어의 캐릭터와 협력해서 주사위를 이용해 적과 싸우거나 보물을 찾아 나서는 게임이다. 〈드래곤 퀘스트〉[8]나 〈파이널 판타지〉[9] 같은 컴퓨터 게임을 게임 소프트나 게임기 없이 하는 오프라인 게임 같은 것이다. 혼자서도 할 수 있는 TRPG로 탄생한 것이 컴퓨터 게임 RPG이고 인터넷이 보급되면서 여러 명의 플레이어가 참가하는 〈판타지 스타 온라인)¹⁰ 같은 TRPG형 컴퓨터 게임이 다시 인기를 모으고 있다. TRPG란 문자 그대로 테이블토크(서로 얼굴을 맞대고 이야기하면서), 롤 플레잉(역할을 연기하다, 즉 캐릭터 놀이를 한다) 게임이었다.

이렇게 설명해서는 감이 안 올 것 같다. 나도 TRPG를 어떤 식으로 하는지 직접 보기 전까지는 이해를 못 했다. 실제로 보고 느낀 TRPG는 각자가 캐릭터가 되어 즉석에서 대사를 던지는 게임이어서 룰의 제약은 있지만 그 속에서 플레이어끼리 하나의 '이야기'를 만든다는 점이 매력적이다. 참가자가 '이야기'를 만들 수 있도록 룰이나 게임 구조가 고안되어 있는 것이다.

TRPG에 대한 설명은 이 정도로 해두자.

『로도스도 전기』는 10년 전쯤 일본 중학생들이 가장 많이 읽었던 소설로(한 신문사의 앙케트 결과) 그룹 SNE¹¹ 사람들이 '로도스도 전기'라는 TRPG를 플레이하는 모습을 기록한 데서 시작됐다. 그룹 SNE란 TRPG의 일본 보급에 주력한 번역가 야스다 히토시¹² 주위에 모인 젊은 작가 지망생들의 모임이다. 예전에 스니커문고나 후지미판타지아문고 등에서도 리플레이라는 소설 형식을 볼 수 있었으나 TRPG 붐이 식은 지금은 찾아볼 수 없다. 여담인데 'TRPG 리플레이'는 소설 습작에 굉장한 도움이 된다. 내가 전에 가르쳤던 소설 학교에서 교육 과정에 TRPG를 넣어달라고 적극 주장했던 데는 이유가 있다. 이 책에서도 TRPG의 의의에 대해서 설명하겠지만, 소설가가 되고 싶은 사람 가운데 가까이에 TRPG를 하는 모임이 있으면 꼭 참가해보기 바란다. 반드시 도움이 될 테니까.

RPG에서는 왜 파티를 이루는가

소설 『로도스도 전기』의 원형은 〈로도스도 전기〉라는 TRPG라고 설명했다. TRPG는 한 명의 게임 마스터(이 게임 마스터의 역할에 대해서는 뒤에 가서 설명하겠다)가 있고 복수의 참가자가 '파티'를 이루어 게임을 하는 것이 원칙이다. 이는 '로도스도 전기'뿐만 아니라 모든 TRPG의 '규칙'이다. 즉 〈로도스도 전기〉의 주인공이 파티를 모으는 건 TRPG의 룰이기 때문이다. 미즈노도 이 사실을 알고 의도적으로 이용했으며 그의 소설이 등장할 즈음의 독자들도 알고 있었다. 그러나 지금 판타지 소설을 쓰려는 여러분들은 대체로 이 경위에 대해선 잘 모를 것이다. 단순히 〈로도스도 전기〉나 RPG 컴퓨터 게임을 모방하여 '파티'를 이루는 줄 알 것이다.

그럼 TRPG에서는 왜 파티를 이루는 걸까. 쉽게 설명하자면 톨킨[13]의 『반지의 제왕』[14] 주인공들이 반지 원정대라는 파티를 짰기 때문이다. (다행히도 『반지의 제왕』이 영화화된 덕분에 수많은 독자들에게 그 이름을 다시금 알리는 계기가 됐다.) 이 영국의 고전적 판타지 소설인 『반지의 제왕』의 마니아들이 우여곡절 끝에 『반지의 제왕』 중에서도 작품의 특징을 가장 잘 드러내는 부분을 뽑아서 보드 게임이라는 형태로 만든 것이 TRPG의 고전인 〈D&D〉[15]이다. 이해하기 힘들겠지만 여기에선 이 정도로만 설명하고 넘어가기로 한다. 여하튼 분명히 말할 수 있는 건 '파티'라는 캐릭터 집단 행동 양식은 〈D&D〉가 『반지의 제왕』에서 가져온 개념이란 사실이다. 이것이 TRPG의 주된 룰 가운데 하나가 되었고 이 룰에 매력을 느껴 만들어진 소설이 『로도스도 전기』이다. 이렇게 하여 '파티'라는 개념이 『로도스도 전기』에 도입되었다. 동시에 TRPG를 컴퓨터 게임화한 RPG에도 파티란 개념이 자연스레 도입된다. 따라서 '파티'란 미즈노 료의 독창적인 아이디어가 아니며 파티 멤버를 구성하는 룰도 TRPG의 주된 룰과 비슷한 점이 많다. 사실 '판타지 룰'이라는 제목으로 그룹 SNE가 매뉴얼 같은 걸 제시해주어야 한다. 신세대 독자나 필자들을 위해서도 말이다. 아니면 출판사에서 야스다 히토시나 미즈노 료에게 이런 책을 쓰도록 청탁하면 어떨까.

'모방'에서 나오는 독창성

이렇듯 '파티'란 개념뿐 아니라 미즈노 료의 『로도스도 전기』는 상당 부분 『반지의 제왕』에서 시작된 판타지 TRPG의 룰을 따르고 있다. 그렇다고 『로도스도 전기』를 비난하는 건 아니다. 미즈노는 자신이 그릴 대상이 선인들이 만든 어떤 룰 위에서 성립되는지를 면밀하게 파악한 후 『로도스도 전기』를 썼다는 점에서 바람직하였다. 그래서인지 『로도스도 전기』에는 〈D&D〉를 비롯한 TRPG나 그 원형이라 할 수 있는 『반지의 제왕』을 떠올리게 하는 부분이 많다.

그렇다고 미즈노의 소설에 독창성이 부족한가 하면 그건 아니다. 하지만 「1차 심사를 끝내며」라는 글에 비추어 보면 기존 작품의 덕을 많이 본 『로도스도 전기』는 독창성이 없는 작품이 된다.

또 내가 쓴 만화이자 소설인 '다중인격 탐정 사이코' 시리즈도 마찬가지가 된다. 『사이코』를 쓰기 전에 준비하는 단계에서 수십 권의 사이코 서스펜스 소설을 읽었고 사이코 서스펜스 영화도 수십 편이나 봤다. 거기에서 다양한 이미지나 아이디어를 빌려왔다. '다중인격'이란 아이디어는 사이코 서스펜스물에서는 식상할 정도로 흔한 설정이다. 그걸 알면서도 시리즈 제목에 '사이코'란 말을 넣은 데는 이유가 있었다. 사이코 서스펜스, 그리고 다중인격물의 원조인 히치콕[16]의 영화 〈사이코〉와 거기에서 파생된 수많은 아류작들의 끄트머리쯤에 나의 작품이 위치한다는 의미를 담고 싶었다. 다시 말해 내 작품에는 '독창적'인 것이란 없다는 자숙의 의미로 '사이코'라는 제목을 달았다. 다지마 쇼우의 그림과는 어울리지 않게 제목이 촌스러운 건 이런 까닭에서다.

결과적으로 어떤 창작물도 결코 독창적일 수 없다. 이따금 자신은 독창적이라고 착각하는 작가가 있는가 하면, 〈포켓몬〉[17]의 융겔라라는 이름은 유리 겔라[18]에서 나온 것 아니냐는 고소를 당하고도 "아니다, 우리가 생각해낸 오리지널이다"라고 우기는 게임 회사도 있다. 하지만 생각해보라. 무에서 유를 창조하는 사람은 없다. 다들 선조가 만들어놓은 축적물을 바탕으로 글을 쓴다. 그걸 잊고 경솔하게 독창성 운운해서는 안 된다. 사실 우리는 크든 작든 누군가를 '모방'한다. 오해를 무릅쓰고 감히 말하자면, 창작에서 중요한 건 얼마나 베낄 것인가 하는 기술이다. 특히 게임이나 애니메이션, 만화처럼 오락성을 추구하는 스니커 소설은 어떤 영역의 작품을 어떻게 베낄 것인지가 중요해지고 있다. 오해가 없도록 한마디 덧붙이자면 남의 캐릭터나 스토리를 그대로 '표절하라'는 말이 아니다. 저작권법을 지키면서 정정당당하게 모방하는 창작법이 있다. 그대로만 하면 스니커 소설도 쉽게 쓸 수 있다. 참고로 스토리를 얼마나 모방할지에 대해서는 소설 입문서 『이야기 체조』에서 썼으므로 다시 설명하지 않겠다.

여기에서는 캐릭터를 어떻게 '모방'할 것인지에 대해 나의 캐릭터 만드는 법을 예로 들면서 설명하겠다.

아마미야 가즈히코의 정체는 다라오 반나이

내가 처음으로 쓴 만화 『마다라』[19](『망령전기 마다라』)의 주인공 마다라가 데즈카 오사무[20]의 『도로로』[21]에 나오는 주인공인 핫키마루百鬼丸의 '도작'이란 건 『이야기 체조』에서 밝혔다. 그 밖에도 『마다라』의 등장인물에는 원형이 있다. 예를 들어 몸이 절반으로 잘려져 거기에 인공신체가 이식된 카오스カオス의 아이디어(〈그림 1〉)는 〈우주소년 아톰〉에 나오는 한 장면에서 가져왔다. 악당들이 아톰의 여동생 우란의 몸을 반으로 잘라 똑같이 생긴 반쪽 몸을 붙여 두 명으로 만든다는 장면(〈그림 2〉)이 그것이다.

이뿐만 아니라 기본적으로 내가 만드는 캐릭터는 대부분 기존 작품에서 아이디어를 얻어온다. 이 기회를 빌어 전부 털어놓겠다.

그림 1
『마다라』의 카오스

그림 2
『우주 소년 아톰』의 우란이 둘로 갈라지는 에피소드(데즈카 오사무 전집, 『우주 소년 아톰 8』, 58쪽)

1. 아마미야 가즈히코雨宮一彦

지금까지 누구에게도 말하지 않았지만 이 인물의 모델은 일본 영화의 고전적 명탐정 다라오 반나이多羅尾伴内다. 〈다라오 반나이〉[22]는 패전 후 연합국의 점령 아래 영화 속 칼싸움 장면이 금지되어 하는 수 없이 시대물의 대스타였던 가타오카 지에조[23]를 주연으로 세워 만든 탐정 영화다(몇 십 년 전만 해도 『배가본드』[24] 같은 만화를 시대극 영화로 찍는 걸 금지하던 시절이 있었다). 변장의 귀재인 후지무라 다이조, 즉 다라오 반나이

그림 3
〈다라오 반나이〉 영화 포스터

가 매번 일곱 번씩 변장을 하고 나오는데, 원래는 '일본의 뤼팽'이라 불리던 괴도가 마음을 바로잡아 탐정이 됐다는 설정이다. 영화의 선풍적인 인기로 칼싸움 영화가 해금된 후에도 시리즈는 계속해서 나왔다(〈그림 3〉). 1970년대를 풍미한 핑크 레이디라는 두 명의 여가수가 부르는 노래 구절에도 있지 않던가. "어느 날, 수수께끼의 운전수가… 다름 아닌 변장의 명수였다네"라는. 이 가사는 다라오 반나이의 명대사를 따라한 것으로 일곱 가지 얼굴을 가진 변장의 명수이자 명탐정인 다라오 반나이를 가리킨다(그래서 아마미야의 인격이 일곱 개다). 핑크 레이디가 이 노래를 부를 당시에 이미 아이들은 다라오 반나이가 누군지 몰랐으니 지금 『사이코』를 읽는 독자들도 눈치채지 못했을 줄로 안다. 탐정 소설에서 변장의 명수라고 하면 뤼팽이나 괴인 12면상[25]처럼 주로 괴도의 캐릭터였다. 그런데 〈다라오 반나이〉에서

는 명탐정을 변장의 명수로 설정했다는 점이 참신했다.

사실 『사이코』를 쓰고 있을 때부터 사이코 서스펜스의 범인이 알고 보니 다중인격이었다는 설정은 너무나도 상투적이었다. 그래서 다라오 반나이와 같은 다중인격 '탐정'으로 방향을 잡았다. 미스터리물의 고전적 발상인 '변장의 명수'라는 캐릭터를 어떻게든 부활시키고 싶었던 터라 '변장'을 현대적으로 해석한 다중인격을 이용했다. 그리고 『사이코』에 '다중인격 탐정'이란 수식어를 붙인 건 '괴인 12면상' 같은 뉘앙스를 풍기고 싶어서였다. 흔히 탐정이나 괴도 앞에 붙는 관용적인 표현 같은 것이다.

말하자면 『사이코』는 옛날 탐정 소설에 대한 내 나름의 오마주[26]이기도 했다.

2. 기지마 헤이하치로木島平八郞

『기지마 일기』에 나오는 가면을 쓴 전당포 주인이다. 미나미노 요코[27]가 주연한 2대째 〈여형사〉[28]를 떠올리는 사람도 있는데 틀렸다. 하루는 〈이누가미가 일족〉[29] 재방송을 보고 있는데 스케키요佐淸라는 가면으로 얼굴을 가린 의문의 인물이 나왔다. 옳거니, 저 캐릭터로 긴다이치 고스케 같은 탐정을 만들자라고 생각한 게 발단이다〈그림 4, 5〉. 해외 미스터리 중에 얼굴에 화상을 입어 스키 모자를 눌러쓴 형사인지 탐정인지가 나오는 소설도 있다고 하는데 '가면을 쓴 탐정'치고 독창적인 아이디어란 없다는 얘기가 되나.

3. 아카네 あかね

『리바이아상』[30]에 나오는 죽은 엄마의 몸에서 태어난 여자아이(〈그림 6〉)로 한 여성의 기형종 속에 들어 있었다. 이 캐릭터는 『블랙 잭』[31]의 피노코ピノコ(〈그림 7〉)와 흡사하여 소설 속에서는 "마치 블랙잭의 피노코와 같은"이라고까지 설명했다. 머리 절반을 해골 커버로 숨긴 기카이 다지既開田라는 남자 형사도 등장하는데 〈기카이다 2〉[32]의 주인공 지로ジロー가 모델이다(〈그림 8, 9〉). 그리고 『마징가Z』의 아수라 백작 같은 캐릭터도 나오므로 찾아보길 바란다. 『리바이아상』에서는 이런 식으로 캐릭터를 가지고 노는 동안 그만 제어력을 잃어버려 갈피를 못 잡고 있는 상태다. 하긴 데즈카 오사무도 디즈니 만화 〈아기사슴 밤비〉의 영향을 받아 〈정글 대제〉(밀림의 왕자 레오)를 만들었다. 또 디즈니의 〈라이언 킹〉은 〈정글 대제〉와 내용이 똑같았지만 지적 소유권이나 저작권 등 법적인 문제를 떠나 '모방하여' '새로 만들어낸다'는 점

그림 4
『기지마 일기』의 기지마 헤이하치로

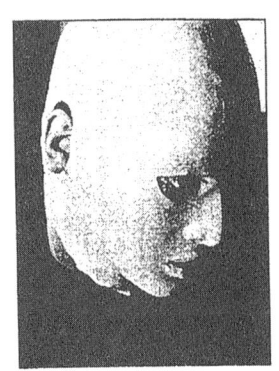

그림 5
〈이누가미가 일족〉의 스케키요

에서 뛰어난 작품이 탄생하는 가장 훌륭한 예라고 생각한다. 나는 데즈카 오사무를 따라가려면 아직 멀었다는 것부터 반성해야 할 것 같다.

그림 6
『리바이아상』의 아카네

그림 7
『블랙 잭』의 피노코(데즈카 오사무 전집, 『블랙잭 14』 23쪽)

그림 8
『리바이아상』의 기카이 다지

그림 9
〈기카이다〉

캐릭터 만들기는 방정식

내 작품들이 얼마나 '독창성'이 없는지를 고백하다 보니 자학하는 것 같아 이쯤에서 그만두겠다. 어쨌든 내가 만들어온 캐릭터 대부분은 '과거의 인기 작품을 흉내 낸 것'이라는 결론이 나온다. 그럼에도 다행히 '1차 심사에서 그치는' 소설가 신세는 면했다. 만화 원작자로서도 지금까지 천만 부 정도는 팔았으니 그리 나쁜 성적은 아니다.

그럼 캐릭터 만들기에 대해 좀더 자세하게 설명하겠다. 지금까지 살펴본 캐릭터 만드는 법에는 몇 가지 포인트가 있다.

첫째, 먼저 모델이 될 캐릭터를 추상화해야 한다. 이름이나 나이, 성별, 캐릭터가 속하는 세계관을 모두 버리고 '일곱 얼굴을 가진 탐정'이라든지 '머리가 해골 모양인 남자' 같은 정도로 캐릭터 고유의 특성이 사라질 때까지 추상화한다. 그런 다음 모델과는 전혀 다른 외모나 성별, 이름, 시대 배경을 부여한다. 이 단계까지 추상화하고 나면 이 세상에 존재하는 캐릭터의 유형은 몇 안 된다. 애니메이션이나 소설을 볼 때마다 등장인물의 캐릭터를 다른 캐릭터로 '변환'하는 연습을 해보는 것도 좋다. 또는 이런 방정식도 여러분의 이해를 도울 수 있다.

캐릭터란 아래와 같은 방정식으로 이루어져 있다.

$$Y = f(x)$$

Y는 아마미야 가즈히코나 다라오 반나이라는 구체적인 캐릭터다.

f는 '일곱 얼굴을 가진 탐정'이라는 추상적인 캐릭터의 특징이며 x는 추상적인 콘셉트를 구체화하는 요소다. 예컨대 아마미야와 다라오 반나이의 경우는,

아마미야 가즈히코 = 일곱 얼굴을 가진 탐정

(다중인격, 꽃미남, 전직 형사)

다라오 반나이 = 일곱 얼굴을 가진 탐정

(변장의 명수, 중년 남성, 전직 괴도)

실제로 x안에 대입할 수 있는 요소는 무수히 많다.

캐릭터에서 드라마를 끄집어낸다

「1차 심사를 끝내며」에서는 다섯 편에 한 편 꼴로 두 눈동자의 색깔이 다른 캐릭터가 등장하는 걸 두고 응모작의 독창성이 없다고 지적했다. 일반적으로 편집자라면 한두 명도 아닌 여러 명의 신인들이 '눈동자 색깔이 다른 캐릭터를 그렸다'는 점에 대해 '무언가'를 느껴야 정상이다. 못 느끼는 사람이 오히려 이상하다. 사실 '사이코'라는 캐릭터의 왼쪽 눈동자에 있는 바코드도 '좌우 색깔이 다른 눈'을 응용한 것이다. 앞에서 본 방정식에 대입하면 f는 '좌우의 눈 색깔이 다른 주인공'이고 x는 '바코드'인 셈이다. 이걸 두고 나쁜 아이디어라고 할 수 있을까?

결국 여러분이 어떤 x를 생각해내느냐가 승부수가 된다. 이것이

캐릭터 만들기의 두 번째 포인트다. 그럼 좌우 눈동자 색깔이 다른 캐릭터를 실제로 만들어보자.

이 경우 '좌우의 눈동자 색깔이 다르다'라는 f를 구체화하는 x를 어떻게 만들지가 문제다. 여기에서 왼쪽 눈동자는 파란색, 오른쪽 눈동자는 분홍색이라는 식으로 색깔만 바꾸어선 의미가 없다. '좌우의 눈동자 색깔이 다르다'라는 외모상의 개성에서 어떻게 드라마를 끄집어낼 것인지가 열쇠이다.

이런 식으로 생각해보면 어떨까.

주인공의 좌우 눈동자 색깔이 다르다. 색깔만 다른가? 색깔만 다른 게 아니라 보이는 것도 다르지 않을까? 보통 사람과 같은 색깔을 한 눈동자에는 보통 풍경이 보인다. 그러면 다른 한쪽 눈에는 무엇이 보일까? 보통 사람들에게는 보이지 않는 것들이다. 그러면 영혼이나 악마가 보이는가? 다른 사람 눈에는 보이지 않는 사악한 걸 볼 수 있는 캐릭터로 설정해 요괴 헌터 같은 일을 시키면 어떨까? 눈동자 색깔이 다르다는 설정만으로는 뭔가 싱겁다. 그는 남들에겐 보이지 않는 것이 보이지만 사실은 그도 보고 싶어 하지 않는다. 그래서 평상시에는 안대나 긴 머리로 가리고 다닌다. '적'을 해치울 때만 안대를 벗거나 머리칼을 쓸어 올린다…. 여기에서 자연히 주인공의 포즈가 나온다. 안대와 긴 머리라면 어느 쪽이든 독자들에게 강한 인상을 남긴다. 이런 식으로 이미지를 발전시켜 나온 캐릭터가 〈그림 10~12〉의 캐릭터들이다.

'좌우 눈동자 색깔이 다르다'에서 출발하여 주인공의 능력이나 직

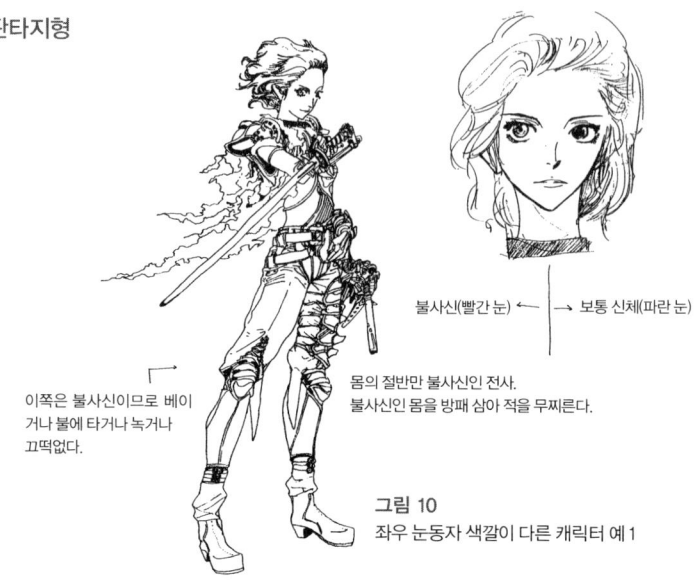

판타지형

이쪽은 불사신이므로 베이거나 불에 타거나 녹거나 끄떡없다.

불사신(빨간 눈) ← → 보통 신체(파란 눈)

몸의 절반만 불사신인 전사. 불사신인 몸을 방패 삼아 적을 무찌른다.

그림 10
좌우 눈동자 색깔이 다른 캐릭터 예 1

업을 설정하다 보면 외모나 포즈까지도 끌어낼 수 있다. '좌우 눈동자 색깔이 다르다'는 주인공의 캐릭터에서 이야기가 저절로 나오게 된다.

캐릭터의 '외모'와 '이야기'를 연결한다

캐릭터를 만들 때 중요한 건 주인공의 외모상, 설정상의 개성이 드라마의 얼개와 연결되었느냐 아니냐 하는 점이다. 단순히 '좌우의 눈동자 색깔이 다른 귀신 잡는 소년이 싸우는 이야기'와 '좌우의 눈동자 색깔이 달라서 귀신을 잡으러 나서야만 하는 소년이 갈등하면서 싸우는 이야기'는 전혀 다른 느낌을 준다. '좌우의 눈동자 색깔이 다르다'는 캐릭터의 요소와 '귀신을 잡으러 나선다'라는 드라마의 뼈대가

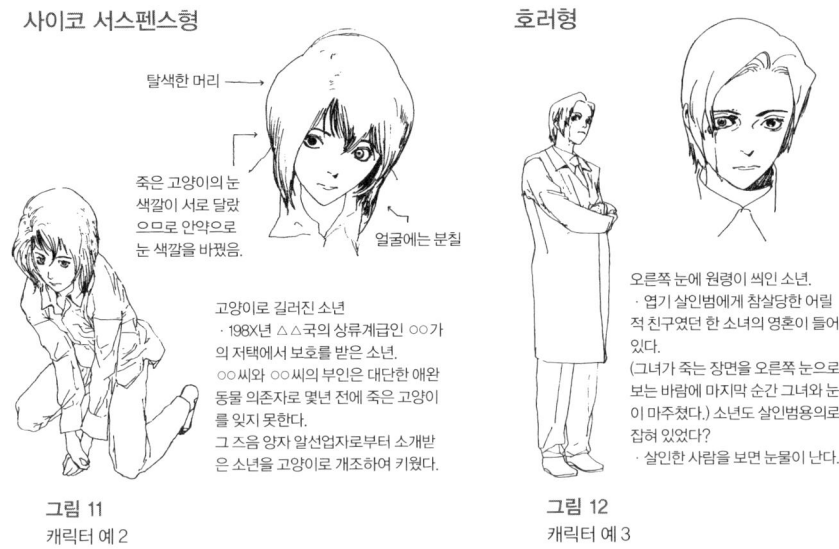

그림 11
캐릭터 예 2

그림 12
캐릭터 예 3

자연스럽게 연결되는 게 중요하다는 얘기다. 이것만 주의하면 '이야기'의 절반은 완성된 거나 마찬가지다.

이렇게 생각하면 '좌우의 눈동자 색깔이 다르다'는 아이디어의 독창성 논쟁 자체가 무의미해진다. 이는 곧 '좌우의 눈동자 색깔이 다르다'는 설정이 앞으로 전개될 드라마와 얼마나 밀접한 관계를 맺고 있는지가 중요해진다는 뜻이다. 반대로 캐릭터의 나이나 성별, 머리 모양, 초능력이 있다거나 마법을 부릴 줄 안다는 설정은 무의미하다. 오히려 핵심이 되는 '설정'은 하나로도 충분하다. 『사이코』에서는 '다중인격 탐정이 있다 → 그는 다중인격인 자신의 실체를 알고자 자신과 똑같이 왼쪽 눈동자에 바코드가 새겨져 있는 엽기범 사건을 추적한다.' 『마다라』에서는 '신체 중 여덟 군데를 망령에게 빼앗긴 소년이 있다 → 그는 없어진 신체 각 부위에 인공신체를 장착하고 원래의 모습을 되찾기 위해 싸운다.' 이런 식으로 내가 쓴 작품 중에서도 구성이 좋은 작품은 주인공의 외모나 신체적 특징(다중인격이라든지 전신이 인공신체라든지)이 주인공의 행동, 즉 '이야기'로 자연스럽게 이어진다.

그렇다면 '좌우의 눈동자 색깔이 다른' 주인공이 나오는 소설로 응모한 사람들은 주인공의 '외모'상 특징과 '이야기'를 생각대로 연결하지 못했던 게 아닐까?

앞에서도 봤듯이 '좌우의 눈동자 색깔이 다르다'라는 독창성이 없다는 지적을 받은 아이디어라도 '이야기'만 매끄럽게 끌어내면 얼마든지 생생한 캐릭터를 살릴 수 있다. 나아가 ⑥ 세계관과 캐릭터가 일치하지 않는다'든지 '캐릭터의 성격이 전반과 후반에서 달라진다' '냉혹하고 비정한 캐릭터'라는 설정을 그대로 "그는 냉혹하고 비정하다"라고 묘사하는 문제도 쉽게 해결된다.

이야기와 캐릭터가 맞물리지 못하는 이유는 캐릭터를 설정할 때부터 이야기를 논리적으로 끌어내지 못한 탓이다. 중간에 성격이 변하는 문제도 캐릭터의 설정과 캐릭터의 행동 원리가 연결되어 있으면 생길 리 없다. 다시 말해 밑도 끝도 없이 '비정하고 냉혹하다'고 설정하기 때문에 캐릭터의 성격이 불안정해진다. '좌우의 눈동자 색깔이 다르다 → 한쪽 눈으로는 남이 볼 수 없는 걸 본다 → 이런 자신의 능력을 좋아하지 않는다 → 그래서 내향적이다, 사람을 싫어한다' 같이 물 흐르듯 성격을 이끌어내면 캐릭터를 묘사할 때 혼란이 생기지 않는다.

캐릭터만 확실하게 만들어두면 캐릭터의 이름과 세계관이 맞고 맞지 않고는 문제가 안 된다. 첫째, 아마미야 가즈히코나 고바야시 요스케小林洋介는 너무나도 평범한 이름으로 들린다. 이름이나 외모로만 캐릭터의 개성을 표현하는 건 머리카락 색깔이나 옷으로만 개성을 표현하려는 것처럼 살아 있는 인간이든 캐릭터든 매력이 없다. 세이료인 류스이[33]가 쓴 'JDC' 시리즈[34]의 명탐정들은 개성이 넘친다. 각자의 '추리 방법'과 외모나 행동 양식을 잘 짝지은 데다 캐릭터의 성격을 한눈에 알 수 있는 이름을 붙였기 때문이다. 특이한 한자로 이름을 짓는다고 개성적인 건 아니다.

이상으로 '캐릭터 만들기'에 관해 설명하면서 '캐릭터 묘사법'에 관한 설명도 했다. 역시 둘은 밀접한 관계를 맺고 있으며, 아무리 특이한 개성이나 독창적인 캐릭터를 추구해도 이야기로 연결되지 않으면 의미가 없다는 점을 확인했다.

2강에 이어 독창성에 대해 좀더 구체적으로 생각해보자. 캐릭터 소설에서 캐릭터는 중요한 의미를 가진다. 아니, 본질이라고도 할 수 있다.

그럼 '캐릭터'란 어떤 것이며 일반 소설의 등장인물과는 어떻게 다른지 알아보자.

우선 데즈카 오사무가 만년에 남긴 캐릭터론을 살펴보자. 다른 책에서도 여러 번 인용해서 이미 본 독자도 있겠지만 캐릭터라는 개념을 이해하는 중요한 실마리가 되므로 싣기로 한다.

"내 그림은 놀라면 눈이 휘둥그레지고, 화나면 눈살을 찌푸리면서 얼굴을 앞으로 내밀지. 한마디로 패턴이 있어. 일종의 기호지. 그래서 이 패턴과 저 패턴을 조합하면 하나의 그림이 되는 거야. 순수 회화가 아니라 생략할 건 최대한 생략한 기호라고나 할까. (중략) 말하자면 내가 생각하는 만화란 표현 수단, 즉 부호에 지나지 않아서 실제로는 그림을 그리는 게 아니라, 어떤 특수문자로 이야기를 쓰는 것 같은 거야."

(데즈카 오사무 인터뷰,「커피, 홍차로 심야까지」,〈퍼프〉[1], 1979년 10월호)

그림 1
인물의 표정 패턴(데즈카 오사무 전집 『만화 전과』 103쪽)

    데즈카는 자신의 만화를 '기호'라고 한다. 기호란 '패턴'이요, 자신이 그리는 그림은 패턴과 패턴의 조합이라고 설명한다. 여기서 패턴이란 만화 제작 기술에서는 빼놓을 수 없는 요소로 그의 만화 입문서 『만화 전과』에서 〈그림 1〉과 함께 패턴에 관한 설명을 한다. 이 그림은 데즈카 만화에 나오는 인물의 표정 패턴이다. 어떤 캐릭터든지 '화난 얼굴'은 위에서 세 번째 줄, 오른쪽에서 첫 번째와 두 번째 그림에 가까운 표정이 기본이 된다. 여기에다 아톰의 머리 모양이나 몸

그림 2
왼쪽부터 아톰, 록, 겐(『우주 소년 아톰 8』 112쪽, 『록 모험기 1』 84쪽, 『겐이치 탐정장 1』 102쪽)

통을 그려 넣으면 '아톰의 화난 얼굴'이 된다. 이렇게 표정 패턴을 조합하여 한 컷 한 컷 아톰의 표정을 결정한다.

아톰의 갈매기 눈썹이나 세로로 긴 눈 모양은 데즈카 만화에 나오는 주인공 록ロック이나 겐이치와 공통된 패턴이다(〈그림 2〉). 또 어린이 캐릭터는 머리 모양이나 옷차림만 다를 뿐 입 모양은 모두 똑같이 생겼다.

데즈카는『만화 전과』의 뼈대가 된〈소년북〉(초등학생용 소년 만화잡지) 1968년 1, 2월호의 별책 부록「만화 대학」에서 "남의 그림을 따라 그리는 것도 좋지만 자기만의 그림을 연구하자. 그러려면 어떻게 하면 좋을까?"라는 질문을 던진 후〈그림 3~7〉을 제시했다. 데즈카 오사무의 질문의 요지는 만화 '그림'의 '독창성'은 어떻게 키우면 좋을까라는 점에 있음을 어린이를 위해 쓴 이 문장만 봐도 잘 알 수 있다.

당시 나는 만화가가 되겠다는 야무진 꿈을 꾸던 초등학생이었다. 데즈카의 숭배자였던 나는 자전거를 타고 무시 프로덕션[2]까지 셀화[3]를 얻으러 가곤 했다. 그러나 그의 대답은 어린 나로선 이해하기에 벅찼다. 아직 만화의 '만'자도 모르는 초등학생 꼬마들을 상대로 '자기

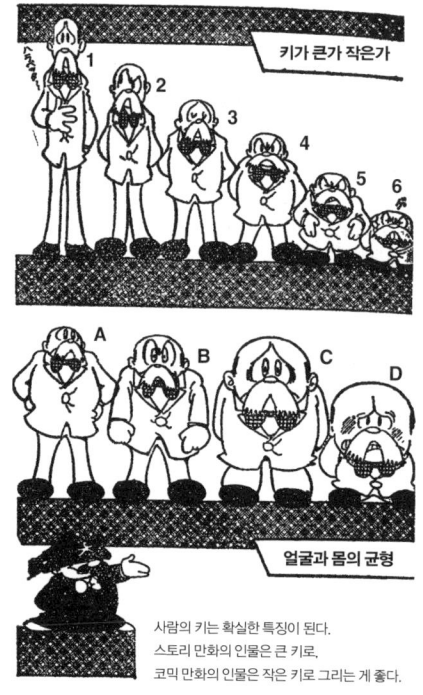

그림 3
신체 비율(「만화 대학」 응용편 1)

그림 4
펜터치(같은 책)

만의 그림'이란 패턴의 '조합이다'라고 정의했으니 말이다.

그러면 데즈카가 말하는 패턴의 '조합'이란 어떤 것일까?

〈그림 3〉은 캐릭터의 키(키가 크다, 작다)와 등신(얼굴과 몸의 비율)에 관한 패턴이다. 키 패턴에는 1~6까지의 숫자가 등신 패턴에는 A~D라는 기호가 붙어 있다는 걸 눈여겨봐두자.

〈그림 4〉의 '부드럽게 그린다'란 '펜터치'를 뜻한다. 요즘은 잘 사용하지 않는 말인데 펜터치란 펜촉의 종류와 사용법에 따라 달라지는 윤곽선의 '개성'을 나타내는 용어다. ㉠은 디즈니 만화풍 펜터치

그림 5
사실감 정도(같은 책)

고 ⓗ은 신문에서 보는 네 컷짜리 만화풍 펜터치다.

〈그림 5〉의 '세세하게 그린다, 대강 그린다'는 '사실감 정도'를 가리킨다. 때마침 이 별책 부록이 나올 즈음 데즈카나 디즈니, 1940년대 중반의 그림에 대한 저항으로 보다 사실적인 '극화'[4]가 대두됐다. 이 같은 움직임을 의식했던 것일까. ⓒ가 데즈카 만화의 '사실감 정도'인데, 극화와 자기 만화의 차이란 '사실감 정도'라는 패턴 차이에 불과하다는 자부심을 엿볼 수 있다.

독창성이란 패턴의 조합

다음으로 데즈카는 "다음에 나오는 인물들이 어디에 해당하는지 맞춰 보자"며 당시 소년 만화지의 인기 작품에 나오던 캐릭터들(〈그림 6, 7〉)을 보여준다. 3-B-ⓒ-b형 캐릭터는 미즈키 시게루[5]의 『게게게 기타로』[6]에 나오는 네즈미오토코(쥐돌이)다. 한눈에 닮지 않았다는 걸 알 수 있는데, 이 컷은 데즈카가 아닌 다른 사람이 그렸다고 책 뒤에 밝혀놓았다. 어쨌든 데즈카는 〈그림 6, 7〉을 통해 자신이 생각하는 만화 표현의 '독창성'이란 '패턴'의 '조합'이라는 주장을 더욱 굳히려 한 것 같다.

그림이 원작과 닮고 닮지 않고를 떠나 여기서 문제는 미즈키 시게루의 네즈미오토코 캐릭터 옆에 쓰여 있는 3-B-ⓒ-b형이나, 사이토 다카오[7]의 『무요노스케』[8]의 주인공 옆에 씌어 있는 1-A-ⓔ-a형이라는 표기다. 미즈키 시게루의 네즈미오토코 경우 키는 〈그림 3〉의 패턴 3(키가 큼), 등신은 〈그림 3〉의 B(3.5등신쯤 될까), 펜터치는 〈그림 4〉의 ⓒ(미즈키의 그림에 ⓒ은 맞지 않는 것 같지만 디즈니의 부드러움과는 다른 부드러움이라는 의미가 아닐까), 그리고 사실감 정도는 ⓑ(데즈카 만화보다는 극화에 가까움)가 된다.

이처럼 데즈카는 〈소년북〉 이외의 만화 잡지나 만화가들의 캐릭터가 갖는 '개성'은 패턴의 조합으로 만들어지며 "이렇게 조합해 가면 자신의 화풍이 생긴다"라고 초등학생을 상대로 설명했다.

물론 독창적인 '화풍'이란 네 종류의 패턴만으로 결정될 만큼 단순하지 않다. 그러나 데즈카가 지금부터 35년 전인 1968년에 독창성에 대한 나름의 생각을 가지고 있었다는 점은 주목할 만하다.

여러 가지 화풍이 완성됐다!

어디에 해당하는지 맞춰보자.

3-B-ⓛ-b형

2-A-ⓒ-b형

2-B-ⓛ-c형

조합하다 보면 자기만의 화풍이 생긴다

5-A-ⓒ-c형

1-A-ⓒ-b형

1-A-ⓔ-b형

1-A-ⓔ-a형

4-B-ⓗ-a형

그림 6
패턴의 조합 1(같은 책)

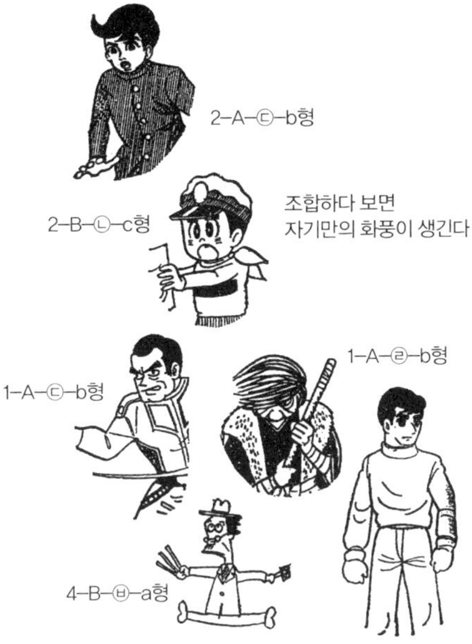

그림 7
패턴의 조합 2(같은 책)

캐릭터를 만드는 세 가지 패턴

캐릭터란 패턴의 조합이라는 데즈카의 이론은 '화풍'에만 머물지 않고 캐릭터의 특성까지도 포괄했던 것으로 보인다. 일반 소설에도 참고할 만한 캐릭터 만들기 패턴을 요약하면 아래와 같다.

① 캐릭터의 기본형을 결정하는 패턴

머리카락도 없이 눈, 귀만 그린 벌거숭이 인형을 머릿속에 그리자. 주인공이 소년인 경우의 눈 모양, 악역인 경우의 코 모양, 아기인 경우의 체형 같이 캐릭터의 역할 표현에 필요한 부위별 패턴이 여기에 속한다. 주인공은 주인공다운, 악역은 악역다운 패턴의 얼굴을 하고 있다. 이런 패턴이 있기 때문에 주인공답지 않은 주인공이라는 캐릭터를 만들 수 있다. 이처럼 부위별 패턴을 조합하여 캐릭터의 얼굴 생김이나 체형을 결정한다. 즉 이 단계에선 캐릭터의 벌거벗은 상태가 결정된다. 데즈카의 만화를 비롯해 대부분의 만화가 등장인물의 머리 모양만 바꾸면 전부 똑같이 생겼다는 야유를 받는 이유도 여기에 있다.

② 머리 모양·옷차림·소도구 등으로 캐릭터의 성격을 구체화하는 패턴

알몸 인형에 가발을 씌우고 옷을 입히고 안경 등 소도구를 들게 한다. 비록 주인공의 얼굴이 똑같은 패턴이라도 이건 아톰이구나, 저건 겐이치구나 하는 정도는 구분이 되어야 하니까. 다시 말해 작품 A의 주인공과 작품 B의 주인공을 구분하고 특징짓는 기호가 필요하다. 아톰이 뾰족하게 솟은 머리칼에 긴 부츠를 신듯이 말이다. 주로 머리 모양이나 옷 또는 '이마에 뭔가가 새겨져 있다' 같은 장식적인 부분이 ①의 기본 패턴에 더해진다. 여기에서 캐릭터가 활약할 무대와 역할이 결정된다.

③ 캐릭터의 연기 패턴

이렇게 앞의 두 패턴을 더하여 탄생한 캐릭터를 움직일 때의 패턴이 〈그림 1〉의 표정 패턴이다. 연기 패턴은 표정만이 아니라 손발과 전신 움직임에도 있다. 놀라면 캐릭터가 공중으로 뛰어오른다든지 하는 것도 그 중 하나다.

유형적인 것과 개성적인 것은 모순되지 않는다

패턴의 조합으로 생기는 '화풍'이나 독창적인 '캐릭터'는 데즈카 시대의 만화에만 해당하는 얘기는 아니다. 여러분이 지금 알고 있는 이를테면 『사이코』 같은 만화도 사실은 패턴의 조합이다. '패턴'이란 요소를 분할하여 재조립하는 걸 뜻한다. 쉽게 말해 우리 눈에 데즈카와 이시모리 쇼타로⁹의 '그림'이 놀라울 만큼 비슷해 보이는 건 같은 종류의 패턴을 사용했기 때문이다. 〈그림 8〉은 한국의 한 만화가가 그린 작품이다. 신기하게도 다지마 쇼우의 그림을 갖다 놓고 베꼈나 싶을 정도로 똑같다. 하지만 그럴 리는 없다. 단지 다지마와 패턴 감각이 같을 뿐이다.

그림 8
한국 만화가의 작품

결국 만화뿐만 아니라 특정 작품이 풍기는 인상을 모방할 수 있는 것도 '화풍'즉 작가의 '개성'이란 것이 실은 패턴의 조합이므로 가능한 일이다.

여기에서 또 독자들은 의아할 것이다. 왜냐하면 개성이란 어느 누구도 흉내 낼 수 없는 거라고 배웠고 그렇게 믿어왔기 때문이다. 내가 맹공격을 퍼부은 스니커 편집부도 이 믿음에서 자유롭지 못하다. 편집부에선 '좌우의 눈동자 색깔이 다른' 캐릭터는 너무 흔해서 독창성이 없다고 평했다. 그들은 '유형적=독창성'이 없다는 생각에 얽매여, 만화뿐 아니라 '표현' 중에는 패턴의 조합에 의해 성립되는 분야도 있다는 사실을 깨닫지 못하는 것 같다.

데즈카와 다지마의 만화 속 그림들은 세세한 패턴으로 나눌 수 있다. 패턴 하나하나는 대체로 과거의 작품에서 따온 것이다. 그런 의미에서 전부 유형적이다. 그런데도 두 작가의 그림은 개성이 넘친다. 할리우드가 인정하였을 정도로 '개성'적이다. 즉 유형적인 것과 개성적인 것은 전혀 모순되지 않는다.

고전문학도 패턴의 조합이다

이야기가 다른 길로 빠지는데, 원래 근대 이전의 일본 소설은 문장도 패턴의 조합이었다. 쉽게 말해 이런 풍경이나 상태를 그릴 때는 반드시 이런 표현을 쓰기로 한다, 하고 정해져 있었다.

한 예로 일본 중세에 셋쿄부시說經節[10]라 하여 눈먼 이야기꾼들이 전국 각지를 돌면서 들려주는 이야기가 있었다. 이야기꾼들은 저마다 긴 이야기를 여러 편씩 외우고 있었다. 그럼 그 긴 이야기를 한 단어도 빠짐없이 외웠느냐? 그건 아니다. 때문에 이야기꾼에 따라 내용이 조금씩 달라졌다.

머리가 아프겠지만 아래의 설명을 읽어보기 바란다.

"이 해설 앞 부분에서 소개한 『신토쿠마루信德丸』에 나오는 문장을 다시 보면, 처음에 나오는 '오토히메 고노요시키코시메시乙姬この由聞し

めし'(공주께서 그걸 들으셨습니다)도 알고 보면 가장 고전적인 관용구 중 하나다. 뿐만 아니라 이 인용문 전체가 관용구와 그 변화형으로 이루어져 있다고 해도 과언이 아니다.

관용구에 대해서 좀더 살펴보면 '오토히메 고노요시코시메시'와 유사한 구절이 『신토쿠마루』에서만 '신키치 고노요시코시메시' '신토쿠 고노요시코시메시' '미다이 고노요시코시메시' 등으로 사용되는 것으로 보아 이 구절의 기본형은 '□□□ 고노요시코시메시'(~께서 그걸 들으셨습니다)라고 볼 수 있다. 또 때로는 '하하와 고레오키쿠요리모母はこれを聞くよりも'라든지 '미다이 고노요시키키타마이御臺この由聞きたまい'가 되는 경우도 있는데 이것도 아래와 같은 이유로 동일 기본형의 변화형이라 할 수 있다.

말하자면 이야기꾼은 기본형만 기억해뒀다가 '기쿠聞く'에 관한 장면이 나오면 빈 네모칸에 등장인물의 이름을 바꿔 넣으면 된다."

(야마모토 기치조, 『셋쿄부시』)

어려운 이야기지만 내용은 데즈카 오사무의 그림 패턴 이야기와 같다. 그림 패턴을 문장 패턴으로 바꿨을 뿐이다. 이 글에서는 「신토쿠마루」라는 '셋쿄부시'를 예로 들었다. 그 속에는 '□□□ 고노요시코시메시'라는 구절이 자주 나오는데 '□□□가 그걸 들었습니다'라는 의미다. 즉 □□□가 누군가로부터 중요한 이야기를 들었을 때는 □□□가 누가 됐든 '고노요시코시메시'라는 관용구로 표현한다는 뜻이다. 그리고 이 기본형의 □□□ 부분에 대입되는 것에 따라 규칙적으로 변화한다.

다시 말해 셋쿄부시 이야기꾼들은 상황에 맞는 관용구를 머릿속에 넣어놓는다. 한 권의 사전처럼 말이다.

그래서 이야기꾼은 셋쿄부시에 나오는 이야기들을 일일이 외울 필요가 없었다. 기껏해야 '내가 아는 이야기 중에'라는 정도가 아니었을까, 하고 셋쿄부시 연구자는 짐작한다. 이런 주인공이 있고 이러저러해서… 라는 대강의 줄거리만 기억해놓고 주인공이 태어나는 장면이 나오면 '출산'에 대응하는 관용구를 가져오는 형태로 이야기를 끌어나간다. 셋쿄부시의 이야기꾼은 지금으로 치면 단행본 한 권 분량의 이야기를 언제든지 풀어놓을 준비가 되어 있었던 셈이다. 안타깝게도 그들 대부분은 앞을 못 보거나 배운 게 없어서 글자를 읽을 줄 몰랐다. 그런데도 이야기꾼이 될 수 있었던 건 이야기를 통째로 외워서가 아니라 '패턴을 조합해서 이야기하는' 기술을 가진 덕분이다.

'관용구'에서 '사생문'으로
이렇듯 셋쿄부시를 비롯해 근대 이전의 '문예'란 관용구의 조합이었다. 하이쿠[11]의 기고[12]나 단가[13]의 마쿠라코토바[14]도 '이 시에는 이런 말로 표현해야 한다'는 하나의 약속이다.

그러던 것이 근대 이후 '사생문'이라는 개념이 들어오면서 일본 문학에 변화가 일기 시작했다. 눈앞에 있는 사물을 있는 그대로 글로 '사생'하는 것이 새로운 소설 형식으로 자리 잡았다. 그러자 각기 다른 인물의 유사한 행동을 관용구로 표현하는 방법이 배척됐다. 1강에서도 설명했듯이 지금 우리가 사용하는 문장이 바로 사생문이다.

'틀에 박힌 표현'이 나쁜 의미로 들리는 것도 '패턴의 조합'으로 설명되는 일본 문예의 역사가 사생문의 등장으로 막을 내린 데 그 배경이 있다. 그래서 우리는 패턴을 부정적으로 보게 되었다.

하지만 생각해보라. 근대 문학이 사생문에 의해 확립되었다고 해서 만화나 애니메이션의 캐릭터가 주인공이 되고, TRPG에서 기원을 찾을 수 있는 스니커 소설마저 굳이 사생문으로 묘사할 필요가 있을까? 어느 만화를 읽든 등장인물들이 상투적인 대사를 내뱉지만 우린 그 '관용구'같은 대사를 읽을 때마다 얼마나 가슴 설레는가.

본론으로 돌아가 요점을 말하자면, 소설에는 두 종류가 있다. 지극히 사생문적 사실주의 소설과 기호적 패턴 조합 소설이다. 그러나 구체적으로 검증하면 문학 속의 문장에도 패턴이 있으며, 다지마의 만화처럼 기호적이면서도 하나하나의 기호가 데즈카의 그것과 비교해 사생적인 예도 있다. 달리 말하면 우리가 현재 읽고 있는 이야기들은 '사생'적 사실주의와 '기호'적 조합을 적당히 버무려놓은 것이다. 실제로 영화 〈매트릭스〉는 애니메이션적 '기호'들의 향연이라 할 수 있다. 반대로 오시이 마모루[15]의 애니메이션은 최대한 실사 영화에 가깝게 묘사하고 있다.

따라서 스니커 소설은 '사생'적인 사실주의가 주류를 이루는 근대 소설과는 달리 '기호'적 조합으로 이루어졌으며 문장보다는 인물 창조에 더 큰 비중을 두는 소설이라 할 수 있다.

에도가와 란포의 미스터리 소설관

이제 스니커 소설의 작중 인물을 캐릭터라고 부르는 이유를 알았다. 사생문의 연장선상에서 생겨난 일본 문학에서는 '사소설' 형식의 소설이 발달했다. 그것은 작가 자신이나 주변 인물을 모델로 사생하는 소설이다. 물론 모든 근대 소설이 사소설은 아니지만 작중 인물들을 보면 실존 인물을 '사생'한 듯한 사실감을 추구했다.

반면에 스니커 소설의 모델은 앞에서도 말했듯이 만화나 애니메이션이나 게임 속에 나오는 인물들이다. 당연히 패턴의 조합으로 만들어졌으며, 그걸 문장으로 옮긴 것이 스니커 소설의 인물 이미지다. 즉 일반 소설에 비해 스니커 소설의 인물은 유형화되어 있기 때문에 '캐릭터'라고 부른다.

일본 탐정 소설의 아버지 에도가와 란포는, 탐정 소설은 사생문적 사실주의와는 거리가 멀다고 단언한 바 있다. 탐정 소설에서는 현실적으로는 있을 수 없는 명탐정이라는 직업(실제로 '탐정'이 하는 일은 바람피우는 부부 뒷조사이지 살인 사건 해결이 아니다)이 버젓이 존재하고, 살인범은 일부러 자신을 찾을 수 있는 단서를 남긴다. 그러나 실제는 어떤가? 뉴스를 보면 일주일에도 몇 건씩 살인 사건이 일어나지만 범인이 명탐정에게 던지는 도전장처럼 단서를 남기는 예를 본 적이 없다. 범인이 잡히지 않는 건 탐정이 범인의 교묘한 속임수를 풀지 못해서가 아니라, 범인이 증거를 남기지 않았거나 경찰이 찾아내지 못했기 때문이다.

그런 의미에서 미스터리 소설계에 교고쿠 나쓰히코[16]나 세이료인 류스이 같은 '캬라 모에'[17]적 개성을 발휘하는 작가가 등장하는 건 당연하다. 그런데도 그들의 소설이 캐릭터 소설로서 지지를 받는 데 대해 업계 내부에서 비판의 소리가 나오는 건 도무지 이해할 수 없다. 그들은 '비현실주의 소설인 미스터리 소설'의 역사가 낳은 당연한 산물이 아니던가.

새로운 요소와 기호설

패턴 조합에 따른 캐릭터에 대해 다른 각도에서 생각해보자.

지금까지 글을 읽고 아즈마 히로키[18]의 『동물화하는 포스트모던』이라는 책과 그의 글들을 떠올리는 독자가 있을지도 모르겠다. 그는 애니메이션 〈디지캐럿〉[19]의 주인공 데지코를 예로 들면서 "현재 '캐릭터'라 불리는 것들은 이미 등록된 요소들을 조합하여 작품별 프로그램에 따라 만들어지는 일종의 출력 결과라고 보는 편이 옳다"고 했다. 저자의 이 같은 해석은 데즈카의 만화 기호설과도 맥을 같이한다.

한 가지 다른 점이라면, 만화 표현은 패턴의 조합이란 걸 깨달은 사람이 데즈카뿐이었으며 그가 '기호설'을 내놓았을 때는 만화계도 독자도 그 진정한 의미를 이해하지 못했다는 점이다. 이해했다는 게 고작, 데즈카 만화는 인간의 특징을 과장해서 그리므로 아프리카계 미국인의 입술을 두껍게 표현하는 건 인종 차별이 아니라는 변명의 논리로 이용됐을 뿐이었다. 데즈카가 비현실주의를 표현하는 수단인 만화의 본질을 언급했다는 걸 감안할 때 올바른 이해가 아니다.

한편 아즈마는 오늘날의 애니메이션과 만화 표현상의 특징을 패턴이란 존재에 대한 자각이라고 주장한다. 그 예로 든 것이 1996년 인터넷상에 공개된 애니메이션 만화 검색 엔진 'TINAMI'다.

> "이 엔진은 수만 건의 데이터 중에서 원하는 일러스트를 효율적으로 찾을 수 있도록 오타쿠[20]적인 캐릭터의 특징을 아주 상세히 추적하여 체계화하고 있다. 예를 들어 '고양이 귀'와 '가정부'라는 요소를 포함하고 '캐릭터 함유율'이 75퍼센트 이상이며 '캐릭터 연령'이 10세에서 15세, '변형도' 5인 일러스트를 게재한 사이트를 검색할 수 있다. 또 검색을 사용하지 않고 디렉토리를 따라가보면 등록되어 있는 오리지널 캐릭터들이 주로 '악녀' '강아지 귀 캐릭터' '토끼 귀' '여우 귀' '짐승 인간' '인어' '고양이 귀'로 나뉜다는 사실도 알 수 있다. 이런 환경에서는 좋든 싫든 제작자가 자신의 위치를 늘 자각하지 않을 수 없다."
>
> (「과시過視적인 것들」, 〈유레카〉,[21] 2001년 3월호)

쉽게 말해 이 검색 엔진은 오늘날의 오타쿠들이 선호하는 캐릭터 요소를 한 데 모은 목록이다. '고양이 귀' '가정부'라는 요소를 포함하고 '변형도'를 설정하면 데지코와 똑같은 패턴의 캐릭터를 검색할 수 있다.

유저들이 이런 검색 체계를 이용한다는 건 유저들 스스로가 자신이 소비하는 캐릭터는 '캬라 모에 요소'의 조합이라는 걸 자각하고 있다는 증거라고 아즈마 히로키는 해석한다.

그가 자신의 논문에서도 지적했듯이 〈그림 9〉의 데지코를 구성하는 요소만으로는 사실상 '독창성'을 찾아볼 수 없다. 하나같이 'TINAMI'에 나오는 항목이거나 유저들 사이에서만 통하는 '약속' 같은 요소들이다. 그런데도 가도카와쇼텐이 『에반게리온』이나 『사이코』에서 벌어들인 돈을 〈디지캐럿〉의 애니메이션화에 쏟아부을 정도로(그럴 돈이 있으면 안노 히데아키[22]에게 주고 원 없이 애니메이션 만들게 하는 편이 훨씬 낫겠지만) 〈디지캐럿〉은 상업성이 높은 작품이라는 것이다.

그림 9
데지코의 캬라 모에적 요소(아즈마 히로키, 『동물화하는 포스트모던』)

새로운 패턴을 찾아내자

그러므로 아즈마 히로키의 『동물화하는 포스트모던』을 읽고 오늘날의 오타쿠 표현은 데이터베이스로부터 '새로운 요소'만을 뽑아 만들었다는 점에서 포스트모던적이라느니 현대적이라느니 하고 단순하게 풀이해선 안 된다. 따지고 보면 중세 이야기꾼들에 의한 이야기나 근세의 가부키,[23] 그리고 패전 후의 만화 등 각 시대의 이야기들은 언제나 데이터베이스에서 끄집어낸 것, 즉 이미 존재하는 패턴의 조합이었다.

　여하튼 출판사가 한편으로는 단순한 패턴, 즉 캬라 모에 요소의 순열조합으로 이뤄진 상업적인 작품을 찍어내면서 독자에게는 독창성 운운하는 건 자기 부정이나 다름없다. 물론 스니커 편집부가 스니커 소설을 전적으로 부정할 각오로 내뱉은 발언이었다면 두 손을 들어

찬성할 일이다. 스니커 소설을 일반 소설과 차별화하고 나아가 새로운 가능성을 시사한다 할 수 있으니까.

다른 책에서 나는 데즈카 오사무가 기호적 패턴의 조합이라는 비현실주의적 표현법으로 현실주의적 현실에서밖에 그릴 수 없는 살아 있는 신체를 그리려 한 모순이야말로 패전 후의 만화사를 한 걸음 진보시켰다고 썼다. 이 말은 곧 스니커 소설이 굳이 현실주의적인 소설을 지향하는 모순을 선택함으로써 이 분야를 진화시킬 수 있다는 뜻이다.

소설가나 만화가 지망생들이 '캬라 모에 패턴의 조합'이라는 기존의 규칙에 따라 얼마든지 창작해도 되며 그 틀 속에서 '독창성'이 구축될 것이다.

따라서 기존의 패턴 속에서 되도록 참신한 조합을 연구할 필요가 있다. 이를테면 '좌우의 눈동자 색깔이 다르다'는 요소를 어떤 요소와 짝을 지우느냐 하는 데서 독창성이 빛을 발한다. '좌우의 눈동자 색깔이 다른 고양이 귀 소녀' '좌우의 눈동자 색깔이 다른 여동생' '좌우의 눈동자 색깔이 다른 탐정' '좌우의 눈동자 색깔이 다른 가정부'…. 허무맹랑해 보이지만 또 어찌 보면 괜찮은 캐릭터가 될 것 같기도 하다.

하지만 내가 궁극적으로 여러분, 작가 지망생들에게 바라는 것도 또 내 자신이 지향하는 것도 다름 아닌 '패턴'의 재발견이다. 예를 들자면 '데지코'는 미소녀 만화 속에 존재하는 '캬라 모에 패턴'의 집대성이다. 만화의 역사를 거슬러 올라가면 미소녀 만화 캐릭터는 데즈카 만화에 나오는 패턴과 순정 만화에 나오는 패턴으로 나뉜다. 데지코의 고양이 귀나 앞치마, 꼬리라는 요소도 알고 보면 오시마 유미코²⁴의 『솜나라 별』²⁵에서 온 것들이다(<그림 10>). 마찬가지로 오늘날 유행하는 미소녀 게임의 주인공을 보면 하나같이 1980년대 초에 소년 만화지에서 유행했던 러브 코미디의 패턴을 무의식중에 따르고 있다.

그림 10
『솜나라 별』의 새끼 고양이(오시마 유미코 선집 9, 414쪽)

미소녀 게임의 여섯 가지 패턴

미소녀 게임에서 '플레이어가 미소녀 캐릭터와 어쩌다 보니 동거하게 됐다'는 패턴을 흔하게 본다. 미소녀 게임뿐만 아니라 『러브히나』(『러브 인 러브』, 학산문화사)²⁶나 『나루에의 세계』²⁷ 등 요즘 인기 있는 만화에서도 이런 예는 얼마든지 있다.

그런데 이 동거 패턴에는 원조가 있다. 야나기사와 기미오²⁸의 『엉뚱한 커플』²⁹, 아다치 미쓰루³⁰의 『터치』³¹ 『미유키』³², 다카하시 루미코³³의 『메종 잇코쿠』³⁴ 『시끌별 녀석들』³⁵ 같은 작품들이다. 이 작품들의 동거 패턴을 세분하면 아래와 같다.

① 우연 동거형 : 복덕방의 실수 등으로 우연히 남녀가 동거하게 되면서 사랑이 싹튼다.

② 부모 재혼형 : 부모의 재혼으로 비슷한 또래의 남녀가 한 가족이 된다.

③ 소꿉친구형 : 이웃집에 살던 소꿉놀이 친구가 자라 공부방이 서로 마주 보게 되면서 왔다갔다 할 수 있게 된다.

④ 하숙형 : 하숙집이나 기숙사에서 남학생 여학생이 함께 지낸다.

⑤ 억지 동거형 : 어느 날 갑자기 신기한 여자애(인간이 아닌 경우도 포함)가 남자의 방에 찾아온다.

⑥ 근친 연애형 : 여동생이나 누나에게(당연히 동거한다) 사랑의 감정을 품게 된다.

어느 만화가 어느 패턴의 원조인지는 스스로 찾아보기 바란다. 그것도 캐릭터 만드는 공부 중 하나다.

벌써 눈치챈 사람들도 있을 텐데, ①의 우연 동거형은 기무라 다쿠야와 야마구치 도모코가 출연한 텔레비전 드라마 〈롱 베케이션〉[36]과 똑같다. 후카다 교코 주연의 노지마 신지[37] 원작 드라마 〈스트로베리 온 더 쇼트케이크〉[38]에서는 다키자와 히데아키와 우치야마 리나의 관계가 ③의 소꿉친구로 서로의 공부방 창문에서 보이는 데다 두 사람은 ②의 부모의 재혼에 의한 의남매였지 않나, 하고.

두 인기 드라마에서 사용된 패턴도 알고 보니 1980년대의 소년 만화물이었다. 참고로 소꿉친구가 마주 보는 방에 산다는 패턴의 원조는 이시모리 쇼타로의 순정 만화로 거슬러 올라간다.

노지마 신지는 만화 캐릭터의 패턴을 드라마에 이용하는 데 천재적인 소질을 가진 드라마 작가로 유명하다. 그 중에서도 〈푸드 파이터〉는 『타이거 마스크』의 캐릭터 패턴을 그대로 베낀 작품이다. '고아원 출신 청년이 고아원을 돕기 위해 악의 조직에 맞서 싸워 상금을 번다'는 『타이거 마스크』의 패턴을 그대로 가져와 대식가 챔피언이라는 텔레비전용 패턴과 조합한 것이 〈푸드 파이터〉였다. 마지막에 주인공이 죽었는지 살았는지 모호하게 끝나는 것도 『타이거 마스크』의 원작자 가지와라 잇키[39]가 자주 쓰는 엔딩 패턴이다.

 이상에서 알 수 있듯이 텔레비전 드라마를 만들 때 지나간 드라마의 패턴을 모방하는 것도 한 방법이지만, 1980년대 소년만화의 러브 코미디나 가지와라 잇키의 극화처럼 다른 영역에서 '패턴'을 가져오는 것도 한 방법이다.

그래도 패턴으로 환원되지 않는 것이 있다

내가 여러분에게 스니커 소설을 읽을 필요가 없다고 하는 것도 그 때문이다. 지금 와서 1980년대 러브 코미디를 다시 읽는 건 별 의미가 없지만 다른 분야의 소설이나 영화, 또는 80년대 이전의 만화나 애니메이션이 캐릭터 '패턴'의 보고라는 것만은 확실하다. 그 속에서 광맥을 찾아내 자기만의 패턴 목록을 만들 수 있으면 그게 '개성'이요 '독창성'이 된다.

 특히 아즈마 히로키도 지적했듯이 오늘날 캐릭터를 만드는 사람들은 대부분이 소녀물이라면 기존의 소녀물 패턴, 판타지라면 기존의 판타지 패턴 가운데서만 순열 조합을 하여 캐릭터를 만들려고 하는 경향이 있다. 그렇기 때문에 지나간 목록에 없는 패턴을 '만들어내는' 것이 아니라 과거의 작품에서 '발견'한다면 스니커 소설이라는 장르 내에서는 충분히 '독창성'으로 통용된다.

물론 지금까지 한 번도 존재한 적 없는 캐릭터를 만들 수도 있다. 다만, 캐릭터를 창조할 수 있는 사람은 어느 분야든지 한정된 천재뿐이고, 자신이 만들어낸 아이디어인 줄 알았는데 예전부터 있었더라는 경우가 허다하다. 스니커 편집부에서 요구하는 독창성에 얽매이지 말고 지나간 작품 속에서 캐릭터를 구성하는 패턴을 발견하라. 시치미 뚝 떼고 그걸 스니커 소설로 옮겨보자. 틀림없이 당신의 작품은 '독창적'이라는 절찬을 받을 것이다.

마지막으로 한 가지 못 박아 둘 것이 있다. 중세의 이야기꾼도 근세의 가부키도 데즈카 오사무의 만화도 미소녀 게임도 분명히 패턴 조합 속에서 독창성을 끌어냈다. 하지만 동시에 패턴이나 데이터베이스로는 결코 환원할 수 없는 개성이나 독창성이 분명히 존재한다.

이런 걸 무어라고 불러야 좋을까? 어떻게 하면 내 것으로 만들 수 있을까? 나도 아직은 모르겠다.

데즈카에게는 있는데 나에게는 없는 것이라고밖에 설명이 안 된다. 상업성 작가야 패턴 조합으로도 얼마든지 상품 가치를 만들어낼 수 있으므로 그것으로도 충분하다. 그러나 패턴 조합이나 데이터베이스로는 절대로 도달할 수 없는 그 어떤 경지가 있었으면 한다. 여러분은 그 경지에 다다른 작품에 기꺼이 존경심을 표하길 바란다.

지금 내 손에는 『편지광 마미, 여름 이사(토끼 동반)』(이하 『편지광 마미』)
라는 신기한 제목의 책이 있다. 표지에는 머리 위에 토끼 귀가 달린,
팬티바람의 한 소녀가 이삿짐처럼 보이는 가방과 짐을 들고 서 있는
그림이 그려져 있다. 어딘가 모르게 예술적이면서 요염한 느낌이 썩
맘에 든다. 책제목과 그림으로 보아 편지광 마미라는 소녀가 이사 가
는 도중이라는 걸 막연하게나마 알 수 있다.

그럼 책장을 넘겨 제일 첫 문장을 보겠다.

잠에서 깨니 새하얀 입김이, 그야말로, 본격적인데, 본격적

책장을 넘겨 중간 부분을 보자.

『우는 우주선의 우』를 읽다 가만히 얼굴 들어, 마미, 배고픈 애벌레여

이런 느낌이다. 벌써 눈치챘겠지만 이 책은 단가 시집이다.

4강 가공의 '나' 만들기　**83**

『편지광 마미』의 저자는 호무라 히로시[1]라는 사람이다. 그에 대한 자세한 설명은 생략하겠다. 책 뒤에 나오는 작가 소개에는 '1962년 삿포로 출생'이라고 되어 있다. 40세를 넘긴 '아저씨'다. 이쯤에서 몇몇 독자는 고개를 갸우뚱할 것이다. 앞에서 인용한 단가는 여자아이의 시각에서 쓴 시가 아닌가, 하고. 확인을 위해 두 줄 정도 더 인용해보겠다.

마미의 하이얀 책상이 꿈에 나타나 자기 이름은 '가능성'이라 했다.
아임 파시빌리티

마미의 머리, 금발인 건, 인정합니다. 토끼를 안고 있는 건, 인정합니다.

단가만 읽어봐서는 작가가 마미처럼 보이지만 책을 쓴 사람은 40세를 넘긴 '아저씨'다.

시집 후기에는 「편지광에게 보내는 편지」라 하여 호무라가 '마미'에게 쓴 편지가 실려 있다. 편지글에 따르면 마미는 호무라에게 591통의 편지를 보내온 여자아이다. 그녀는 어느 해 여름날 여동생 유유와 까만 토끼 닌니를 데리고 도쿄로 이사했다고 한다. "처음 만난 날 마미는 빨간 게타[2]를 신고 있었다. 커다란 비디오 카메라를 매고" "스파게티며 표지판이며 전철표를 열심히 찍던" 여자아이로 "도쿄에 와서도 오전과 오후에 한 통씩 편지를 보내"는 편지광이었단다.

이쯤에서 감이 빠른 독자는 눈치를 챘을 것이다. 어쩌면 '마미'는 가공의 캐릭터고 작가는 호무라 히로시라는 남자가 아닐까, 하고. 정답이다.

그래도 뭔가 이상하지 않은가. 아니 이상하다고 여겨야 된다.

이상하다는 걸 못 느낀 사람은 고등학교 국어 수업 시간에 하이쿠나 단가를 지을 때를 떠올려보라. 선생님이 자신의 기분을 꾸밈없이 그대로 써보라고 하던 말이 기억나지 않는가.

사실주의란 '견본'에서 자유로워지는 것

여기에서 어려운 문학사 이야기를 또 꺼내야겠다. 선생님의 말씀은 곧 사생문으로 쓰라는 뜻이다. 눈앞에 펼쳐진 풍경이나 사람의 심리를 사생하듯이 그대로 옮기는 글을 '사생문'이라고 했는데 평상시 우리가 쓰거나 말하는 일본어가 바로 사생문이다. 그리고 일본 문학사상 사생문을 처음 도입한 것이 하이쿠 작가들이었다. 마사오카 시키[3]나 다카하마 교시[4] 같은 사람들이다. 교시는 사생문에 대해 다음과 같은 글을 남겼다.

> 그 후, 우리 동인이 쓰는 문장을 사생문이라 부르면서 문단에 다소 무게가 실렸는데, 이 사생문이 처음 등장한 것이 저의 「아사쿠사 구사구사」가 아니었나 싶습니다. 사생문처럼 구어체가 아닌 문어체였지만 눈으로 본 걸 충실하게 옮긴다는 점에서 첫걸음을 내디뎠다고 할 수 있습니다. 수첩과 연필을 가지고 아사쿠사로 나가 사생한 후 돌아와 글로 옮겼다는 점에서도 사생문이라 불러 마땅하였습니다. 더욱이 '문

장을 사생하러 간다'는 표현도 「아사쿠사 구사구사」에서 나온 말이었습니다.

여기서 알아둘 게 두 가지 있다.

하나는 '언문일치'라 하여 입말(구어체)과 글말(문어체)이 질적으로 가까워졌다는 점이다. 국어 시간에 배우는 '고문古文'이 다른 나라말처럼 어려운 건, 적어도 1897년 이전까지는 입말과 글말이 달랐던 탓이다.

그리고 또 하나, 사실주의라는 개념이 도입되면서 입말에 가까운 글말이 필요해졌다는 것이다. 묘사할 대상을 있는 그대로 글로 사생하는 것이 '사생'문인데, 그 당시의 글말이었던 고문이나 한문은 관용구를 써야 하는 제약이 있었다. 그래서 '언문일치'한 새로운 문장이 필요했다. 좀더 쉬운 비유를 하자면 옛날 단가나 글말로 쓰인 문학은, 그림을 그릴 때 선생님이 '견본' 그림을 보여주면 똑같이 그리는 것과 같다. 견본을 따라 그리면서 산 묘사법을 배우고 어떤 산이든 같은 식으로 그리는 것이 '고문'이었다. 이와 달리 산을 그리고 싶으면 산이 보이는 곳에 가서 눈에 보이는 대로 그리는 것이 '사생문'이다. 즉 사생을 하려면 어떤 제약도 받지 않는 '말'이 필요했고 이렇게 해서 생겨난 문학 사조가 '사실주의'다.

그리고 처음으로 기존의 틀을 깨고 사생 기법을 도입한 것이 마사오카 시키와 다카하마 교시 등 하이쿠 작가들이었다.

캐릭터가 시를 읊다

『편지광 마미』가 이상한 건, 근대 이후 소설에서 시에 이르기까지 아무 말 없이 따르던 사실주의 규칙에서 의도적으로 벗어났기 때문이다. '언문일치'라는 점에서는 마미 같은 여자애가 실제로 있었다면 이런 식으로 얘기하거나 편지를 쓰겠지라는 생각이 들만큼 사실적이다. 그리고 '마미'가 실제 인물이라면 호무라의 시가 마미 눈에 비친 풍경이나 그녀의 감정을 사생하고 있다고도 볼 수 있다.

하지만 마미는 실제 인물이 아니다. 그녀는 호무라가 만든 가공의 존재다. 그런 마미가 사실주의를 따르던 일본어를 사용해 '시'를 짓고 있다는 점에서 이 시집이 이상해 보이는 것이다(동시에 매력이기도 하다). 눈에 보인 그대로 사생한다는 건 그걸 '보는' 주체인 '나'를 전제로 한다. 이 세상에 없는 사람에게 '주관'이란 게 있을 리 없다. 그런데 마미는 시집 속에서 그녀의 눈앞에 있는 풍경이나 기분을 읊고 있는 게 아닌가.

내가 호무라의 이 시집에 관심을 보이고 이 책에 소개한 이유는 이 시집이 왜 이상한지에 주목해줬으면 하는 바람에서다. 한마디로 이 세상에 존재하지 않는 캐릭터가 시를 읊고 있는 시집이기 때문이다. 호무라는 마미의 신상명세서를 준비하고 마미에게 보내는 가공의 편지를 쓴다. 다카노 아야는 일러스트를 통해 마미의 캐릭터에 시각적인 윤곽을 부여한다. 『편지광 마미』야말로 내가 지금까지 설명한 '캐릭터 소설' 기법을 고스란히 담고 있는 시집이다. 그런 의미에서 이 시집은 '캐릭터 단가' 실험작이라 할 수 있다.

참고 도서는 『헐리우드 영화 각본술』

서론이 너무 길었다. 그럼 캐릭터 만들기로 돌아가자. 앞선 강의에서는 기존 캐릭터의 순열조합만으로도 충분히 독창적인 캐릭터를 만들 수 있다고 설명했다. 여기에는 두 가지 의도가 숨어 있다. 하나는 스니커 편집부가 무작정 믿고 있는 '독창성'에 대해 의문을 던지고 싶었다. 다른 하나는 눈 색깔이 다르다거나 토끼 귀, 고양이 귀 같은 표면상 '차이'는 캐릭터를 만드는 데에 별로 중요하지 않다는 걸 주장하고 싶었다.

물론 캐릭터의 특징도 상품이라는 측면에서 보면 중요하다. 단, 문제는 표면적인 차이점을 만드는 데만 필사적인 나머지 캐릭터를 구성하는 요소 중에는 '변하지 않는 것'도 있다는 걸 깨닫지 못하는 작가 지망생들이 의외로 많다는 점이다.

여기에서 이번 이야기를 풀어가는 데 필요한 책 한 권을 소개하겠다. 일부러 참고 도서라고 쓴 이유는 가능하면 서점에 주문해서라도 이 책을 공부했으면 하는 바람에서다. 소설가 지망생에게는 굉장히 도움이 되는 책이다. 『헐리우드 영화 각본술Screen Writing 101』이라는 책이다. 다른 책을 덜 사더라도 이 책은 꼭 사보길 권한다.

저자는 〈홍번구〉[6] 등 할리우드 영화 시나리오를 쓰는 작가이면서 대학의 '작가 프로그램 상급 강사'로도 활동하는 사람이다. 그리고 이 책은 대학의 시나리오 작가 양성 강좌에서 쓰는 교재다.

일본에도 소설이나 시나리오 관련 과목을 설치한 대학이나 전문학교가 몇 군데 있다. 나도 그곳에서 가르치며 느낀 점이 많다. 학교

측이 소설이나 시나리오에 대한 지식을 제대로 가르치려는 의지가 없다는 것이다. 교육 방법도 모르는 데다 체계화하려는 노력도 하지 않고 있으니 그럴 수밖에. 여러분 중에 이런 학교로 진학하려는 사람이 있다면 말리고 싶다.

차라리『헐리우드 영화 각본술』을 사서 한 권 써보는 편이 훨씬 유익하다. 여기서 '써본다'라고 했는데 책 중간 중간에 연습문제가 나오기 때문이다.

예를 들면 처음 나오는 질문은 다음과 같다.

> 여러분이 쓸 각본에 필요한 세 가지 전제를 글로 써봅시다. 아래의 세 가지 사항은 상세하게 써야 합니다.
> - 다른 등장인물과 대립하는 한 명의 주인공.
> - 등장인물들이 목적 달성을 위해 경쟁을 해야만 하는 이유는 무엇인가?
> - 드라마로 인해 주인공의 인생은 어떻게 변하는가?

즉 여러분은 어느 정도 구상을 잡은 다음 이 책을 읽어야 한다. 그래야 '써넣기'의 설명에 따라 자신의 구상을 구체화할 수 있다. 이런 식으로 하나씩 채우다보면 머릿속의 막연했던 이야기 구성이 할리우드 영화가 만들어지는 원리에 따라 제법 구체적인 형태를 갖추게 된다.

작가가 가공의 '나'가 된다

『헐리우드 영화 각본술』에서 핵심은 캐릭터 만들기로 첫머리에 이런 내용이 나온다.

> 그런데도 각본 쓰는 법을 다룬 책들 중 태반이 등장인물을 창조하기 위한 빈칸 채우기 목록을 내놓는다. 주로 등장인물의 육체적, 정신적, 사회적 특징에 관한 질문들이다. 이를테면,
>
> - 등장인물의 머리 색깔은?
> - 등장인물의 키는?
> - 등장인물의 직업은?
> - 등장인물의 연애관은?
> - 기타
>
> 이런 특징 목록들을 제시하는 건 당신이 등장인물을 만드는 데 길라잡이 역할을 해주기 위해서다. 표를 만들어 머리색을 넣고, 키를 넣고, 다른 칸에는 직업을 넣고…, 이런 식으로 채워가다 보면 작가 나름의 재미있는 등장인물을 만날 수 있다는 식으로 말이다. 그러나 단순히 특징만을 나열해서는 등장인물을 만들 수 없다. 그들은 당신의 각본 속에서 살아 숨 쉬는 존재다. 그들은 움직임 없는 뼈대에 생명을 불어넣는다. 그들은 구성이라는 벽돌을 이어 붙이는 접착제다.

위 글에서 "빈칸 채우기 목록"이란 말이 나오는데 미국의 소설이나 시나리오 입문서 중에는 '써넣기 식'이 많다. 이 점만 봐도 일본에서 출간되고 있는 소설 입문서가 얼마나 실용성을 고려하지 않는지 알 만하다.

어쨌든 저자는 머리카락 색깔이나 키 같은 "특징 목록"의 조합으로 캐릭터를 만드는 데는 한계가 있음을 지적한다. 다시 말해 캐릭터의 구성 요소들을 순열 조합하는 절차도 필요할지 모르나, "단순히 특징만을 나열해서는 등장인물을 만들 수 없다"라고 잘라 말한다. 그러면 4강에서는 패턴 조합으로 만든 캐릭터를 어떻게 운용할지를 생각해보자. 저자는 우선 "모든 등장인물은 작가 자신이다" 즉 "작가 자신의 렌즈를 사용"하여 표현하라고 주장한다.

이 부분만 보면 일본의 소설 입문서에서 흔히 보는 단순한 정신론처럼 들릴지도 모르겠다. 그러나 저자는 ①모든 캐릭터는 가공의 '나'여야 한다. ②작가는 캐릭터 '나'가 되고 '나'의 시선에서 세상이나 사건이나 감정을 '사생'해야 한다는 주장을 편다. "작가 자신의 렌즈"란 바로 이런 의미다.

그리고 이 주장은, 뒤에 가서 다룰 TRPG라는 게임에서 플레이어가 "캐릭터가 된다"는 것의 중요성으로도 이어진다. 야나기타 구니오[7]는 다야마 가타이의 사소설을 평하면서, 배운 지 얼마 안 된 카메라를 들고 자신과 주변을 찍어대는 데 불과하다고 빗대어 말했다. 캐릭터 소설에서는 그 카메라를 작가가 아닌 가공의 캐릭터가 들게 해야 한다. 하지만 여러분이 만든 캐릭터는 당연히 실제로 존재하지 않으므로,

여러분이 캐릭터가 되어 카메라를 들어야 한다.

앞에서 『편지광 마미』를 장황하게 설명한 이유 중 하나는 이 시집에서 구사한 기술 — 가공의 캐릭터를 만들고 가공의 '나'의 시점에서 세상을 사실적으로 묘사한다 — 과 『헐리우드 영화 각본술』이 주장하는 기술이 똑같은 발상이기 때문이다.

주인공에게는 목적이 있다
거기에다 『헐리우드 영화 각본술』은 친절하게도 '가공의 캐릭터를 만들고 그 "나"의 입장이 되기' 위해서는 구체적으로 어떻게 하면 좋을지 방법론까지 다루고 있다.

우선 방법론에 들어가기 전에 다음과 같은 문제를 낸다.

- 주인공의 외적인 목적을 정해봅시다.
- 처음에 세운 외적인 목적은 (내적인 욕구가 아니라) 다른 외적인 목적으로 대신할 수 있습니까?
- 어떤 식으로 관객이 외적인 목적을 식별할 수 있게 했습니까?
- 어떤 식으로 관객이 외적인 목적과 관련을 맺고 있습니까?
  만약 주인공이 목적을 달성하지 못하면 관객은 무엇을 잃습니까?

저자는 작가가 주인공의 '목적'을 더욱 구체적으로 인식하기를 바란다. 그것도 상징적인 것이 아니라 어디까지나 '외적인 목적'이어야 한다. 머릿속으로만 그리는 목적이 아니라 뚜렷한 목적이어야 한다고 말한다. 따라서 '꿈을 찾아' 같은 뜬구름 잡는 목적은 부적절하다.

　주인공이 추구하는 '목적'에 얼마나 구체적인 윤곽을 부여하느냐가 가공의 '나'를 만드는 작업에서 가장 중요하다고 강조한다. 주인공인 '나'만 있으면 되는 일본 '사소설'과 할리우드 영화 속 '나'의 결정적인 차이가 여기에 있다. 그러면 주인공이 아무런 목적도 없이 무위도식하는 이야기는 NG란 말인가. 글쎄, 적어도 할리우드 영화라는 장르에서는 NG다. 문학이나 독립영화라면 또 모를까. 할리우드 영화는 철저하게 계산된 장르다. 계산된 캐릭터 제작법을 부정하는 건 간단하지만, 한 번 그 장르를 맛본 후에 '부정'해도 늦지 않다.

　그리고 이 '목적'의 유무가 실은 이야기 속 인물과 현실 인물의 결정적인 차이를 낳는다. 소설가가 되겠다는 목적이 있다고 하는 사람이 있을 수도 있다. 하지만 현실 세계의 목적과 이야기 속 목적은 다르다.

　이야기 속의 목적은 기본적으로 달성되기 위해서 있는 반면에 현실 세계의 '목적'이나 '꿈'은 아무나 이룰 수 없다. 문학상마다 응모자는 1000명 가까워도 수상자는 두세 명, 작가로 살아남는 경우는 그 중에서도 몇 퍼센트에 지나지 않는다. 어쩌다 보니 나는 이렇게 글로 밥벌이하고 있지만 어릴 적 꿈은 만화가였고 대학생 시절의 꿈은 고등학교 사회 교사였다. 만화가로 데뷔했다가 포기하는 게 낫다는 담당 편집자의 말을 듣고 사회 교사 시험을 쳤다가 그마저 떨어졌다.

　현실이 이렇게 팍팍하니 이야기 속 캐릭터라도 명확한 '목적'을 가지고 이루길 바라는 게 독자의 심정이다. 그렇다면 '주인공' 캐릭터는 분명한 목적을 가지며 그걸 달성하는 존재라야 한다. 물론 정반대인 주인공도 있을 수 있다. 하지만 전자가 더 많은 독자들의 지지를 받을 것은 불을 보듯 뻔하다.

주인공은 무언가가 '모자란다'
30년 전쯤 〈소년 점프〉를 창간할 때다. 편집부에서 독자를 대상으로 좋아하는 낱말이 무엇인지 설문 조사한 적이 있다. 그 결과 '노력' '우정' '승리'라는 세 낱말이 제일 많이 나왔다고 한다. 그래서 〈소년 점프〉에 실리는 만화는 꼭 이 낱말들을 넣어서 만든다는 사실은 전후 만화사의 전설 중 하나다.

　이 세 낱말을 작품 속에 넣으면 하나같이 '주인공은 목적을 향해 노력하고 우정으로 이겨내 승리한다'는 이야기가 된다.

　또 이런 지식 하나쯤 머리에 넣어두면 좋을 것이다. 미국의 민속학자 앨런 던데스[8]는 모든 미국 인디언 민담은 '결여'와 '결여의 회복'이라는 대립 속에서 이뤄진다고 보았다. 무언가가 없는 상태에서 있는 상태로, 예컨대 가뭄에 비를 내리게 하는 과정에 '이야기'가 생겨나고 결여를 '회복'하는 인물이 주인공이 된다. 결여와 회복이 '목적'과 '달성'과 같은 의미라는 건 설명할 필요도 없다.

　이렇듯 부족한 상태에서 원상태로 돌아가는 것이 우리 인간이 만드는 '이야기'의 가장 기본적인 형태라는 걸 입증해낸 사람이 있다. 발달심리학자인 우치다 노부코[9]는 『나를 찾아』라는 그림책을 이용해 흥미로운 실험을 했다.

서점에서 본 사람도 있을 텐데(〈그림 1〉), 이 그림책은 동그라미의 일부가 떨어져나간 캐릭터가 모자란 부분을 찾으러 떠난다는 이야기다. 그림책을 갖고 있지 않아서 직접 그려봤다.

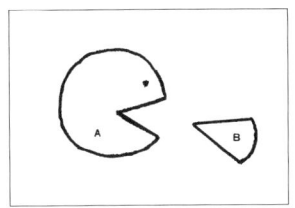

그림 1
이 빠진 동그라미 캐릭터(우치다 노부코, 「나를 찾아」)

우치다는 〈그림 1〉의 '이 빠진 동그라미' 라는 캐릭터를 4, 5세 된 어린이들에게 보여준다. 그러고는 아이들을 세 무리로 나눈다.

첫 번째 무리에게는 이 빠진 동그라미가 "뭔가가 모자라, 슬퍼"라고 느낀다고 얘기해준다. 그런 다음 아무 말 없이 그림책을 넘긴다.

두 번째 무리에게는 이 빠진 동그라미가 "아끼던 개구리가 도망가서 슬퍼"라고 느낀다고 얘기해준 다음 아무 말 없이 책장을 넘긴다.

세 번째 무리에게는 '이 빠진 동그라미'의 기분은 말해주지 않고 책장만 넘긴다.

그러고 나서 세 무리의 아이들에게 이야기를 지어보라고 지시한다.

그 결과, '개구리가 도망갔다'는 구체적인 결여 정보를 준 경우보다 '뭔가가 모자란다'는 추상적인 결여 정보를 준 아이들 쪽이 완전한 형태의 이야기를 지었다고 한다. 4세 어린이도 5세 어린이도 결과는 같았다. 구체적인 정보가 주어진 경우 14명 중 11명이 이야기 만들기에 성공한 데 비해, 추상적인 정보를 주면 전원(14명)이 완전한 형태의 이야기를 지어냈다고 한다. 상식적으로 생각하면 '개구리가 없다'는 구체적인 정보가 주어진 쪽이 이야기를 짓기 더 쉬울 것 같다. 그런데 이야기를 만드는 도중에 '개구리'라는 결여 정보를 잊어버리는 경우가 있는 모양이다. 애들은 애들이다. 하여튼 '뭔가가 모자란다'는 추상적인 정보를 주는 편이 이야기다운 '이야기'를 만든다고 한다.

본래 '모자란다'라는 정보를 줘도 4세 어린이 가운데 반 정도는 '모자란다 따라서 모자란 걸 찾아서 채워야 한다'는 걸 모른다. '모자란다'는 말을 들어도 그렇구나 하고 수긍하는 아이가 반수를 차지한다. 그러나 5세가 되면 '결여'되었으니 회복해야 한다고 생각하게 된다는 것이다.

어린이의 이야기 짓기 능력은 5세 무렵에 완성되는데, 그 능력이란 구체적으로는 '모자라는 건 회복돼야 한다'라는 걸 판단할 수 있다는 걸 의미한다. 우치다의 실험이 그걸 증명하고 있다. 게다가 '개구리'라는 구체적인 사물이 '없다'라고 지시하는 것보다 '뭔가가 모자란다'고 상징적인 틀을 제시한 후, 무엇이 '모자라는지' 어린이들 스스로 생각하도록 해주는 편이 제대로 된 이야기를 만들 수 있다. 즉 무엇이 모자라는지 묻는 것이 팩맨[10]처럼 생긴 '이 빠진 동그라미' 캐릭터에 '동화하기 쉽다'는 걸 뜻한다. 그런 점에서 "뭔가가 모자라, 슬퍼"라고 중얼거리는 '이 빠진 동그라미'야말로 주인공 캐릭터의 가장 근원적인 형태라고 할 수 있다.

참으로 시사하는 바가 큰 실험이다. 『헐리우드 영화 각본술』에서 봤듯이 이야기를 읽는 쪽에서 보면 '모자라는 부분'이 좀더 구체적일 필요가 있다. 그리고 만드는 쪽에서 보면 이야기 짓기의 기본이라 할 수 있는 '모자란다'라는 사고를 머릿속에 넣고 있는 편이 이야기를 만들기가 쉽다. '모자란다 → 그걸 되찾는다'는 것이 '이야기'의 가장 근원적인 리듬 중 하나이기 때문이다. 이 리듬만 타면 거기에 맞춰 '무엇이 모자라는가'를 생각하는 건 그리 어렵지 않다.

요시모토 바나나의 기술
그렇게 생각하면 다음 소설 문장이 얼마나 뛰어난지를 알 수 있다.

> '나는 어린 시절 기억만이 아니라, 중대한 무언가를 잊어버렸어.'
> 저녁 식사 중에, 텔레비전을 보다가, 어릴 적 이야기를 하곤 한다. 나와 데쓰오의 즐거운 추억담… 처음으로 동물원에서 사자를 봤던 일, 넘어지는 바람에 입술에서 피가 나 울었던 일, 하루가 멀다 하고 내가 데쓰오를 울렸던 일… 아버지, 어머니가 환한 웃음을 지으시며 쉴 새 없이 이야기하시고, 나와 데쓰오는 배꼽을 잡고 웃으며 듣는다.
> 그러나 마음 한 켠에서 무언가가 반짝반짝 빛난다. 무언가 빠졌어, 분명히 무언가가 있어, 하는 생각을 한다. 순전히 내 기분 탓이었는지도 모른다. 어릴 적 기억은, 대개의 사람들이 잊어버린다. 그런데도 달이 유난히 밝게 비추는 밤길에 서 있으면, 뒤숭숭해질 때가 있었다. 먼 하늘을 바라다보며 뺨에 닿는 바람을 느끼노라면, 한없이 그리워지곤 했다. 늘 그랬다. 그리고 그 의문은 우리 집을 개축하는 동안 잠시 나와 살던 집에서 일어난 작은 사건을 계기로, 점점 더 강하게 가슴을 옥죄었다.

요시모토 바나나의 『슬픈 예감』이다. "무언가"가 '무엇'인지 독자의 판단에 맡기기라도 하는 듯 써 내려가고 있다. 그래서 더욱 독자는 이야기의 주인공에 '동화'하게 된다. 여러분이 따라하기엔 고난이도의 기술 같다. 그녀의 작품이 일본은 물론이고 전세계에서 인기 있는 이유도 이런 문장을 자연스럽게 쓸 수 있기 때문 아닐까.

소설 주인공에게 '목적'이 없으면 안 된다는 건 소설 입문서라면 어디든 적혀 있는 내용이지만 왜 '목적'이 필요한지는 설명하지 않는다. 그런 설명에 일부러 1회 강의분의 지면을 할애한 이유는 이야기의 기본 중의 기본 리듬이기 때문이다. 주인공은 무언가가 '모자라'고 그걸 '되찾는다'는 '목적'이 있다. 이 당연한 진리를 절대 잊어선 안 된다.

5강
캐릭터는 '깨지기 쉬운 인간' 일 수 있나

지금까지 '스니커 소설'이란 만화나 애니메이션 또는 게임 같은 '픽션'을 소재로 했다는 점에서, '현실'을 소재로 한 근대 일본 문학과 차이를 보인다는 걸 대략 설명했다. 그 결과, 두 장르 사이의 현실감은 천지 차이를 보인다. 앞에서도 설명했듯이 스니커 소설은 데즈카 오사무가 만년에 지적한 '기호성記號性'에 바탕을 둔다. 그래서 사람의 신체를 묘사할 때도 사생하는 것이 아니라, '화났을 때는 이렇게 그린다'거나 '여자아이는 얼굴 윤곽을 이렇게 그려야 여성스럽다'같이 이미 존재하는 패턴화된 기호를 조합해서 묘사한다.

그러나 이런 경우 한 가지 문제가 생긴다. 인간을 캐릭터화한 '허구의 세계'를 소재로 하는 스니커 소설의 현실감이 패턴의 조합으로 빚어진다면 인간의 '죽음'은 어떻게 표현해야 좋을까. 나는 예전부터 죽음을 묘사하는 법을 문제 삼아 왔다. 개중에는 스니커 소설 속에서도 죽는 사람은 얼마든지 있다고 반론하는 사람도 있을 터이다. 그러나 내가 말하려는 건 죽는 장면의 유무가 아니라, 그 묘사법의 질이다.

아마미야 가즈히코는 왜 죽었나

『사이코』를 예로 들면, 주인공 아마미야 가즈히코가 8권에서 죽는다. 비행기 잔해와 함께 시체가 바다로 가라앉는 장면에서 끝나자, 일부 독자들이 "사실은 살아 있죠"라며 핵심을 찌르기도 한다.

그러나 비행기 사고 뒤에 이어지는 글은 이렇게 시작된다.

 # 모 대학병원 해부실 안

해부대 앞에 여의사가 서 있다. 흰 마스크를 썼다.

입에는 소형 마이크. 몇 명의 의사와 흰 가운을 입은 남자들.

해부대 위에는 하얀 시트로 덮인 시체.

여의사, 메스를 손에 쥔 채 소형 마이크에 대고 "지금부터 사법해부司法解剖에 들어가겠습니다. 피해부자 이름은 고바야시 요스케."

여의사, 시트를 들춘다.

해부대 위에 아마미야 가즈히코. 좌측 흉부에 작은 총상.

목에서 가슴까지 부패망[1]이 떠 있다.

여의사 무표정하다.

흰 가운을 입은 남자 중 한 명이 얼굴을 옆으로 돌리며 '…요스케'라며 혼잣말을 뱉는다.

고바야시의 상사 사사야마 도오루다.

여의사(이하, 마치) "(마이크를 향해) 감정 담당자, 이소노 범죄 연구소, 이소노 마치."

"(손가락으로 시체를 살짝 건드리며 마이크에 대고) 좌측 흉부에 총상.

사출구로 보임. 얼굴은 정면을 향하며 경직은 아주 가벼운 정도로(왼쪽 눈 아래편을 들춘다. 바코드가 있다), 각막 혼탁 심함. 사후 30~40시간 정도 경과한 것으로 추정됨. 키 ○○센티미터, 몸무게 ○○킬로그램, 체격, 영양 모두 양호"(담담하게 이어간다) 마치는 순간, 요스케의 얼굴을 쳐다보고 "집도하겠습니다."

 마치, 머리에서 치골 위까지 단숨에 메스로 가른다. 내장이 그대로 드러난다.

 사사야마, 표정이 일그러진다.

 가슴을 열자 늑골이 드러난다.

 책으로 내면서 잡지에 연재할 때와 대사가 약간 달라지긴 했지만, 아무튼 아마미야의 시체는 이소노 마치에 의해 사법해부 된다. 내가 이 장면을 넣은 데는 이유가 있다. 흔히 만화의 주인공은 이야기가 끝날 때까지 죽지 않는 불사신이라는 이미지가 일반적이다. 그러나 아마미야 가즈히코를 '죽음'으로 내몰아 『사이코』의 주인공은 예외라는 걸 독자에게 전달하고 싶었다. 이 정도의 직접적인 묘사가 없으면 독자들은 이내 "사실은 살아 있죠"라고 넘겨짚는다. 그리고 이 점이 만화 장르의 힘든 점이다. 그래서 『사이코』는 앞으로 주인공의 육체 없이 끌고가려 한다. 굳이 주인공을 죽일 필요가 있느냐고 할지도 모른다. 하지만 만화 표현은 아무리 실감나게 죽음이나 시체를 묘사해도 어디까지나 캐릭터의 죽음에 지나지 않으며 시체라는 기호記號에 불과하다는 걸 역설적으로 표현하고 싶었다. 그런데 원작자인 나의 의도가 작중에서 겉돌고 있다는 느낌도 없지 않다.

작가로서의 개인적인 의도는 이 이야기의 본질이 아니므로 이쯤 하자. 어쨌거나 기호적인 표현을 소재로 하는, 이른바 픽션 위에 픽션을 쌓아가는 스니커 소설에서 '죽음'을 묘사하기란 쉽지 않은 문제다.

그래도 『사이코』는 만화가 원작이어서 데즈카 오사무라는 선구자 덕분에 '죽어가는 신체'를 묘사하는 어려움을 빙산의 일각(정말로 빙산의 일각이다)이나마 실감할 수 있다. 그런데 스니커 소설에서는 이 문제를 진지하게 자각하는 경우가 극히 드물다.

주니어 소설의 세 가지 경위

'스니커 소설'이라고 한마디로 말하지만 그 역사를 살피면 대략 아래와 같이 세 가지 문맥이 있다.

하나는 지금부터 30년 전 — 내가 중학교에 올라갔을 무렵 나오던 주브나일[2] 소설이라는 장르다. SF작가나 대중 작가가 초등학교 고학년부터 중학생을 대상으로 쓴 소설을 말한다. 대표작으로 쓰쓰이 야스타카[3]의 『시간을 달리는 소녀』[4]나 마유무라 다쿠[5]의 『위험한 학교』[6]가 있다. 30대 중반 이후 작가들은 하야카와[7] SF문고로 출간된 히라이 가즈마사의 『초 혁명적 중학생 집단』[8](당시 신인이던 나가이 고[9]가 일러스트를 담당했다)이나 고바야시 노부히코[10]의 '오요요' 시리즈[11], 이노우에 히사시[12]의 『분과 훈』[13] 같은 코믹 소설을 읽고 자랐다. 돌이켜보면 쓰쓰이 야스타카나 히라이 가즈마사를 통해 SF라는 장르에 발을 들여놓았다. 그리고 고바야시 노부히코의 저서를 읽으면서 주브나일 소설과는 성격이 다른 고바야시의 『겨울 신화』¹⁴ 같은 특이한 문학으로 또는 나카하라 유미히코中原弓彦라는 필명으로 낸 그의 각종 비평서로 손을 뻗치는 것이 우리나 우리보다 약간 어린 세대 독자들의 독서 패턴이었다. 과거의 주브나일 소설은 갓 중학생이 된 독자를 더욱 넓은 책 세계로 안내해주었던 셈이다. 내 작품을 포함해 미디어믹스media mix라는 이름 아래 같은 제목의 게임이나 애니메이션이나 만화로 독자를 끌어갈 궁리만 하는 오늘날의 스니커 소설과는 지향하는 바가 상당히 달랐다. 하여튼 주브나일 소설은 아주 자연스럽게 '현실'을 묘사하는 소설로 독자를 이끌어왔다. 주브나일 소설 '작가'는 만화나 애니메이션에서 소재를 가져오는 게 아니라, 젊은 독자의 입맛에 맞게 문학을 쉽게 풀어서 전달하려 했다.

　주브나일 소설의 쇠퇴를 불러온 것은 스니커문고의 등장이었다. 스니커문고는 '스니커'라는 이름만 봐도 알 수 있듯이 당초 소녀소설용 시리즈로 기획되었다. 좀더 구체적으로 이야기하면 슈에이샤의 코발트문고가 잘 팔리니까 거기서 작가를 몰래 빼와서 유사한 시리즈를 만들자는 기획이 발단이었다. 그러나 이 계획은 실패로 돌아갔다.

　당시 소녀소설판 스니커문고를 기획한 가도카와쇼텐의 편집자가 나를 찾아와 "잘 팔릴 만한 표지 만화가 목록을 뽑아달라"는 부탁을 했었다. 나는 소녀소설의 핵심은 표지보다 문장이 얼마나 소녀만화다운지, 애니메이션다운지에 달려 있다고 설명했다. 하지만 '애니메이션 그림을 넣은 표지로 승부하겠다'는 원칙은 창간할 때부터 확고하였다. 아무튼 이 소녀소설이 스니커 소설의 두 번째 기원이다. 코발트문고가 나오기 전에도 소녀소설이 있었지만, 대체로 10대 소녀 대상의 사랑과 성을 다룬 소설이라는 기묘한 장르였다. 거기에다 '애니메이션적'이면서 '소녀만화적'인 요소를 가미한 작가가 히무로 사에코[15]나 구미 사오리[16] 같은 제1세대 소녀소설가들이다. 이어서 제2세대 가운데 한 명인 오리하라 미토가 만화가에서 소년소설가로 변신했다는 건 상징하는 바가 크다. 특히나 이 같은 흐름에서 아라이 모토코가 중요한 존재였다는 건 이미 설명한 대로다.

가도카와가 스니커문고를 소녀소설 시리즈로 창간했다 실패한 다음 구세주처럼 나타난 것이 2강에서 설명한 '게임풍 소설' 『로도스도 전기』를 비롯한 판타지 소설이었다.

현재 주브나일 소설은 스니커문고라는 틀에선 거의 찾아볼 수 없게 됐다. 주니어 소설 영역 밖에서 온다 리쿠[17] 등 주브나일의 계보를 잇는 작가가 몇몇 있긴 하지만. 따라서 오늘날의 스니커 소설은 크게 '애니메이션 또는 만화풍 소설'과 '게임풍 소설'로 이뤄진다.

그런데 현역 소설가와 소설가 지망생들은 자신이 '애니메이션 만화풍 소설'을 쓰고 있는지 '게임풍 소설'을 쓰고 있는지 별로 의식하지 않는다. 게다가 미디어믹스라는 녀석 덕분에 한 작품이 애니메이션으로, 게임으로, 만화로 나온 뒤에야 소설이 되기 때문에 사태가 더욱 혼란해지는 양상을 띤다.

그러나 내 생각은 다르다. '애니메이션 또는 만화풍 소설'이나 '게임풍 소설'이나 똑같은 캐릭터 소설에 속하지만 양자 사이에는 분명히 결정적인 차이점이 있다.

데즈카 오사무와 전시의 만화

다시 말하지만, 데즈카 오사무는 만년에 자신의 그림은 기호라서 살아 있는 육체는 표현할 수 없다고 고백했다. 내 그림 표현에는 한계가 있소, 하고 밝히는 데는 굉장한 용기가 필요하다. 그런데 결과적으로, 데즈카의 기호론은 그가 그린 아프리카계 미국인의 얼굴 표현이 인종차별적이라는 비판에 대한 옹호론의 형태로만 이용되고 말았다. 이와 관련해 고단샤에서 발행한 데즈카 오사무 전집을 비롯해 그의 작품 중 대부분에는 그의 기호적 표현에 대한 양해의 글이 실렸다. 그러나 이런 형태로 데즈카의 만화 기호론을 이용하는 건 옳지 않다. 데즈카는 인간과 로봇, 인간과 동물 사이에도 '차별'이 있어서는 안 된다고 주장했던 사람이다. 흑인들이 보기엔 차별이라고 느꼈는지 모르지만 그는 '흑인'의 얼굴을 달리 표현할 수 없었던 것뿐이다. 이시노모리 쇼타로도 마찬가지다. 가장 최근에(2001년) 애니메이션화된 〈사이보그009〉[18]에서는 008[19]만이 원작판과 얼굴이 달라졌는데 '인종차별 문제'를 우려한 조치라 할 수 있다.

그렇다면 데즈카가 만년에 이룩한 만화 기호론이 자기 반성을 진정으로 계승한다는 건 어떤 의미일까? 적어도 008의 얼굴을 새로 그리거나 데즈카 만화는 기호적일 뿐 차별적이지 않다고 문제를 단순화하는 건 아니다. 중요한 건 데즈카 이후의 만화들이 '기호적'인 표현 수단을 채용하면서도 살아 있는 인간 존재나 사회적 현실을 묘사하려 한 노력을 인정하는 것이다. 데즈카가 10대 소년이었을 때, 그러니까 전쟁이 한창이던 시절에 그린 『승리하는 날까지勝利の日まで』라는 만화

습작이 있다.

『망가·아니메』(사사키바라 고 공저, 최윤희 옮김, 써드아이, 2004)에서도 설명했지만 이 만화에는 2차 대전 이전의 일본과 미국 캐릭터들이 총출연한다. 만화 캐릭터라고 하면 미키 마우스가 절벽에서 떨어져 붕대를 감고 나와도 그 다음 장면에서는 멀쩡하게 움직이듯,『승리하는 날까지』에서도 폭탄을 맞은 캐릭터가 얼굴만 그을릴 뿐이다.

'기호적'이란 이러한 캐릭터의 비현실성을 의미하는 것이기도 하다. 그들은 살아 있는 신체와 달리 마음도 몸도 상처를 입지 않으며 상처가 나도 '붕대'나 '그을린 얼굴'이나 '혹'같이 기호적으로 다칠 뿐이다. 아무리 사실적인 그림이라도 이 본질에는 변함이 없다.

『승리하는 날까지』는 컷 분할법이나 구성면에서 1940년경까지 활발하게 그려지던 전쟁 미화 만화 형식을 따르고 있다(〈그림 1, 2〉). 역사적으로 중일전쟁이 터지고 일본이 태평양전쟁에 돌입했을 무렵 일본 만화는 황금기를 맞이하여 수많은 작품이 탄생했다. 이런 배경으로 인해 전쟁이 진행될수록 전쟁 미화적인 만화도 늘어갔다.

말하자면 데즈카는 전쟁 만화를 읽고 자란 세대다.『승리하는 날까지』는 제목을 넣는 방법이나 군사 훈련 장면을 한 컷 한 컷 옴니버스[20] 형태로 그리는 전쟁 만화 기법을 그대로 따르고 있다.

그리고 중요한 건 이들 전쟁 미화 만화에서도 '기호적'인 캐릭터 원칙은 철저하게 지켜지고 있다는 점이다. 폭탄이 떨어졌는데도 적군이 피 한 방울 흘리지 않는가 하면 손발이 떨어져 나가는 일도 없다. 또 총검에 찔렸는데도 혹만 난다든지 넘어진 중국군이 '아프다

그림 1
『승리하는 날까지』(왼쪽)

그림 2
자하나 본타로, 『북지전선 쾌속병 부대』(오른쪽)

해' '항복한다해'라는 말만 할 뿐이다(〈그림 3, 4〉).

전쟁을 미화하는 만화가 그려지고 있을 무렵, 중국 대륙에서 발발한 전쟁에서 일본군에 의한 남경대학살[21](정확한 희생자 수를 모르므로 학살이 있었다고 할 수 없다는 입장에는 동의하지 않는다) 사건이 일어났다. 중국 병사는 총검을 내리꽂았다 빼도 '아야' 소리와 함께 나자빠질 뿐이라는 식으로 전쟁을 그릴 때, 중국 본토에서는 남경대학살을 포함하여 정말로 사람이 죽는 전쟁이 일어나고 있었다. 전쟁을 찬양하는 만화는 '기호적'으로 전쟁 행위를 그림으로써, 독자는 전쟁에서 정말로 사람이 죽는다는 당연한 '현실'을 보지 못한다. '적군'은 '아프다' '항복'이란 말만 하면 죽을 일이 전혀 없고, 하물며 일본 병사는 상처 하

그림 3
『북지전선 쾌속병 부대』

그림 4
니이제키 세이카 『애국만화결사대』

나 입지 않는다. 미키 마우스가 높은 곳에서 떨어져 지면에 처박히거나 납작하게 눌리거나 붕대를 감거나 해도 순식간에 원상 복구하는 거나 다름없다.

전쟁이 심해지자 전의를 고취시키는 이런 만화조차도 그릴 수 없게 된다. 종이 낭비라 하여 아예 만화 자체가 통제됐기 때문이다.

그리고 1945년 초여름, 드디어 본토가 공습을 당하는 가운데 데즈카 소년은 남몰래 '전쟁 미화 만화'의 컷 분할법이나 연출법과 기호적인 캐릭터를 동원하여 『승리하는 날까지』를 그렸다. 아무래도 자신이 그동안 읽어온 만화 기법을 이용하는 수밖에 없었던 것이다. 그런데 작품 종반에서, 그때까지 폭탄을 맞아도 상처 하나 입지 않던 주인공 캐릭터가 미키 마우스가 탄 전투기의 공격을 받고 피를 흘리며 몸을 휘청거리는 장면들이 신기할 정도로 실감나게 그려져 있다(《그림 5》). 모르긴 해도 데즈카 소년은 총검에 찔려도 죽지 않는 캐릭터, 전쟁이라는 '현실'을 감추는 만화 기술을 가지고, 전쟁에선 사람이 죽는다는 '현실'을 그리려 했던 것으로 보인다. 즉 그는 자신이 익힌 '기호적'인 만화 표현에서 한 발 벗어났던 셈이다.

전쟁 만화에서는 전쟁이라는 현실과 그로 인한 죽음을 숨기기 위해 '기호적' 표현이 사용된 반면, 데즈카는 전쟁 만화의 그림체나 구성을 의도적으로 이용하여 전쟁 때문에 피를 흘리며 죽어가는 소년을 생생하게, 그리고 담담하게 그렸다.

그림 5
『승리하는 날까지』

캐릭터가 피를 흘리는 의미

데즈카가 만년에 고백했듯이 그가 평생 그린 만화의 작화 기술이나 캐릭터 만들기는 기호적이었다. 만화 그림이 '사생'이 아니라 도식화되어 있는 이상 역사적으로 어떤 만화가도 피해갈 수 없는 문제다. 하지만 적어도 데즈카는 '기호적'으로 죽어가는 신체나 전쟁의 잔혹함을 자신의 기호적인 만화 표현으로 그려내고자 애썼다. 사실주의 수법으로밖에 그릴 수 없는 대상을 사실주의와는 정반대인 기호적인 수법으로 그리려고 데즈카는, 그리고 전후 만화사는 노력해왔다.

로봇인 아톰이 인간의 감정을 품는다거나, 인조인간 기카이다가 양심회로를 가지고 있는 것처럼 전후 만화에 등장하는 영웅들의 천

편일률적인 주인공 설정은 '기호적인 그림'으로 '살아 있는 인간'을 표현한다는 표현 수단과 대상의 모순을 상징한다고도 볼 수 있다. 그리고 신체라는 틀과 마음이라는 내용물 사이에 생겨나는 모순을 그리는 설정은 아마미야 가즈히코에서도 확인할 수 있다.

어린 시절 데즈카의 열렬한 팬이었던 까닭에 『사이코』의 만화판과 소설판에서 캐릭터인데도 신체성을 가진다는 데즈카 만화의 특성을 재현했다. 이 때문에 독자들이 『사이코』라는 작품을 이해하는 데 힘겨워 할지도 모르겠다. 게다가 데즈카가 거쳤던 모순을 나는 잘 극복했는가 하면 그렇지도 않다.

그러나 '만화'나 '만화풍 소설'을 쓰는 작가라면 이런 모순을 의식적으로 자각해야 할 책임이 있다. 다시 말하지만 책임이다. 그리고 우리가 간과해선 안 될 점은, 캐릭터에게 피를 흘리게 하는 의미를 소설이 어떻게 하면 회복할 수 있느냐가 캐릭터 소설이 아닌 이 땅의 '문학'이 안고 있는 최대 과제다.

할리우드 영화의 주인공이 불사신인 이유
좀 길지만 다음 문장을 읽어보자.

> 자네가 『인간, 이 깨지기 쉬운 존재』를 냈을 때, 나는 반사적으로 '깨지지 않는 인간'이라는 영화를 만들고 싶다는 생각을 했다네. 자네한테도 그리 말한 적이 있었지? 자네 얼굴이 확 달아올랐던 것까지 기억하고 있어. 이 나라에서, 아니 'Fragile'이란 꼬리표가 달린 짐을 외

국 공항에서 보고 말이지, 그걸 내 등판에 붙이는 걸 떠올렸네. 일체가 그런 경험에서 시작된다는 건 진작에 알고 있었어. 그러면서도 내가 반발한 건, **깨지는 존재**라는 건 너무나도 전형적인 인간의 속성이기 때문이라네. 저 놈도 박애주의자인가 하고, 나는 고기토라면 접수하지 않을, 통속성마저 느꼈지.

그래서 나는 우선 영화 카메라가 비추는 연약하고 상처받기 쉬운 인간을, 실제 신체를 낱낱이 찍어서 관객들이 신물이 나도록 실감하게 하려고 했다네. 그러고는 어쩌된 조화인지 신체의 강도 레벨이 점점 올라가 불사신이 된 주인공을 찍어야겠다는 생각이 문득 들었다네. 물질 만능 시대의 〈용감무쌍 로이드〉[22]라고나 할까….

알다시피 원래 초창기부터 영화란 장르는 **깨지지 않는 인간**을 묘사했지. 그런 영웅을 보는 동안 관객은 자신이 **깨지는 존재**라는 사실을 잊는 거고 말일세. 카타르시스 작용을 일으키는 단순한 장치였던 걸세. 불사신인 영웅의 칼에 갈기갈기 찢겨 죽는, 수많은 조연들은 응당 **깨지는 존재**야. 하지만 그들은 영상 기호에 지나지 않아. 조역 중 한 사람이 칼에 찔려 죽는 고통을 강조해서 동정을 불러일으키도록 찍는 경우는 없거든. 그렇게 해보라지, 바로 슈퍼 히어로와 조역의 역할이 뒤바뀔 걸세. 아니면 멋지게 총을 돌려 총집에 넣는 영웅을 찍고, 자네가 하는 말로 '이화異化'된 상처를 드러내는 조역을 찍는다고 상상해보게나.

(오에 겐자부로[23], 『대역』[24])

난데없이 앞뒤 내용 다 생략한 '문학'을 인용해서 무슨 말인지 이해가 안 될 것이다. 이 소설은 오에 겐자부로의 동서인 영화감독 이타미 주조[24]의 자살을 주인공인 소설가가 어떻게 받아들이는지를 그린 작품이다. 물론 사실을 그대로 그린 소설은 아니다. 위에서 인용한 대사는 그 영화감독의 유언 같은 카세트 테이프 속의 독백 내용이다.

　이 문장은 동서의 실제 죽음을 소설이라는 표현이 담아낼 수 있을까라는 의문에 대한 오에 자신이 내린 대답 중 일부다. 여기서 오에가 '영화'란 '깨지지 않는 인간'을 묘사해온 장르라고 죽은 동서의 입을 통해 서술하였듯이, 할리우드 영화는 그야말로 죽기 힘든, 다이하드한 인간을 그리는 장르였다. 즉 작중의 캐릭터가 기호적이냐 아니냐는 실사 영화로 표현하든 애니메이션으로 표현하든 겉보기상의 현실성과는 무관하다는 것이다. 말하자면 영화도 만화나 애니메이션처럼 전통적으로 기호적인 신체를 그려온 표현물이었다.

　주인공은 '깨지지 않는 인간'을 영화로 표현해온 동서가, 마치 영화 밖으로 떨어져 내리듯 '현실'세계에서 자살한 데 대한 당혹감을 감추지 못한다. 그리고 자신의 소설을 '깨지기 쉬운 인간'을 묘사하는 수단으로 재정립하려 한다. 주인공의 자문자답은 당연히 작가 자신의 자문자답이다. 솔직히 『대역』이라는 소설은, 소설이 어떻게 하면 기호적이지 않은 죽음을 그릴 수 있을까, 라는 물음에 대한 대답을 이끌어내는 데 실패했다. '문학'적으로 문제점이 많다. 그렇지만 노벨상까지 받은 대가가 '스니커 소설'의 본질로도 통하는 물음을 진지하게 고민했다는 점에서 여러분에게 소개하고 싶었다.

'영화풍 소설'화하는 세계

이 같은 물음은 『대역』이 나오기 전에 발표된 무라카미 하루키의 『스푸트니크의 연인』[25]에서도 확인할 수 있다.

> 꿈속에선 당신은 사리 판단을 할 필요가 없다. **전혀**, 없다. 애당초 그곳에는 경계선이란 게 존재하지 않기 때문이다. 그래서 꿈속에서는 충돌이 거의 일어나지 않고, 혹 일어난다 해도 그곳에는 고통이 없다. 그러나 현실은 다르다. 현실은 물고 늘어진다. 현실, 현실.

예전에 샘 페킨파[26]가 감독한 〈와일드 번치〉[27]의 기자회견에서 한 여성 저널리스트가 손을 들어 날카로운 목소리로 질문했다. "그렇게 많은 유혈 장면을 묘사할 필요가 있었습니까?" 출연 배우 중 한 사람인 어니스트 보그나인이 어이없다는 표정으로 대답했다. "이 보시오, 기자 양반, 사람이 총에 맞으면 피가 나는 게 당연하죠." 이 영화는 베트남 전쟁이 한창일 때 제작됐다.

나는 이 답변이 맘에 들었다. 이런 게 현실의 근본이 아닐까. 나눠 갖기 힘든 걸 나눠 갖기 힘든 걸로 받아들이고, 피범벅이 되는 것. 총격과 유혈.

이 보시오, 사람이 총에 맞으면 피가 나는 게 당연하죠.

이 대답은 내가 『사이코』에서 굳이 시체를 묘사한 이유에 대한 대답도 된다. 그리고 그것이 서브컬처 생산자로서 페킨파와 내가 공유하는 어려움이기도 하다. 아무리 피를 흘리고 시체가 나와도 우리가 만드는 것이 영화나 만화인 이상, 그것이 '기호'라는 걸 들키지 않을 재간이 없다는 점이다. 페킨파는 그야말로 피가 철철 넘치는 B급 영화를 만들어온 사람이다. 흔히 스플래터 영화[28]나 공포 영화의 잔혹한 장면을 '유머'로 본다며 아주 잘 아는 척하는 사람들이 있는데 나는 그런 태도가 영 맘에 안 든다. 오에의 소설에서도 나오듯이 영화는 아무리 깨부수어도 깨지지 않는 인간을 그리는 장르다. 그래서 관객들은 영화 속의 시체나 피를 보고도 태연할 수 있고 심지어는 '유머'로 보아 넘길 수 있는 것이다. 그리고 페킨파가 자신의 작품을 아무리 피바다로 만들어도 영화인 이상 그 운명에서 벗어날 수 없다. 신체를 '기호'로밖에 그릴 수 없는 작가라 하더라도 '현실의 근본'에 있는 것을 잊어선 안 된다라고 무라카미 하루키는 그의 독자들에게 귀띔해준다.

그러나 지금까지의 설명대로라면 '스니커 소설'과 달리 오에 겐자부로나 무라카미 하루키의 '문학'은 '현실'을 사생해왔으니 이런 문제는 안 생기지 않는가라고 의아해하는 독자도 있을 터이다. 하지만 할리우드 영화적인 상상력이 '테러'나 '전쟁'을 어떻게 지배하는지, 우리는 '9·11'을 통해 똑똑히 보았다. 세계가 미국의 가치관에 물들어가는 데 반발한 테러리스트들이 저지른 행위가, 비행기를 공중 납치하여 건물로 돌진한다는 미국 대중 소설의 내용과 결과적으로 똑같았다는 건 절대 우연이 아니다. 결국 테러리스트의 상상력마저도 미국 영화의 틀에서 못 벗어났다는 걸 증명한 서글픈 사건이었다.

'문학'도 예외는 아니어서 좋든 싫든 할리우드나 서브컬처 요소가 침입하였고 작가들은 언제부턴가 '영화풍 소설'을 쓰게 되었다. 문제는 이 같은 경향에 민감한지 여부다. 언젠가 전 도쿄 도지사인 이시하라 신타로[29]가 데뷔작인 『태양의 계절』[30]의 영화화가 결정되자 책을 발행해주지 않는 출판사에서 원고를 돌려받아 다른 출판사에서 펴냈다. 이 작가는 '영화'화 계기로 원작 소설이 '영화처럼' 읽힌다는 데 주목하였다.

그러더니 두 번째 작품인 『미친 과실』은 제목만 정해진 단계에서 영화 판권부터 팔고나서 소설을 완성한다. 자세한 건 지면상 설명할 수 없지만 이시하라의 소설은 늘 과도한 폭력으로 도배를 한다. 게다가 폭력 장면에 현실성이 부족한 탓에 그의 묘사는 부풀려진다. 그건 자신이 '영화풍 소설'밖에 쓸 수 없다는 사실을 모르고 있기 때문이다. 어쨌든 1950년대 말에 이미 '문학'은 '영화풍 소설'화하고 있었다는 걸 알 수 있다.

세이료인 류스이의 시도

한편 소설가들이 '깨지지 않는 인간'을 묘사하는 법과 '깨지기 쉬운 인간'을 묘사하는 법의 차이를 둘러싸고 고민하기 시작했다. 1990년대 중반, 옴 진리교 사건[31]과 고베 대지진[32]이 있은 후의 일이다. 물론 일부 작가들에 그쳤지만 그 움직임은 '문학'에만 머물지 않았다.

이와 관련하여 내가 세이료인 류스이의 소설을 다음과 같이 평가

한 적이 있다.

동시에 잊어선 안 될 건 류스이도 "'고베' 이후의 소설가"라는 점이다. 류스이가 글을 쓰는, 탐정 소설을 쓰는 직접적인 동기에 '고베'가 관련이 있었는지 없었는지에 대해서는 모른다. 그러나 고베 대지진이 일어난 이듬해 『코즈믹』으로 메피스트 상[33]을 수상했다. 한편으로 그가 효고 현(고베 시가 소속된) 출신이라는 점은 그리 중요하지 않다. 출신지의 특권성과는 상관없이 고베 대지진은 일본어에 의한 사실주의의 쇠퇴를 소설 전반에 환기시키는 사건이었다. 그 이후 소설은 어떻게 하면 사실주의를 회복할 수 있을까라는 시련에 부딪혔다. 그리하여 고베에서 일어난 초등학생 살해범인 '14세'[34]로 무리하게 링크함으로써 사실주의의 근거를 찾으려 하는 '문학'이 속출했다. 반면에 류스이는 탐정소설을 단독적으로 재구축함으로써 고베에 저항하려 한 것으로 풀이된다. 즉 '일본어'의 사실주의 성향으로부터 의도적으로 괴리를 일으키고 탐정소설적 사실주의로 세상을 가득 채움으로써 새로운 소설 형태를 제시하려 한 것 같다. 이런 맥락에서 『코즈믹』은 탐정소설적 사실주의에 입각한 전체 소설이라 할 수 있다.

이처럼 해석하면 왜 류스이가 1200명분의 밀실 살인을 그리려 했는지, JDC라는 압도적인 수로 이뤄진 탐정들을 등장시키려 했는지 저절로 의문이 풀린다. 예컨대 JDC 중 한 사람과 1200개 밀실 중 하나를 짝지으면 한 편의 탐정소설이 나온다. 게다가 특성 있는 캐릭터의 설정은 '캬라 모에'계의 독자를 자극하기에 충분하며 '밀실'은 긴다이치 소년이 해결하는 사건보다 훨씬 난해하다. 무엇보다 JDC의 한 사람과 한 가지 이야기만 끄집어내도 『사이코』 정도는 눈깜짝할 사이에 만들어진다. 그래서 나 같은 사람은 감히 류스이의 흉내는 엄두도 못 낸다.

그러나 그의 소설 중 단편을 단독으로 끄집어내면 캐릭터 소설화하는 미스터리의 전형적인 예가 된다는 건 류스이에 대한 비판이 되지 못한다. 캐릭터화, 즉 도가 지나친 개성화는 도리어 고유성을 상실시키는 장치다. 밀실도 마찬가지다. 대량으로 반복됨으로써 '밀실'에서의 죽음은 특별할 게 없어진다.

쉽게 말해 류스이는 수천 명이라는 '고베'의 죽은 자들에 대해, '1200의 밀실'을 배당함으로써 이렇게 기술하려 한 것으로 보인다. 탐정소설이 '죽음'을 그렇게밖에 그릴 수 없다면, 근대 일본어의 사실주의와 안이하게 타협하지 않겠다. 그저 도를 넘은 숫자의 밀실을 줄 세우는 것으로밖에 '고베 대지진'을 그릴 수 없는 장르임을 고려할 때, 근원적인 사실주의로 묘사하는 수밖에 없다. 류스이의 행보를 나는 이렇게 본다.

미스터리 소설은 에도가와 란포가 규정했듯이 사실주의라는 근대소설의 원칙 밖에 있는 표현이다. 살인은 밀실에서 이루어지고 범인은 일부러 암호를 남기거나 장난을 친다. 인간의 죽음은 탐정만이 풀 수 있는 퍼즐 게임에 불과한 셈이다. 이러한 미스터리에 대한 '반동'으로 패전 후, 사회나 인간을 좀더 사실적으로 묘사하는 이른바 사회파 미스터리가 등장했고 거기에 대한 '반동'으로 '신본격新本格'이 등장했다. 세이료인 류스이는 '신본격'과는 정반대 노선에서 등장한 작가로, 신본격파들이 봐도 인물이나 사람의 죽음이 너무나도 '기호'화되어 있는 것처럼 보였던 모양이다. 그러나 내 생각은 다르다. 그는 극도로 기호적인 표현을 써서 '현실'에 적극적으로 맞서고자 하였다.

'게임 감각의 죽음' 그 다음

이렇듯 기호적일 수밖에 없는 표현이 과연 현실의 죽음을 얼마나 온전히 묘사할 수 있을까라는 의문은 장르를 불문하고 거의 모든 작가들이 안고 있는 화두라 생각한다.

'만화'나 '영화풍 소설'또는 미스터리 소설은 각자의 방식으로 이 화두를 풀고자 각 장르의 가능성과 한계 속에서 악전고투하고 있다.

그렇다면 '게임풍 소설'적 성격을 띠고 있는 캐릭터 소설은 어떨까? 일부에선 젊은 세대들이 사람을 죽이고도 재설정하면 된다는 게임 감각에 젖어 인간의 죽음을 인간의 죽음으로 보지 않는다는 비판도 있었다. 그러나 그것이 젊은이들의 살인과 직접적인 연관이 있다고 보는 데는 무리가 있다.

게임에서는 사람의 죽음을 수치로 표시하고 수치가 제로가 되면 재설정할 수 있도록 묘사된 것도 사실이다. 게임업계 내의 윤리 규정에 따르면 잔인한 살인 장면이 금지되어 있음에도 좀비[35]는 얼마든지 죽여도 된다는 엉터리 논리가 지배하는 곳이 게임 분야이며 그들의 '죽음'에 대한 자세다.

영화나 만화 또는 미스터리가 사람의 죽음을 기호적으로밖에 그릴 수 없다는 한계를 자각하고서 '현실'과의 관련성을 모색하고 있는 데 반해, '게임'이나 게임을 출발점으로 하는 '게임풍 소설'은 그 노력이 턱없이 부족해 보인다. 앞으로 '게임 감각의 죽음'이라는 표현 방법의 한계를 넘어 사실적인 인간의 죽음(그것은 사실적인 삶을 뒤집은 것이기도 하다)을 어떻게 그릴 것인지 소설의 한 분야인 스니커 소설 작가들도 고민할 필요가 있다. 그런 노력을 아끼지 않을 때 비로소 '만화를 보고 사람을 죽였다' '게임을 보고 사람을 죽였다'는 비판 앞에서 의연할 수 있지 않을까.

뒤에 가서는 '스니커 소설'의 창작에 TRPG 모델이 효과적이라는 걸 강의하려 한다. 한 가지 유의할 점은 '게임'이라는 모델만으로는 결코 그릴 수 없는 한계가 있다는 점이다. 이 사실을 자각할 때 각각의 표현이 진화할 수 있다고 생각한다.

여러분과는 별 상관없는 얘기지만 사실 이 책은 가도카와쇼텐에서 발행하는 주니어 소설지 〈더 스니커〉에 연재했던 글을 토대로 살을 붙인 것이다. 가도카와쇼텐 편집부에 대한 언급이 많은 이유도 그 때문이다. 6강은 〈더 스니커〉에 편집부 이름으로 실렸던 「스니커 대상으로 가는 길」이라는 소설 쓰기 강좌에 의문을 품는 데서 시작한다. 그 글에는 '탄탄한 구성'을 위한 구체적인 문제점과 '극복' 방법이 쓰여 있었다. 그 가운데, 이건 아닌데라고 느낀 부분이 있었다. 하나는 "착지점에서 이야기를 생각해본다"는 조언이고 또 하나는 "캐릭터가 제멋대로 움직인다는 말은 안 믿는다"는 대목이었다.

아시다시피 나는 편집자였고 지금은 만화 원작자요 소설가다. 듣기 거북하겠지만 나름대로 각 분야에서 출판사에 손해 보이지 않을 정도의 '프로' 수준은 된다. 편집하는 입장에서도 창작하는 입장에서도 만화와 소설에 관련해왔다. 그래서 하는 말인데 그동안 내가 담당한 작가들은 물론이고 나 또한 소설을 쓰면서 결말까지 정해놓고 시작한 경우는 거의 없다. 아주 드물게 있다손 치더라도 의도한 대로 결말이 나는 경우를 본 예가 없다. 이야기를 전개하는 도중에 어느 순간부터 캐릭터는 제멋대로 움직이게 마련이다.

만화판 『사이코』를 쓰면서 그림을 담당하는 다지마 쇼우와 부딪히는 원인 중 대부분은 내가 이야기의 결말에 대해 그에게 한마디 귀띔도 하지 않기 때문이다. 물론 대강의 이미지는 그려져 있고 연재하기 전에 만든 치밀한 플롯도 실은 결론까지 나 있다. 그러나 초기 플롯은 단행본 두 권째 분량쯤 되면서부터 예정대로 노선을 크게 벗어나기 시작한다. 예정대로, 예정한 대로 안 쓰인다는 것이다. 언뜻 보기엔 말이 안 되는 것 같지만 실은 여기에 캐릭터 소설 쓰기의 열쇠가 들어 있다. 참고로 말하자면 현재 내 머릿속에는 『사이코』의 결말이 대여섯 가지 들어 있다. 그 중 어디로 향하고 있는지는 솔직히 나도 모른다. 매회 시나리오를 쓰고 다지마가 원고를 완성시킬 때마다 변한다.

꽤나 일을 적당하게 하는 것처럼 들릴 것이다. 그러나 과장을 보태서 말하면 나와 다지마의 이러한 관계는 '스니커 소설' 쓰기와 밀접한 관련이 있다.

본격적으로 글을 쓰기 전에 일단 이야기를 처음부터 끝까지 만들어둘 필요는 있다. 그건 부정하지 않겠다. 초보자가 제일 먼저 익혀야 할 기술이다. 예정이 있어야 예정대로 돌아가지 않을 수 있는 법. 여행도 많이 해본 사람들이나 일정표 없이 훌쩍 떠날 수 있지 초보자들은 일정표가 있어야 한다. 그런 다음에 길을 헤매보기도 하는 것이다. 앞서 설명한 〈더 스니커〉의 편집자도 그걸 이야기하고 싶었던 모양인데 설명이 충분하지 못했던 것 같다.

카드와 플롯을 준비한다

먼저 비교적 쉽게 '탄탄한 구성'을 만들 수 있도록 해주는 '일정표' 만들기에 대해 강의하겠다.

준비물은 다음 두 가지다.

1. 정보카드(B6)
2. 400~800자 정도의 플롯

이쯤에서 벌써 당황하는 독자가 많을 텐데 지금부터 설명하는 걸 찬찬히 들어보라. 우선 정보카드는 사무용품을 취급하는 큰 문방구점에 가면 판다. 여러 가지 크기가 있지만 나는 B6(엽서 크기 정도) 크기를 이용한다. 글씨 쓰기에 편하도록 줄이 그어져 있으면 더 좋다.

혹시 못 구하더라도 절망할 필요는 없다. 종이를 엽서 크기로 잘라 50장 정도 준비하면 충분하다.

다음은 플롯이다. 먼저 머릿속에 있는 '이야기'를 800자 정도로 정리해보자. '내가 그 정도 쓸 줄 알면 걱정할 게 없겠다'라는 사람은 서점에 가서 『이야기 체조』 제1장을 읽어보라. 타로카드'를 이용해 단시간에 플롯을 만들 수 있는 방법이 해설되어 있다. 그런 거짓말을 누가 믿어, 하고 의심하는 사람도 있을 텐데 거기에 쓰여 있는 건 내가 대학이나 학원에서 소설 쓰기를 가르칠 때 학생들에게 제일 먼저 가르치는 기술이다. 세부 사항은 엉성해도 괜찮다. 일단은 문장으로 옮겨보자. 플롯이 영 안 만들어진다는 사람은 뒤에 가서 설명하는 방법으로 연습해보기 바란다.

여기에서는 〈더 스니커〉 연재글에서 '좌우의 눈동자 색깔이 다른 캐릭터'에 관한 플롯을 각자 짜보라고 제안했을 때 아사바 사토키라는 독자가 보내온 플롯을 예로 들어 설명하겠다.

여고생 구니에다 가오리는 약국에서 꽃가루 알러지를 치료하는 안약을 산다. 그 약을 넣은 다음부터 어렴풋이 다른 사람의 감정이 보이게 된다.

처음에는 흐리게 보이던 것이 차츰 감정 이외의 것까지 왼쪽 눈으로 보게 된다. 갈수록 눈동자 색깔이 옅어진다.

그 무렵 주위에서도 가오리의 변화를 감지하기 시작한다. 주위 사람들은 가오리를 멀리한다. 고립되어가는 가오리.

그러던 어느 날 가오리는 자기처럼 좌우의 눈동자 색깔이 다른 소년이 양복 차림의 남자를 총으로 쏘아 죽이는 장면을 목격하고 만다. 하지만 소년의 감정에서는 악의를 느낄 수 없다.

가오리를 본 소년은 총을 넣은 후 다가온다. 소년은 가오리에게 아소 레이지로라고 이름을 밝히고 목격한 이상 같이 가야겠다고 말한다. 가오리는 반강제적으로 끌려간다.

끌려간 곳은 지하 아지트다. 거기에는 가오리처럼 좌우의 눈동자 색깔이 다른 인간들이 모여 있다. 거기에서 가오리는, 약국에서 산 안약 때문에 자신이 그렇게 변했다는 걸 알게 된다. 안약을 만든 회사는 유령 회사로 일본을 지배하려는 조직이었다. 여기에 있는 사람들은 실수로 안약을 넣는 바람에 조직으로부터 쫓기는 신세라고 한다. 머지않아 가오리도 쫓기는 몸이 될 거라는 말을 듣고 그곳에 머물기로 한다.

그 와중에 수면 아래에서는 조직과의 투쟁이 시작되고, 도중에 가오리는 자신이 속았다는 걸 알게 된다. 아소 무리들이야말로 일본을 지배하려는 음모의 조직이었다. 안약에 약물을 탄 것도 아소의 짓으로 안약 회사는 오히려 그걸 저지하는 쪽이었다.

화가 난 나머지 아소를 쏘는 가오리. 가오리도 아소의 총에 맞아 왼쪽 눈을 다친다.

아소는 죽지만 가오리는 목숨을 건진다. 그 대신 왼쪽 눈은 실명한다. 가오리는 경찰에 체포되었다 일상으로 돌아간다.

카드와 플롯이 준비되었으면 다음 순서에 따라 작업을 진행해보자.

카드에 '장면'을 적는다

우선 이 플롯의 제일 첫 장면은 무엇인지 생각해보자. 장면이란 '하나의 장면에서 일련의 상황이 벌어지는 것'이라 정의하기로 한다. 드라마를 예로 들자면, 커피숍에서 연인이 헤어지는 모습을 상상해보라. '남자가 헤어지자고 말을 꺼내고 여자가 울음을 터뜨리지만 남자는 그 자리를 떠난다. 그 광경을 보던 주인이 그녀에게 조용히 한 잔의 커피를 내민다'는 일련의 상황, 이것이 '장면'이다. 카메라가 커피숍 내부 전체를 비춘다, 남자의 입술을 찍는다, 컵을 쥔 여자의 떨리는 손을 찍는다 라는 식으로 화면이 전환하는 걸 '컷'이라고 한다. 즉 영상 표현은 컷과 컷이 모여서 이루어진다. 하지만 소설에는 컷에 상응하는 개념이 없다. 한편 '장면'이라는 단위는 캐릭터 소설뿐만 아니라 만화, 애니메이션, 영화 같은 이야기 표현에서 공통적으로 볼 수 있는 기본 단위다('문학'은 '장면'이라는 단위를 취하지 않고도 표현이 가능하지만, 이 책은 좁은 의미의 '문학 입문서'가 아니므로 이 문제에 대한 언급은 피하겠다).

그래서 '장면'이라는 최소 단위로 구성을 해나가면 편하다. 또 캐릭터 소설뿐만 아니라 애니메이션이나 텔레비전 드라마를 봐온 체험도 살릴 수 있다.

아사노 독자의 플롯에서 제일 첫 장면은 무엇인지 다시 생각해보자. '약국에서 안약을 산다'는 장면이 맨 먼저 나와야 할 것이다.

먼저 카드 위에 '장면 1 곳 — 약국'이라 적어보자. 다음으로 꽃가루 알러지용 안약을 산다면 계절은 2월 하순이 지나야 되겠다. 그렇다면 봄방학 직전인 3월 중순으로 설정해보자. 주인공인 구니에다 가오리는 방과후 집으로 가는 길에 약국에 들렀을 것이다. 그러면 둘째 줄에 '때 — 3월 중순 어느 날 방과후'라고 쓰자. 약국에서 그녀는 안약을 산다. 그런데 약국 점원은 나중에 스토리와 관련된 인물일까? 의문의 조직이 만든 안약이 주인공에게 비상한 힘을 갖게 한다는 스토리로 보아 이 점원은 조직원일지도 모른다. 또는 주인공과는 아는 사이로 나중에 그녀의 상담을 들어준다거나, 약에 대한 의문을

> **장면 1**
>
> 곳 — 약국
>
> 때 — 3월 중순 어느날 방과후
>
> 등장인물 — ① 구니에다 가오리 ② 점원
>
> 플롯 — ① 구니에다 가오리는 새로 생긴 약국을 보고
> 요즘 들어 꽃가루 알러지가 심해졌다는 생각에
> 안약을 사러 들어간다.
> 점원이 권하는 안약을 구입해 그 자리에서 넣고
> 밖으로 나온다.
>
> 복선 — 점원은 조직의 연구원이다.
>
> 독자에게 전할 정보 — 안약에 붙어 있는 의문의 상표

그림 1 장면카드

푸는 데 협력해주는 약사한테서 살지도 모른다. 하여간 나중에 스토리와 관련이 있는 인물이라고 치자. 카드 셋째 줄에는 '등장인물 — ① 구니에다 가오리, ② 점원'이라고 적는다. 이 장면에서 가오리를 중심으로 전개할 건 그녀가 안약을 사고 그 자리에서 안약을 넣는 연기이다. 그렇다면 넷째 줄에 이렇게 쓰자. '플롯 ① — 구니에다 가오리는 새로 생긴 약국을 보고 요즘 들어 꽃가루 알러지가 심해졌다는 생각에 안약을 사러 들어간다. 점원이 권하는 안약을 구입해 그 자리에서 넣고 밖으로 나온다.' '새로 생긴 약국'이란 점원이 조직원이라는 걸 암시하는 설정이다. 따라서 그 아래에 이렇게 써두자, '복선 —

점원은 조직의 연구원이다.'라고. 의문의 조직이 만든 안약이므로 낯선 제약회사의 약이라고 하는 편이 더 낫겠다. 사람의 마음이 보이는 안약이므로 하트 모양 안에 눈동자가 그려져 있는 상표가 붙어 있다고 하면 어떨까. 그러면 카드 마지막에 이렇게 써넣자. '독자에게 전할 정보 — 안약에 붙어 있는 의문의 상표'

이렇게 해서 〈그림 1〉 같은 카드가 완성된다.

시간축을 따라 번호를 매긴다

이어서 다음 장면은 "어렴풋이 사람들의 감정이 보이게 된다"는 대목이다. 약국을 나와 누군가를 만났다고 하자. 옆집 아줌마라고 하면 어떨까. 마음속을 들여다 볼 수 있다고 했으니 갑자기 아줌마의 마음을 읽을 수 있게 됐다고 하자. 무얼 읽었을까? 아직 자신이 어떤 능력을 가지게 됐는지 모르므로 신기한 일이 생겼다는 정도가 좋겠다.

그럼 두 번째 카드에는 이렇게 쓰자.

장면 2

곳 — 상점가

때 — 장면 1의 직후(해질 무렵)

등장인물 — ① 구니에다 가오리 ② 옆집 아줌마

플롯② — 약국을 나온 가오리는 저녁 찬거리를 사러 나온 사람들로 북적이는 상점가를 지나다 옆집 아줌마를 만난다. 무슨 영문인지 가오리는 아줌마가 오늘 저녁엔 카레라이스를 만들겠구나라는 생각이 들어 묻는다. 아줌마는 "장바구니에 들어 있는 양파랑 당근을 보고 알았구나"라고 말한다.

복선 — 가오리는 사람의 마음을 읽을 수 있게 된다. 하지만 본인도 상대방도 아직은 모르고 있다.

독자에게 전할 정보 — 어디까지나 장면 2에서는 이상한 일이 있었다는 정도로 지나가고 '마음을 읽을 수 있다'는 건 독자들이 모르게 한다.

이런 식으로 작중에서 일어나는 사건을 장면별로 처음부터 끝까지 순서대로 쓴다. 여기에서 유의할 점이 한 가지 있다. 장면 번호는 반드시 시간축을 따라 매긴다는 점이다. 예컨대 가오리가 〈장면 2〉 뒤에 노상에서 문득 떠올린 초등학생 시절의 에피소드를 쓴다고 가정하자. 그럴 경우는 '〈장면 3〉 곳 — 상점가 / 때 — 〈장면 2〉 다음'이라고 쓰면 안 된다. 초등학생 시절이므로 시간축에 따르면 〈장면 1〉 앞에 와야 하니까. 그러므로 초등학교 때의 장면이 〈장면 1〉이 된다. 교실에서 옆자리의 애가 무슨 말을 한 것 같은데 돌아보니 그 애는 아무 말도 하지 않았다, 라는 이상한 체험을 쓰고자 한다면 카드에는 이렇게 적는다.

장면 1

곳 — 초등학교 교실

때 — 6년 전(가오리가 초등학생 시절)

등장인물 — ① 구니에다 가오리 ② 옆자리의 소녀

이럴 경우 〈그림 1〉의 〈장면 1〉이 한 칸 물러나므로 〈장면 2〉라고 고친다. 그런데 이렇게 카드를 작성하는 중에 아래와 같은 사태에 직면할 수도 있다. 아사바 독자의 플롯에 이런 대목이 나온다.

그 무렵 주위에서도 가오리의 변화를 감지하기 시작한다. 주위 사람들은 가오리를 멀리한다. 고립되어 가는 가오리.

이걸 어떤 에피소드를 통해 어떤 장소에서 어떤 캐릭터와 연관지어 '장면'으로 만들면 좋을지 모르겠다. 그럴 때는 이 부분을 그대로 옮겨 적는다. 〈장면 4〉 뒤에 넣을 거라면 첫 줄에는 〈장면 5〉라고 쓴다. 그 외에도 '장면'이 안 떠오른다거나, 상세한 에피소드는 정해지지 않았지만 넣고 싶은 대사가 있다거나 하면 우선 카드에 써둔다. 〈장면 5〉 뒤에 오는 장면에 꼭 넣고 싶은 멋진 대사가 있는데 그것밖에 생각이 안 난다면 〈장면 6〉이라고 카드 첫 줄에 쓰고 그 대사만 적어둔다.

이리하여 플롯 마지막 장면까지 다 쓰고 나면 군데군데 마저 채우지 못한 카드도 있겠지만 일단 몇십 장의 장면 카드가 만들어진다.

카드를 점검한다

이제 카드를 훑어보면서 아래 사항을 점검해보자.

1. 같은 장소가 반복해서 나오진 않는가? 특정 효과를 노려 의도적

으로 반복한 게 아니라면 주인공들이 연기하는 장소에 변화를 주자. 스토리의 단조로움이 상당 부분 해결된다.
2. 너무 길어서 두 장면 이상으로 나눠야 하거나 같은 내용이 반복되어 어느 한 쪽이 불필요하지는 않은가? 장면을 늘이거나 줄이자.
3. 앞 장면에서 깔아놓은 복선을 밝히는 장면은 준비되어 있는가? 준비되지 않았다면 어느 장면에 넣거나 장면을 새로 만들자. 또는 애초에 그 복선은 필요 없었는지도 모른다고 생각해보자.
4. 독자에게 전할 정보가 하나도 없는 장면은 없는가? 가령 주인공이 지닌 초능력의 위력을 보인다는 목적으로 액션 장면이 여러 번 나올 경우도 '전할 정보'가 더 없는지 스스로 의심할 필요가 있다.

위와 같이 점검을 하여 카드의 장수를 늘이기도 하고 줄이기도 하면서 내용을 손보자. 이처럼 큰 흐름을 살피다 보면 비워둔 곳도 하나둘 채워진다. 이 복선을 처리하는 데는 이런 장면이 필요하겠다, 하고 새로운 장면이 자연스럽게 떠오르기도 한다. 각 '장면'도 한결 구체성을 띠면서 군더더기도 없어지게 된다.

이 작업이 어느 정도 진전이 되면 시간축에 따랐던 장면을 재배열한다. 초등학교 장면은 첫 장면이 아니라 〈장면 3〉 뒤에 회상으로 넣는다든지 과감하게 절정 장면을 머리 부분으로 가져와 독자에게 보여주고 거기에 이르는 과정을 전개하면 어떨지 등 연출 계획에 따라 장면을 재배열한다. 카드를 만들다 떠오르는 대사나 소품 같은 것이 있으면 그것도 해당 카드에 적어둔다.

스토리 편집이란

나는 이런 작업 과정을 '스토리 편집'이라 부른다.

〈X파일〉[2] 같은 미국 텔레비전 드라마를 보면 '스토리 에디터'라는 스태프가 나온다. 이런 시리즈물 드라마는 제작자, 감독, 시나리오 작가들이 모여 아이디어 회의를 통해 매회 스토리를 만든다고 한다. 소소한 발상이나 연출 방법, 키워드, 좋은 대사, 전회에 이은 복선 등 1회 방영분 스토리가 완성되기 전 단계의 '조각'이 회의실 화이트 보드에 나열된다. 스토리 에디터는 그런 조각을 제작자, 감독, 시나리오 작가들의 지시에 따라 이야기가 되게끔 정리하는 작업을 한다. 말하자면 시나리오 작가가 각본을 쓸 수 있도록 이야기의 얼개를 정리하는 역할을 한다.

참고로 스토리 에디터란 월트 디즈니가 자신을 지칭한 명칭이기도 하다. 그 의미에서는 아주 중요한 일이라 하겠다.

스토리 에디터의 능력은 작품의 완성도로도 직결된다. 〈X파일〉의 경우 초기 시즌 중에서 다린 모건이라는 스토리 에디터가 맡은 방영분이 유독 특이해 보였던 것을 계기로 스토리 에디터라는 존재에 주목하게 됐다.

단, 미국의 모든 스토리 에디터가 이 책에 나오는 카드를 이용한 방법으로 작업을 하는 건 아니다. 오늘날의 디즈니 애니메이션은 장면 단위 또는 컷 단위로 철저하게 회의를 해서 스토리를 구성하는 모양이다. 〈몬스터 주식회사〉[3] DVD판 'DISC2'에는 카드 크기의 종이에 컷 단위의 일러스트를 그려 한 벽면 가득 붙여놓고 검토하는 모습이 수록되어 있다. 〈몬스터 주식회사〉를 제작하면서 가장 심혈을 기울인 것이 스토리 검토 단계였다고 스태프가 인터뷰에 답하고 있다.

실은 한 장의 카드에 하나의 항목을 기입한 후 이리저리 배열을 바꿔 하나의 짜임새 있는 흐름을 만드는 건 민속학자인 야나기타 구니오가 논문 작성에 쓰던 방식이다. 야나기타는 한 장의 카드에 하나의 자료를 기입하는 방식으로 일본 전국에서 모은 민속학 자료를 카드화했다. 지금도 세이조成城 대학에 가면 그 카드가 남아 있다. 야나기타는 장기간 여행을 나설 때면 그 중 몇 십 장의 카드를 빼내어 가지고 다녔다고 한다. 열차에서 카드의 배열을 이리저리 바꾸면서 사색에 잠기곤 했다. 여행이 끝날 무렵에는 순서대로 정리된 카드를 보며 자료를 배치하기만 하면 한 권의 논문이 나왔다는 전설을 민속학을 배우던 시절에 야나기타의 제자였던 내 스승에게 들었다.

지금처럼 컴퓨터에 의한 데이터베이스화가 실현되기 전까지는 자료의 카드화가 인문학에선 지극히 당연한 논문 작성 방법이었다. 나도 대학에 들어가자마자 선배들이 하는 걸 어깨너머로 배웠다. 예전에는 매킨토시 컴퓨터 속에도 카드를 전자화한 하이퍼 카드라는 것이 들어 있었다. 이와 같이 한 장의 카드를 단위로 사고하는 방법은 상세한 조각으로 커다란 흐름을 만드는 데는 안성맞춤이다. 컴퓨터로 작업하는 게 편하다고 생각하는 사람은 그렇게 해도 상관없지만, 카드를 갖고 다니다 비는 시간에 배열을 바꾸거나 내용을 고치는 수작업을 나는 권한다.

프로의 작품을 카드화해본다

실제로 해보면 카드 만들기도 의외로 어렵다. 생각대로 안 되는 사람은 다음과 같은 연습을 해보자. 플롯 만들기가 힘든 사람도 이 방법으로 장면 만들기를 연습해보자.

방법은 간단하다. 자신이 좋아하는 소설을 한 권 준비해 그 소설에 나오는 장면을 일일이 카드에 옮기는 것이다. 마지막 장면까지. 그러면 프로 작가가 장면들을 어떻게 조립하는지 실감할 수 있다. 아울러 지금 여러분들이 가장 궁금해 할 '한 권의 소설에 도대체 몇 개의 장면이 필요한가'라는 의문에 대한 대답도 알 수 있다. 예컨대 400자 원고지 10장당 한 장면이라는 규칙이 따로 있는 건 아니다. 전적으로 작가의 개성에 달려 있다. 그러니 내가 여기서 분량을 제시하기보다는 여러분 스스로 프로의 작품을 카드화하는 작업을 통해 발견해보기 바란다. '이야기를 짜임새 있게 구성하는 힘'이 상당히 향상될 것이다.

프로의 작품이더라도 고르기에 따라서는 '뭐야, 이거 엉망이잖아' 하고 실망하는 경우도 적지 않을 것이다. 혹시 그런 작품을 만나면 카드 배열을 자기 나름대로 연구해서 좀더 짜임새 있는 이야기가 되도록 첨삭을 해보자. 나도 이런 말 할 처지는 아니지만, 어쨌거나 신기하게도 누구든 남의 결점을 찾아내어 지적하는 건 잘한다. 나는 쥐뿔도 모르는 필자들이 미스터리나 호러 소설의 서평을 쓰면서, 이 플롯은 엉망이라며 아는 척 평하는 걸 읽을 때마다 혀를 차게 된다. 그런 지적이나 하는 것이 '평론'은 아니다. 비록 이야기 구성은 엉성할지라도 독자들이 읽게 만드는 힘이야말로 프로 작가의 역량이다. 독자이면서 장차 작가를 꿈꾸는 여러분은 절대 '이야기가 엉망이다'라느니 하며 잘난 척 떠들어대는 사람들을 보고 배워선 안 된다. 남의 작품의 '결점'은 자신의 기술을 갈고 닦는 데만 활용할 일이다.

한 가지 주의할 점이라면, 이야기 구성을 치밀하게 설계해서 쓴다고 다 재미있는가 하면 실은 그렇지 않은 경우가 많다는 사실이다. 프로가 쓴 작품 중에도 도중에 옆길로 새거나 조역이면서도 주인공보다 더 눈에 띄는 캐릭터가 나오는 예는 얼마든지 있다.

가능세계와 〈에반게리온〉
앞서 나왔던 「스니커 대상으로 가는 길」이라는 글에서는 '구성이 엉성한' 이야기를 나쁘게만 보는데 과연 그렇게 단언해도 되는 걸까? 좀더 냉정하게 생각해보자. 이야기라는 것이 처음부터 정해진 결말을 향해 일직선으로만 나아가는 것일까?

텍스트 어드벤처 게임[4]은 스토리가 도중에 몇 갈래로 나뉘어져 플레이어의 선택에 따라 결말이 다양하게 변화해간다. 이 게임에서는 이야기가 단 하나의 결말을 향하는 법이 없다. 또는 〈신세기 에반게리온〉[5]을 떠올려보라. 일부 팬들로부터 '학원게리온 學園ゲリオン'이라고 불리는 영상이 최종회에 느닷없이 등장한다. 이 세상에 에반게리온이란 존재하지 않고 신지는 평범한 중학생, 아야나미는 활달한 전학생으로 허겁지겁 식빵을 물고 달리다 신지와 마주친다…라는 전형적인 청소년 만화 장면을 〈에반게리온〉의 주인공들이 갑자기 연기하는 것이다.

이는 감독인 안노 히데아키가 당시 유행하던 철학용어로 '가능세계'라는 걸 작중에서 표현하고자 했던 것 같다. 가능세계란, '현실'은 우연이 만든 결과로 생긴 '지금'이다, 현실과는 다른 '지금'이 존재할 가능성이 있다는 뜻이다. 그래서 아스카와 레이가 "이것도 하나의 현실"이라는 말을 자주 입에 담은 것이다. SF의 고전적인 아이디어였던 평행세계도 이 '가능세계'의 한 예라고 할 수 있다. 즉 알기 쉬운 비유를 들자면 이 세상은 텍스트 어드벤처와 같은 것이라고 보면 된다.

우리는 이 개념을 '이야기'에도 적용할 수 있다. 프랑스 사회학자 클로드 브레몽Claude Bremond은 이런 말을 했다.

> 이리하여 우리는 이분법적 선택 계열과 관계를 맺게 된다. 사람들은 놀랄 것이다. 매 순간에 존재하는 선택 계열이 어째서 무수한 가능성으로 분산하지 않고 양자택일로 환원될까, 하고 말이다. 게다가 그건 기본적인 양자택일이다. 가능하냐 불가능하냐, 행위로 표출되느냐 잠재력으로 묻히느냐, 목적을 달성하느냐 마느냐. 그러나 이런 단순함은 방법 탓이 아니라, 이야기의 메시지가 갖는 성질이다.

무슨 말인지 몰라도 된다. 인용한 나도 잘 모르니까. 요컨대 작중에서 악역이 나쁜 음모를 꾸민다, 그러면 정의의 사도가 나타나는 경우가 있는가 하면 나타나지 않을 수도 있다, 나타나도 적을 무찌를 때와 그렇지 못할 때가 있다는 정도로만 이해해두자. 중요한 건 이야

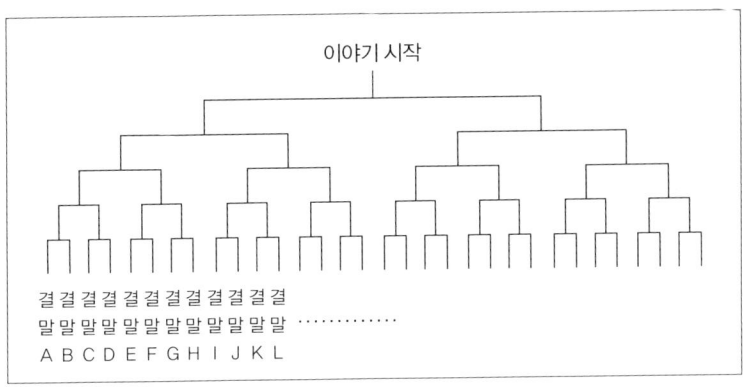

그림 2 가능세계

기란 각 상황에서 A로 가느냐 B로 가느냐라는 선택들로 이루어져 있고 모든 선택을 끝낸 결과만 보면 마치 이야기가 결말을 향해 진행되는 것처럼 보이지만 〈그림 2〉처럼 실은 무수한 가능세계 중 선택에 선택을 거듭한 결과 하나의 결말에 다다른 데 지나지 않다는 생각이 담겨져 있다는 점이다. 대부분의 독자들은 그건 이론일 뿐 텍스트 어드벤처와 소설은 다르다, 이야기가 다양한 잠재적 결말을 향해 가능성이 열려 있다 한들 '스니커 소설'과 무슨 관계가 있느냐고 의문을 품을 것이다.

하지만 '이야기가 일직선이 아니라' 장면마다 여러 갈래로 나뉘어질 가능성을 항상 내포하고 있고, 거기에 '캐릭터가 제멋대로 움직인다'는 요소가 더해짐으로써 스니커 소설의 본질이 성립된다고 생각한다.

그걸 입증하는 의미에서 이 책 앞머리에서 다룬 TRPG를 살펴볼 필요가 있다.

7강
TRPG풍 소설이란

앞에서도 설명했다시피 미즈노 료의 『로도스도 전기』는 TRPG에서 영감을 얻은 소설이다. 그래서 초기에는 〈D&D〉라는 TRPG 룰에 따라 이야기가 진행되었다. 내가 『로도스도 전기』에 각별한 관심을 가지는 이유도 그 성립 과정이 스니커 소설을 만들어내는 과정과 유사한 점이 많아서다.

『로도스도 전기』는 가도카와쇼텐의 〈콤푸티크コンプティーク〉라는 컴퓨터 잡지 1986년 9월호에 처음 연재되었다. 당시 나는 같은 잡지사에서 컴퓨터 게임 〈로만시아〉[1]의 만화판을 편집하면서 『마다라』의 원작 준비에 착수했던 걸로 기억한다. 기념할 『로도스도 전기』의 제1회는 다음과 같이 시작됐다.

그 날 던전 마스터[2](이하 DM)의 집에 모인 플레이어는 6명. 나이도 게임력도 제각각. 그러나 마음만은 〈D&D〉라는 게임 하나로 단단히 엮여 있다.

각자 애용하는 주사위와 〈D&D〉 플레이어 매뉴얼[3], 그리고 필기도

구로 무장한 그들은 벌써부터 전투태세에 있었다. 물론 DM도 만반의 준비를 하였다. 마스터에게 필요한 도구, 즉 각종 주사위며 계산기, 필기도구, 플레이어용 캐릭터 시트와 멋진 시나리오를 만들어놓고 이제나저제나 하고 플레이어들을 기다리고 있었다. 〈D&D〉 기본 룰 세트는 말할 것도 없고 전문가 룰 세트, 컴패니언 세트, 마스터 세트 등 일본어판 발매를 손꼽아 기다리는 영어로 된 상급 게임용 세트까지 빠짐없이 갖추고 있었다.(참, 전문가 룰 세트는 얼마 전에 나왔던가)

DM — 게임을 시작하자. 각자 캐릭터를 만들라.
플레이어A — 그럼 능력치부터 정하겠습니다. 6면체⁴ 주사위를 세 번 굴려 나온 숫자를 합한다. 그걸 각 능력치별로 여섯 번 반복하는 거였죠…. 어디 보자, 힘=12, 지능=12, 지혜=11, 민첩=15, 건강=8, 매력=11. 도적이 어울리겠어요.

초기의 『로도스도 전기』를 읽어보지 않은 팬 가운데에는 현재 스니커문고에 수록된 『로도스도 전기』와는 영 딴판이어서 어리둥절할 수도 있다. 앞에서도 설명했듯이 『로도스도 전기』가 처음 나왔을 때는 소설 형태가 아니었다. TRPG 팬들이라면 상식이겠지만 '리플레이'라는 형태로 시작됐다. 그러면 리플레이란 무엇인가. 미즈노의 스승인 야스다 히토시는 이렇게 설명한다.

그 무렵 TRPG의 원조인 〈D&D〉가 번역됐는데 이걸 어떻게 소개하면 널리 보급이 될 수 있을지 〈월간 콤푸티크〉에서 의뢰가 들어왔다.

당시 번뜩하고 떠오른 방법이 '리플레이'였다. 게임계에서 리플레이란 실제로 게임한 경과를 기록한 글을 지칭하는 말이다. 종래의 리플레이는 길어봐야 20~30매 정도로 주로 설명조의 해설만 달려 있었다.

그렇다면 스토리가 발전하는 TRPG의 특징을 살리는 의미에서 실제로 게임하는 장면을 대화체로 옮기면 어떨까?

연극 대본처럼 대사로는 게임 진행 상황을, 지문으로는 룰을 설명하면 이해가 빠르지 않을까? 그걸 장편 길이로 연재하면 TRPG의 묘미를 고스란히 담을 수 있지 않을까?

쉽게 말해 리플레이란 TRPG를 하고 있는 상황을 생중계하듯 활자로 옮긴 걸 말한다. 잡지에 연재된 첫 회에는 리플레이가 아닌 '〈D&D〉 지상 라이브'라고 쓰여 있었고 〈D&D〉 룰을 따르다 차차 독자적인 룰을 마련해갔다. 이 부분은 이 책과 관계없는 문제이므로 넘어가자.

여기에서는 스니커 소설이 TRPG의 실제 게임 과정을 기록하는 형태로 세상에 나왔다는 사실만 확인해두자. 그런데 이 사실이 왜 중요한 걸까?

문고판 『RPG리플레이 로도스도 전기 I』의 도입부 중 일부를 인용해보겠다.

GM — 자, 그럼 로도스도 전기를 시작하겠다.

슬레인 ― 어디서부터 시작합니까? 타바 마을? 우선 레일리아를 찾으라는 의뢰부터 받아야 움직일 수 있습니다만.

GM ― 그 성격은 여전하군. 저번 시나리오나 소설 스토리는 의식할 필요 없다고 말했지 않나. 물론 전혀 관계가 없을 순 없지만, 세부 시나리오는 바꿀 거니까.

슬레인 ― 아, 예.

GM ― 너희는 지금 로도스라는 섬에 있다. 어떤 섬인지는 모두 알고 있을 테고.

판 ― 알렉라스트 대륙 남쪽에 떠 있는 저주받은 섬이죠.

GM ― 그렇다. 그 로도스 섬에서도 가장 역사가 오래된 나라 '천년왕국'이라는 대국 알라니아가 모험의 무대가 된다. 출발은 알라니아 북부의 작은 산골 마을 잭슨이라고 하자.

판 ― 다들 만난 상태로 시작해도 되는 건가?

GM ― 소설판이나 컴퓨터판과 똑같이 따라할 필요는 없으니까 모두 아는 사이라고 하자. 너희는 심심한 시골 생활에 질려 모험을 떠나고 싶어 한다. 마음 맞는 동지는 찾았지만 이렇다 할 목적이 없다. 슬슬 마을을 떠나볼까, 하고 생각하던 중이다.

판 ― 따분한 시골 생활도 이젠 지긋지긋해. 어서 여길 벗어나 뭐든 때려잡아야지, 원.

슬레인 ― 나는 지식만 구하면 되요. 위험한 짓은 하지 맙시다, 제발.

우드 척 ― 그렇게 겁이 많아서야 어디 보물을 만져보기라도 하겠나.

슬레인 ― 그럼, 감옥에 갇히는 건가요?

우드 척 ― 헉! 아픈 데를 찌르는군.
디드리트 ― 보물이 어쩌고저쩌고 하니까.
에트 ― RPG의 묘미는 참가하고 보는 거 아니겠어. 말은 하면 할수록 재미가 더해지는 법. 남한테 폐만 안 될 정도면 말이지.
GM ― 하며, 마을 술집에 모여 왁자하게 떠들고 있자…

위 글에서 GM이란 게임 마스터이고, 슬레인이나 판은『로도스도 전기』의 캐릭터들이다. TRPG는 이런 식으로 게임 마스터와 각 캐릭터를 맡은 플레이어의 대화로 진행된다.

당신은 게임 마스터인가 플레이어인가
TRPG를 실제로 해본 독자들에겐 설명이 필요 없겠지만, 모르는 독자를 위해 여기에서 TRPG를 다시 정의해야 할 것 같다. 한때는 관련 출판물이 봇물을 이루었던 이 분야도 지금은 시들해져 TRPG의 컴퓨터판인 RPG만 떠올리는 젊은 독자들도 있을 테니까.

사실 나도 이 분야의 전문가는 아니다. 다행히『RPG리플레이 로도스도 전기 I』의 도입부에「TRPG」에 관한 야스다의 간단명료한 설명이 나오므로 인용해보겠다.

> TRPG는 여러 명의 플레이어와 한 명의 게임 마스터가 대화로 진행하는 게임이다. RPG는 플레이어가 판타지나 SF 스토리의 등장인물이 되어 즐기는 게임이므로 게임 마스터가 스토리의 배경이나 설정,

중요한 부분의 플롯을 미리 짜놓는다(주로 룰을 참고하거나 원작이나 영화, 소설 속 이미지를 발전시켜 만든다). 또 게임 마스터는 TRPG의 룰을 외워야 한다. 플레이어가 등장인물의 입을 빌어 무언가를 요구하면 룰에 따라 주사위를 굴려 판정하기 위해서다.

이렇듯 플레이어가 등장인물을 연기함으로써 게임이 스토리성을 띠고 진행된다. 전투가 있는가 하면 덫을 피해 위기를 모면하기도 하고 이야기가 의외의 방향으로 흐르는 등 생생한 대화로 게임을 진행하므로 더할 나위 없이 재밌다.

그리고 이 게임은 게임 마스터가 새로운 스토리를 만들 때마다 색다른 즐거움을 맛볼 수 있으며 플레이어가 연기하는 등장인물은 게임을 거듭하는 동안 버릇이나 개성이 생겨(게임 룰에 따라 성장하거나 강해지기도 한다) 자기 분신처럼 느끼게 된다. TRPG가 20세기 후반 게임계의 혁명이라 불리는 이유는 이런 자유로움, 오픈엔드성(끝없이 전개할 수 있음)에 있다 해도 과언이 아니다.

야스다의 설명을 토대로 TRPG에 대해 좀더 살펴보자.

먼저 야스다의 설명에 따르면 TRPG라는 게임에 참가하는 형태에는 두 종류가 있음을 알 수 있다. 하나는 게임 마스터로 다른 하나는 플레이어로. 그 정도는 상식이라고 생각하는 독자들도 흘려듣지 말고 유심히 읽어주기 바란다. 플레이어와 게임 마스터라는 역할 분담이야말로 스니커 소설을 설명하는 데 빠질 수 없는 중요한 요소며 여러분이 작가로서 '소설'이나 '만화'에 어떻게 관여할지를 이해하는 중요한 실마리를 제공한다. 왜냐하면 나는 창작 행위에도 '플레이어로서 소설을 쓰는 입장'과 '게임 마스터로서 소설을 쓰는 입장'이 있다고 보기 때문이다.

그러면 게임 마스터의 역할이란 무엇일까? 야스다는 게임 마스터의 역할로 '스토리의 배경이나 설정, 중요한 부분의 플롯을 미리 짜둔다', 해당 'TRPG의 룰을 파악해둔다'라는 두 가지를 들었다.

예를 들어 앞서 인용한 『RPG리플레이 로도스도 전기 I』의 한 구절을 다시 읽어보자.

게임 마스터는 "너희는 지금 로도스라는 섬에 있다. 어떤 섬인지는 모두 알고 있을 테고."라며 플레이어들의 현재 상황을 알린다. 그리고 "너희는 심심한 시골 생활에 질려" 있다는 점과 "뜻을 같이하는 동지는 찾았지만 이렇다 할 목적이 없다."라는 플레이어들의 현재 상황이나 내면 심리에 대한 설명도 한다(4강에서 소개하였듯이 팩맨처럼 생긴 '이 빠진 동그라미' 캐릭터를 보여주고 "뭔가가 모자라. 슬퍼"라며 아이들이 이야기를 만들게 하는 실험을 떠올리게 한다).

그러자 플레이어 중 한 사람이 "따분한 시골 생활도 이젠 지긋지긋해. 어서 여길 벗어나 뭐든 때려잡아야지, 원."이라고 게임 마스터의 설명대로 즉석에서 대사를 한다. 이어서 다른 플레이어도 대화에 참여한다. 그리고 이야기가 탈선하려 하자 게임 마스터가 끼어들어 "하며, 마을 술집에 모여 왁자하게 떠들고 있자…"라고 이야기를 잇는다. 그런 다음 아래와 같이 이야기를 끌어나간다.

킴 — 우리가 언제 왁자하게 떠들었나?

GM — 떠들었어! 왁자하게 떠들고 있자.

디드리트 — 그러자?

GM — 이 마을을 떠나는 건 좀더 미루면 안 되겠는가, 하고 마을 촌장이 다가온다.

즉 게임 마스터가 그들을 모험으로 이끄는 '촌장'의 출현을 알리는 것이다.

TRPG란 게임이 아니라 '창작물'이다
지금까지의 대화를 읽으면서 게임 마스터와 플레이어의 '어투'가 다르다는 걸 못 느꼈는가? 플레이어들은 판이나 슬레인이 되어 대사를 던지는 데 반해 게임 마스터는 아무런 캐릭터도 연기하지 않는다. 무슨 그런 당연한 걸 설명하나 싶겠지만 문제는 게임 마스터의 역할에 있다.

앞서 인용한 리플레이 소설을 다시 읽어본 다음 일반 소설과 비교해보라. 그러면 플레이어가 말하는 내용은 소설에 비유하면 "……" 속에 들어갈 등장인물의 대사며, 게임 마스터가 말하는 내용은 소설의 지문에 해당한다는 걸 알 수 있다. 말하자면 TRPG 리플레이란 소설 지문을 만드는 '서술자'와 등장인물들을 연기하는 사람들이 만드는 '창작물'이 되는 셈이다.

그럼 게임이 아니라 '창작물'이란 말인가, 하고 어리둥절해 하는 사람도 있을 터이다. 현재로서 '로도스도 전기'는 TRPG를 플레이한 내용을 문장화하면 '리플레이 소설'이 되고, 거기에 등장하는 캐릭터들의 대사를 등장인물 대사로, 게임 마스터가 한 말을 지문 삼아 각색하면(물론 이것도 엄청나게 고된 작업이지만) 『로도스도 전기』라는 소설이 된다.

미즈노 스스로 TRPG가 소설 공부에 많은 도움이 됐다고 밝히는 이유 중 하나도 여기에 있다. 플레이어는 캐릭터의 대사를 통해 캐릭터 표현을 집중적으로 훈련할 수 있다. 또 게임 마스터는 옆길로 새려는 캐릭터들을 사전에 짜놓은 플롯으로 유도함으로써 이야기를 진행시키는 능력이 저절로 길러진다. 다시 말해 TRPG를 통해 어떻게 하면 캐릭터를 생동감 있게 표현할 수 있을까, 어떻게 하면 실패 없이 이야기를 마무리 지을 수 있을까, 라는 소설가의 골칫거리를 해결하는 힘을 다질 수 있다.

내가 한 학원에서 소설 쓰기를 가르쳤을 때, 커리큘럼에 TRPG 플레이 연습을 넣어달라고 여러 차례 부탁했으나 통하지 않더라고 썼던 걸 기억할 것이다. 그 학원을 비롯한 대개의 소설 학원은 선생이 학생의 작품을 한 줄 한 줄 첨삭해가면서 가르치는데 그런 수업은 아무런 도움이 안 된다. 소설가 지망생들에게 정말 필요한 건 소설을 쓰기 위한 기초 체력을 다지는 훈련이다. 어떤 스포츠든 근육 단련이나 기본 동작의 반복 연습을 거쳐 실전 연습에 들어갈 수 있듯이 TRPG야말로 생생한 캐릭터 표현과 이야기를 끝까지 이끄는 힘을 키우는 데는 최고의 훈련이다. TRPG가 스니커 소설에 끼친 영향은 여기에 그치지 않는다.

TRPG의 세 가지 입장

야스다의 설명에 따르면 TRPG에는 게임 마스터로서, 그리고 플레이어로서 참여할 수가 있다. 그런데 여기에는 한 명이 빠져 있다. 바로 게임 마스터나 플레이어가 참가하는 가공의 '세계' 및 게임 진행상의 룰을 만드는 존재, 이른바 게임 디자이너다. 『로도스도 전기』는 미즈노가 생각한 '세계'에서 〈D&D〉라는 게임 룰에 따라 플레이하다가 도중에 독자적인 룰이 생겼고 그에 따라 리플레이가 만들어졌다.

말하자면 『로도스도 전기』라는 소설이 최종적으로 완성되기까지 세 가지 역할이 필요했다.

세계관과 룰을 만드는 게임 디자이너, 그 속에서 만들어지는 구체적인 이야기를 관리하는 게임 마스터, 게임 마스터의 안내를 받아 역할을 연기하는 플레이어들이다.

미즈노는 최종적으로 이 세 역할을 혼자 도맡음으로써 『로도스도 전기』라는 소설의 작가가 됐다.

하지만 나는 처음 만화 원작을 쓸 때 이 세 가지 역할을 분업해보고 싶었다. 세계관을 만드는 사람, 이야기를 만들어 관리하는 사람, 구체적으로 캐릭터를 형상화하여 만화를 쓰는 사람으로 말이다. 그런 생각을 갖게 된 계기는 지금의 가도카와쇼텐의 회장인 가도카와 쓰구히코角川歷彦가 부회장으로 있던 시절로 거슬러 올라간다. 그는 미국의 TRPG 전문 출판사에 주목했고 그 출판사에서 만드는 작품

같은 걸 일본으로 도입할 순 없을까, 하고 고민하였다. 그러다가 내 세울 건 젊음밖에 없던 당시 편집자로 일하던 나에게 설명을 해준 적이 있었다. 그 일을 계기로 만들어낸 것이 『마다라』로 내가 처음 시도한 만화 창작법이었다. 당시 『마다라』를 잡지에 연재할 때는 '세계 설정' '원작' '그림' 작업을 분업시켰다.

그런데 '세계 설정'을 담당한 게임회사에서 TRPG용 룰(캐릭터의 권력치 등)은 만들어주었으나 지도라든지 시대 배경, 주인공의 성장 과정 같은 구체적인 '세계관'에 관한 부분까지는 역부족이었던 탓에 내가 담당해야 했다. 『성흔의 조커』[5]를 쓸 때도 유명 게임 디자이너가 참가할 계획이었는데 도중에 빠졌다. 그 바람에 『성흔의 조커』 독자 코너에 단골로 엽서를 보내던 '히라린'이 내 사무실로 들어와 '세계관' 설정을 도왔다.

10년 전만 해도 애니메이션이나 게임도 아닌 만화 제작에서 세계관을 독립적으로 분담한다는 걸 게임 디자이너들이 이해하지 못했다. 그 때문에 나는 『마다라』 이후의 작품에서는 '세계관'을 설정하는 '게임 디자이너'와 각 회의 각본을 만드는 '게임 마스터'라는 두 역할을 의도적으로 수행하게 됐다. 내가 원작자로 실려 있는 작품에서 '원작'이란 이런 의미다.

요즘 만화들을 보면 '원작'에 애니메이션이나 게임 제작자명이 들어가 있거나, 이시모리 쇼타로 등 고인이 만든 캐릭터를 유용할 때도 '원작'이라 하여 이름이 올라가는 까닭에 내가 시나리오를 쓰는 게 아닌 줄로 아는 독자가 많은데 시나리오도 세계관 설정도 내가 한다.

7강 TRPG풍 소설이란 155

이 경우 만화가에겐 시나리오와 별도로 캐릭터 시트나 배경 세계에 관한 설정 자료를 소책자로 정리하여 건넨다. 특히 나는 캐릭터 디자인 원안도 첨부하기 때문에 일러스트를 그릴 줄 아는 스태프를 두고 있다. 이 점이 내가 쓴 '원작'과 가지와라 잇키 이후 '원작'의 차이점이다. 내 사무실에 '이야기 환경 개발'이라는 한창 경기가 좋을 때나 볼 수 있었던 부동산회사 같은 이름을 붙인 이유도 이야기를 위한 환경 즉 세계관을 개발하는 일을 주로 한다는 의미에서다. 물론 스스로 세계관을 만들어두고 적당한 시기를 골라 비싼 가격에 팔아치우는 가상현실 속의 부동산 투기업자라는 의미도 깔려 있다.

원작자란 '리플레이'의 창작자

아무튼 TRPG를 기준으로 보면 '이야기하다'라는 행위는 게임 디자이너, 게임 마스터, 플레이어라는 세 가지 형태로 역할을 분담할 수 있다. 반면에 컴퓨터 게임 RPG는 컴퓨터 프로그램이 게임 마스터 역할을 대신하기 때문에 플레이어로서만 '이야기'에 참가할 수 있도록 되어 있다. 캐릭터의 대사도 미리 프로그램 되어 있어서 즉흥 대사란 불가능하다. 즉 TRPG에 비해 자유도가 매우 낮다. 그래서 같은 RPG라도 컴퓨터 게임 RPG로는 '소설' 창작 훈련이 불가능하다. 내가 학생들에게 니네들 게임만 하고 있으면 안 된다고 학교 선생님 같은 잔소리(실제로 학교 선생님이지만)를 하는 건 그런 이유에서다.

컴퓨터 게임과 TRPG의 결정적 차이가 하나 더 있다. 전자는 게임 디자이너, 게임 마스터, 플레이어라는 삼자가 서로에게 아무런 영향력도 못 끼친다는 점이다. 미리 짜여진 프로그램에 따라 플레이하기 때문이다. 예컨대 플레이어의 즉흥 대사로 인해 게임 마스터가 정해놓은 스토리나 세계관이 바뀌는 일은 없다. 하지만 '창작'이라는 행위 속에서는 참가자가 서로 영향을 주고받는다. 플레이어는 게임 마스터가 안내하는 이야기에 제약을 받되 즉흥 대사나 행동이 가능하므로 이야기를 생각지도 못한 방향으로 끌어가기도 하고 세계관 속에는 없던 새로운 정보를 '발견'하기도 한다. 이른바 삼자의 상호 관계 속에서 각자의 영역이 변화하고 풍성해진다. 바꿔 말하면 캐릭터는 구체적인 '이야기'로 구성된 '세계' 속을 돌아다니며 '생명력'을 얻고 캐릭터의 연기로 '이야기'는 구체성을 더하게 된다.

따라서 삼자가 보다 좋은 형태로 서로에게 영향을 줄 때 재미있는 '이야기'가 탄생하는 셈이다. 내가 하는 일로 치면 세계관에 해당하는 부분을 나와 스태프가 만들고(게임 디자이너), 그걸 가지고 내가 '각본'이나 '플롯'으로 만든다(게임 마스터). 그리고 만화가는 이걸 '플레이어'로서 '만화'로 옮긴다. 단, 만화가는 각본을 액면 그대로 옮겨 쓰기만 하면 되는 게 아니다. 원작이란 컴퓨터 게임 프로그램이 아니라 어디까지나 게임 마스터의 대사에 지나지 않는다.

내가 다지마 쇼우에게 이야기의 결말을 가르쳐주지 않는 것도 이처럼 게임 마스터와 플레이어의 상호 관계에서 하나의 작품을 완성시킨다는 생각을 갖고 있기 때문이다.

나는 여기서 나의 창작 기술 중 일부를 만천하에 밝혔다. 그러나 곰곰이 생각해보면 동인지의 이른바 2차 창작 — 게임이나 애니메이션에 나오는 캐릭터나 설정을 함부로 사용하는 패러디 작품 — 은 이른바 원작의 리플레이에 해당한다. 거기에서는 원래 작품의 캐릭터를 2차 창작자가 플레이어로서의 개성을 반영하여 캐릭터를 부풀리거나, 원작에는 쓰여 있지 않은 '세계관'이나 '이야기'의 빈틈을 채워간다. 사실 단순한 에로물이나 동성애물로 전락하는 작품도 적지 않지만 그 재미는 리플레이에 거의 육박한다.

한편 최근에는 가도카와쇼텐을 비롯하여 각 출판사가 애니메이션이나 영화화가 결정된 작품을 만화나 소설로 옮기기 시작했다. 그런데 이런 작품은 대체로 시시하다. 그럴 수밖에 없는 것이 소설이나 만화에는 '리플레이의 매력'을 파생할 만한 여지가 없기 때문이다. 관계자는 미디어믹스라는 이름으로 아무것이나 가져다 만화로 소설로 옮길 일이 아니다.

아무튼 'TRPG 리플레이 소설'이라는 '스니커 소설'의 원점을 이상과 같이 살펴보건대 의외로 가능성과 시사하는 바가 큰 형식임을 알 수 있었다.

당신은 게임 마스터인가, 아니면?

여기서 다시 정리하고 넘어가자. 캐릭터 소설가를 꿈꾸는 여러분에게 중요한 건 '게임 디자이너'(세계관을 만드는 사람), '게임 마스터'(이야기를 만들고 관리하는 사람), '플레이어'(캐릭터를 통해 실제로 이야기를 연기하는 사람)라는 세 가지 역할 분담이다. 이는 소설을 비롯해 넓은 의미의 이야기를 만들 때 필요한 세 가지 입장이다. 실제로 '스니커 소설'을 쓰려는 사람들 중 대다수는 이 세 가지 중 하나나 두 가지 능력이 부족한 경우가 많다. 느낀 대로 쓰자면 의외로 '게임 디자이너'적인 세계관이나 캐릭터 설정은 누구나 잘한다. 젊은 세대들은 이 능력이 비상할 정도로 발달했다는 인상마저 받는다. 그건 이야기의 배경이 되는 세계관을 거대 데이터베이스에 축적한 컴퓨터 게임을 통해 눈앞에 펼쳐지는 이야기 속에서 공략 같은 정보를 해독하는 데 익숙해진 결과인지도 모른다. 요컨대 이야기가 아니라 그 배후의 '세계관'을 읽어내는 버릇이 들었다. 10년 전부터 작가도 미처 생각지 못한 세세한 부분까지 들추어 지적하는 책들이 유행하는 것도 독자가 만화나 애니메이션에서 단순한 '이야기'가 아니라 '세계관'을 읽어내려 하기 때문이다.

 그래서 젊은 세대에게 소설을 쓰게 해보면 자신이 만든 세계관과 모순되지 않도록 하려고 신경을 곤두세운 나머지 한 줄도 쓰지 못하는 경우가 더러 있다. 참 흥미로운 현상이다. 아무리 세계관 위에 이야기가 성립한다지만 세계관이나 설정은 법률도 룰도 프로그램도 아니다. 야스다가 말했듯이 TRPG는 자유로움이 생명이다. 컴퓨터 게임 RPG는 이 자유도를 프로그램이 제한한다는 점에서 어찌 보면 상당히 모순된 게임이긴 하지만. 참고로 나는 내가 만든 세계관이나 설정도 80퍼센트 정도는 까먹곤 한다. 어시스턴트인 히라린에게 그 캐릭터 이름이 뭐더라, 하고 매일같이 묻는 실정이다. 내가 쓴 작품인데도 말이다. 또 자료로 정리해둔 내용도 이게 아니다 싶으면 확확 바꾼다. 글을 쓰려면 이런 융통성이나 순발력이 무엇보다 중요하다.

본론이 무엇이었더라?

그렇지, 소설 쓰기에 필요한 세 가지 능력 가운데 세계관이나 설정에만 뛰어난 사람이 의외로 많다고 했다. 여러분도 한번쯤 진지하게 생각해보기 바란다. 가장 자신 있는 능력은 무엇이며 부족하다고 느끼는 능력은 무엇인지.

다시 강조하지만 세 가지 능력을 골고루 갖춘 소설만이 좋다고는 생각지 않는다. 예를 들자면 세이료인 류스이는 보는 이의 숨이 턱턱 막힐 정도로 '게임 디자이너'로서의 재능이 뛰어나다. 이렇듯 비정상적으로 한 가지 능력이 특출하면 오히려 개성이 되기도 한다. JDC에 소속한 수십 명이나 되는 탐정이 하나같이 개성이 다른 걸 볼 때마다 나 같으면 탐정 한 명으로 만화 열 권분은 만들겠다, 하고 안타까워하곤 했다. 그러나 그는 방대한 데이터베이스에 들어 있는 세계관을 그대로 기록하기라도 한 것처럼 장대한 소설을 쓴다. 이런 데이터베이스형 소설이야말로 새로운 소설 형식의 하나인지도 모르겠다.

반면에 개인적으로 내가 좋아하는 온다 리쿠의 소설을 읽고 있으면 NHK에서 방영된 옛날 소년 드라마 시리즈나 주브나일 소설을 맛깔스럽게 리플레이한 걸 읽는 듯하여 괜히 기분이 좋아진다. 『시간을 달리는 소녀』 같은 주브나일 소설을 읽으며 나라면 이렇게 쓸 텐데, 하고 중학생 시절 내가 꿈꾸던 이상적인 소설이 거기에는 있다. 정말이지 온다 리쿠는 탁월한 게임 마스터다. 어차피 소설뿐만 아니라 모든 창작물이란 부조화한 재능의 산물이므로 한 가지 능력이 특출하다 해서 문제될 건 없다.

솔직히 나는 캐릭터를 형상화하는 것이 치명적으로 서툴다. 그래서 한 번 만화화를 거쳐 내가 만든 캐릭터를 주관적으로 관찰한 다음 소설이라는 형태로 다시 가공한다. 어떠한 경우든 결점을 보완하는 방법이란 반드시 있다. 이런 식으로 노력을 쌓아가다 보면 언젠가 문학상 후보에 오를 정도의 '소설'을 쓸 수 있는 날이 온다.

소설가를 지망하는 여러분도 자신이 어떤 능력이 있고 어떤 능력이 부족한지 냉정하게 생각해보라. 재능이라고는 눈 씻고 찾아봐도 없다는 사람도 안심하라.

세 가지 능력 중 '게임 마스터'와 '플레이어'적 능력을 기르는 방법에 대한 설명은 거의 끝났다. 플레이어가 지녀야 할 기술, 즉 캐릭터를 형상화하는 방법에 관해서는 1강에서 5강에 걸쳐 이미 설명했다. '게임 마스터'로서 스토리를 관리하는 방법에 대해서는 6강부터 9강에 걸쳐 설명하겠다.

이번 강의에서는 이야기를 진행하는 게임 마스터에게 필요한 능력을 설명하겠다. 소설 쓰기에서 '게임 마스터적 능력'이란 이야기를 '재미있게' 풀어가는 걸 뜻한다. 여기서는 그 중에서도 '재미'의 질에 대해 생각해보자.

지금까지 스니커 소설과 일반 소설의 차이점을 여러 각도에서 살펴보았다. 거기에서 항상 문제가 되는 건 작중의 '나' 또는 주인공과 작가 자신의 관계다. 일본 근대 문학에는 '사소설'이라 하여 작가의 경험을 거의 사실에 가깝게 묘사한 소설 형식이 있다. 물론 '사소설'이라고는 하나 처음부터 끝까지 사실로 볼 수는 없으며, 따지고 들자면 사실이란 무엇이냐는 원론적인 문제까지 나올 수 있는 까다로운 장르다. 한편 작중의 '나'나 주인공이 작가 자신과는 별개인 허구의 인물인 소설도 있다. 탐정소설이나 범죄소설은 주인공이 형사나 탐정이나 살인범으로 당연히 작가의 '체험'이라 할 수 없다. 시마 나가 유키志摩永幸의 『애견가 연속 살인』[1]처럼 살인 사건에 연루된 당사자가 사건 자체를 소설화한 예가 있긴 하나 어디까지나 예외 중의 예외다.

이런 이야기로 시작한 이유는 이번 강의의 주제인 소설의 '재미'와도 관련된 문제이기 때문이다. 사실 소설의 재미라는 주제를 다루기란 쉽지 않다. 아마 소설가라면 한번쯤은 경험했을 것이다. 왠지 요즘 들어 내 소설이 중판도 걸리지 않고 편집자들의 태도가 영 서먹하다라는. 나도 늘 겪는 일이다. 여러분 중에는 열심히 썼는데도 불구하고 입선조차 못 해본 사람들이 많은 줄로 안다.

왜 그럴까? 단도직입적으로 이야기하면 '재미가 없기' 때문이다. 그래서 프로든 아마추어든 모두 오로지 '재미'만 추구한다.

단, 여기서 말하는 재미란 그저 '유쾌하다'라는 의미가 아니다. '감동적이다' '무섭다' '공감이 간다,' 때로는 '살아갈 용기를 얻었다'고 느끼게 하거나 반대로 '왠지 삶이 덧없어 보인다' 등등 모든 감상이 포함된다. 이 같은 감상이 일정 수준에 달해 되도록 많은 사람들이 돈을 주고라도 사볼 가치가 있다고 느끼고 나아가 남에게 소개까지 해주면 그 소설은 성공한 거나 다름없다. 그런데 이 재미라는 건 추구한다고 해서 쉽게 달성되는 것이 아니다. 정말이지 누가 '재미있는 소설' 쓰는 법을 좀 가르쳐줬으면 하는 심정이다. 소설을 포함해 이야기를 쓰려는 사람들이 피해갈 수 없는 것이 바로 이 재미라는 문제다. 이 점이 독자와 작가의 차이다. 독자는 그저 '재미있다' '재미없다'라는 말 한 마디로 소설에 관한 일체의 판단을 내릴 권리가 있다. 하지만 작가가 되려면 '재미'라는 문제를 좀더 깊이 사색해야 한다.

'사소설'의 재미

앞에서 소설에는 '사소설'처럼 경험을 그린 것과 그렇지 않은 것 두 종류가 있다고 설명했는데 경계가 있는 건 아니다. 예로부터 다야마 가타이나 도쿠다 슈세이[2]의 소설처럼 '자연주의 소설' 중에는 작가가 다른 사람의 체험을 취재하여 그린 경우가 많았다. 앞에서도 설명했지만 자연주의란 생물학자가 생물을 관찰하여 객관적으로 기술하듯이 인간의 삶을 기록하려는 사조를 말한다. 일본에선 그 '관찰'의 대상이 작가 자신이 되면서 생겨난 것이 사소설이다.

야나기타 구니오가 일본에 자연주의 소설이 탄생한 지금으로부터 100년 전, 다야마의 『이불』을 읽고는 배운 지 얼마 안 된 카메라를 들고 자신과 주변을 찍어대는 데 불과하다고 지적했다는 건 앞에서도 썼다. 민속학자로 유명한 야나기타는 다야마의 절친한 친구이기도 했다. 그런데 무슨 이유에선지 가타이가 세상을 떠나기 전까지 그가 구축한 '사소설' 장르를 일삼아 비난하였다. 여하튼 야나기타가 '자연주의 소설'을 카메라에 비유한 점이 나로선 흥미로웠다.

가타이의 소설 중에는 카메라를 작가 자신이 아닌 남에게 향한 작품도 있다. 다만, 그 대상이 야나기타였던 까닭에 그의 심기를 건드렸지만. 그럼 카메라의 초점을 타인에게 맞추어 쓴 소설의 '재미'는 무엇일까?

소설과 비소설을 구별하는 용어로 픽션과 논픽션이라는 말이 있다. 논픽션이란 엄밀하게 말하면 픽션이 아니라는 뜻이므로 평론이나 학술 논문도 포함된다. 그러나 일반적으로는 르포나 텔레비전 다큐멘터리처럼 '사실'에 바탕을 두고 쓴 글을 말한다. 어떤 사건이든 기구한 삶을 살아온 인물이든 또는 자기 자신의 체험이든 '사실'이 될 수 있다. 그렇다면 이른바 논픽션과 야나기타가 말하는 자신과 남과 세상으로 카메라를 향한 소설의 차이는 무엇일까? 어떻게 다를까? 우선 후자는 '소설'이므로 다소 사실과 차이가 나도 용납된다. 하지만 논픽션은 주인공의 사생활을 보호한다거나 해서 사실을 약간 수정할 순 있지만 거짓을 묘사해서는 안 된다. 때때로 텔레비전 다큐멘터리의 거짓 연출이 문제되는 것도 같은 이유에서다. 표현 장르로서 만드는 이의 도덕성 문제라는 점에서도 양자는 엄격히 구별되어야 마땅하다. 단, '재미'라는 관점에서 논픽션과 사소설은 매우 가까운 존재다.

남의 체험은 그 자체로 '재미있다'

왜냐하면 논픽션과 자연주의 소설이 주는 재미란 사실 또는 '체험'에서 오는 재미이기 때문이다. 그 재미란 어떤 면에서 '와이드 쇼'의 재미와 닮았다. 누군가의 사생활을 들여다보는 자체로도 재미있는데 하물며 그것이 사건과 연루된 당사자라면 더욱 그러하다. 주로 우리가 와이드 쇼나 주간지에 난 스캔들 기사를 보고 재미있어 하는 건 유명인과 관련된 내용이기 때문이라고 생각하기 쉽지만, 예컨대 영화 〈트루먼 쇼〉[3]나 쓰쓰이 야스타카의 『나에 관한 소문』[4]처럼 보통 사람들의 사생활에서도 인간의 호기심은 충족된다. 이 원고를 쓰는 지금 텔레비전에서 〈사랑의 가난 탈출 대작전〉이라는 프로그램이 방송되고 있다. 힐끔힐끔 보면서 사인펜을 굴리고 있다. 망하기 직전인 가게 주인이 유명한 요리점에 들어가서 수련하는 모습을 담은 다큐멘터리형 예능 프로그램이다. 이 프로그램의 '재미'는 미노 몬타[5]의 재기 발랄한 사회보다 매회 출연하는 보통 사람들의 사생활에 있다. 어마어마한 빚이며 빚을 지게 된 사정 등 보통 사람들의 '사생활'은 역시 재미있다. 낮에 방송되는 〈마음껏 텔레비전〉[6]도 미노 몬타에게 전화 상담을 해오는 보통 사람들의 삶, 예컨대 며느리 험담이라든지 바람둥이 남편에 대한 불만이 재미를 유발시킨다.

그러고 보니 미노 몬타가 진행하는 프로그램만 보는 것 같은데, 이밖에도 보통 사람들을 다큐멘터리 식으로 추적하는 프로그램은 셀 수 없이 많다. 이처럼 남의 '사생활'을 엿보는 재미와 '사소설'의 '재미'는 별반 다를 게 없다는 것이다. 물론 사생활이란 각양각색이다. 굳이 사건이나 바람 피는 남편일 필요는 없다. VHS 비디오 테이프를 개발한 사람이나 일본에서 처음으로 ER(구급의료 전문 부서)을 만든 사람들을 다루는 NHK 〈프로젝트X〉의 '재미'도 타인의 체험이 주는 '재미'라고 말할 수 있다.

최근 20대를 겨냥한 만화를 보면 의사나 법률가 같은 전문직 종사자들을 원작 제작에 참여시키는 추세인데 아오키 유지[7]의 『나니와 금융도』[8]가 대표격이다. 이름이 올라 있진 않지만 틀림없이 사법서사의 협조가 있었을 터이다. 이 작품은 샐러리맨 금융[9] 업계의 내막을 그린 점이 '재미'있는데, 작중 인물은 허구의 캐릭터지만 작중에서 빚을 회수하는 방법은 거의 실화에 가까워 취재를 토대로 한 게 분명하다.

 이렇게 생각했을 때 재미를 유발하는 요소의 한 단면을 알 수 있다. 나쁘게 말하면 '사생활 엿보기'인데 논픽션이나 다큐멘터리에서 볼 수 있는 '사실' 자체가 재미를 느끼게 한다는 걸 확인했다.

캐릭터 소설의 재미란 무엇인가

그러나 스니커 소설에서는 이런 재미를 기대할 수 없다. 나카무라 우사기[10]가 '빚'을 진 체험을 바탕으로 『고쿠도 군』[11]을 쓴다고 상상해 보라. 빚 이야기가 에세이라는 논픽션의 한 장르가 되고 만다. 아니면 사소설로 쓰는 수밖에 없다. 미스터리라면 마쓰모토 세이초[12]의 사회파 미스터리처럼 실제 사건의 진상을 미스터리 수법으로 파헤치는 형태가 있지만, 스니커 소설로 '사실'이나 '체험'의 '재미'를 추구한다는 건 힘들다.

 왜냐하면 스니커 소설은 모든 소설 중에서도 가장 순수한 픽션이기 때문이다. 이미 누누이 이야기했듯이 일본 근대소설은 사소설이라는 특이한 장르를 만들어냈다. 미국이나 유럽에서는 소설가가 자신에 관한 이야기를 쓰면 사소설이 아니라 '자전'이라는 논픽션 장르에 들어간다. 텔레비전에서도 소설에서도 '픽션'과 '논픽션' 사이에는 분명한 경계가 있는 것이 아니고 양자가 섞이면서 맞닿아 있다. 그리고 '논픽션'에 가까운 재미란 이미 설명했듯이 '사실'에서 오는 '재미'다. 지금은 보기 드물지만 30년 전쯤에는 20대 젊은이가 미국이나 아시아를 2, 3년 방랑한 체험을 소설로 써서 문학으로 데뷔하던 시대가 있었지만 그것도 옛날 이야기다. 소설의 재미에 이러한 측면이 있는 이상, 소설가가 되려면 무언가 특별한 체험을 하지 않으면 어렵다. 또는 거꾸로 자신의 인생에 대해 쓰는 것이 문학이 되어버린다는 오해도 생기기 쉽다.

그러나 스니커 소설은 '현실'과 동떨어진 가공의 세계관을 배경으로 한다. 눈으로 보고 체험한 걸 그대로 쓸 수는 없다. 판타지는 가공의 세계를 그리므로 그렇다 치더라도 여동생이 갑자기 7명인지 13명인지 생긴다는 '체험'은 '현실'에선 실현 불가능한 일이다.

〈프로젝트X〉에는 패턴이 있다

반대로 '비현실적'인 이야기는 어째서 재미있을까? 언젠가 텔레비전에서 본 〈프로젝트X〉라는 다큐멘터리를 예로 들어 설명하겠다. 지금부터 30년 전, 일본에는 응급 환자를 받아주는 병원이 없어 환자가 이 병원 저 병원 옮겨 다니다 사망하는 사고가 여러 차례 있었다. 구급 의료보다도 미지의 병을 고치는 방법을 연구 발견하는 편이 더 많은 환자를 구한다고 믿는 의사들이 주류를 이루는 대학 병원에서 지금 이 순간 생사의 갈림길에 있는 사람을 구하는 일이야말로 의사의 사명이라고 자각한 몇몇 의식 있는 의사들이 구급 의료를 시작한다. 처음에는 '다장기多臟器 장해'나 중증 화상 환자의 구명이라는 난제에 부딪힌다. 이런 환자들은 생명을 구하고자 치료 과정에서 주사를 놓으면 도리어 문제들이 발생한다고 한다. 하지만 그들은 시행착오 끝에 새로운 주사 방법을 발견해 이전에는 구하지 못했던 유형의 중상 환자를 구해낸다. 이런 노력이 결실을 맺어 구급 의료의 필요성이 인정받게 되었다는 내용이다.

캐릭터 소설가를 목표로 하는 여러분은 미노 몬타니〈프로젝트X〉니 도대체 무슨 얘길 하려는 건지 몰라 황당하겠지만 좀더 들어주기 바란다. 이 프로그램을 보면 매 회마다 다루는 내용은 다른데 재미의 질이 비슷하다는 느낌을 받는다.〈프로젝트X〉는 그동안 일본에는 없었던 새로운 상품이나 기업의식 등의 필요성을 깨달은 사람들이 그걸 달성하는 데 필요한 난관을 해결한다는 패턴이다. 며칠 전에는 일본에서 절멸하다시피 한 따오기의 인공 번식에 성공한 내용이 방송되기도 했다.

어, 그거 아까 말한 미노 몬타의〈사랑의 가난 탈출 대작전〉이랑 비슷한 구성 아냐? 하고 생각한 독자는 상당히 예리하다 하겠다. 장사도 안 되고 돈도 없는 이들이 프로그램이 지정한 가게로 가서 고생하며 배운 새로운 조리법으로 신장개업하였더니 구름처럼 손님이 몰려들어 가난을 탈출한다는 패턴이다. 약속이라도 한듯 이 패턴이 반복된다.

두 프로그램의 공통된 패턴을 추상화하면 다음과 같다.

1. 무언가 모자란다(돈이 없다거나, 구급 의료제도가 없는 상태)
2. 과제가 주어진다(새로운 조리법을 배운다, 지금의 기술로는 고칠 수 없는 환자가 출현한다)
3. 과제의 해결(조리법이나 치료법을 익힌다)

4. 모자라던 점이 채워진다(돈이 들어온다, 구급 의료가 확립된다)

두 프로그램은 매회 이런 패턴을 반복하고(간혹 배우는 도중에 도망치는 사람도 있지만) 매주 그걸 '재미'있게 시청하고 있다.

앞에서 나는 이 두 프로그램의 '재미'는 타인의 사생활이나 경험이라는 '사실'을 엿보는 데서 온다고 했다. 그런데 위의 네 가지 과정으로 이루어지는 프로그램에는 주인공들이 카메라 밖에서 겪는 재미있는 요소들도 얼마든지 있을 텐데도 위의 네 가지 과정에 속하는 '사실'만을 가려 뽑아 만든다는 점에 주목하자. 텔레비전 카메라맨이 주인공들의 뒤를 좇는 도중에도 그들은 프로그램의 패턴과는 상관없는 일들을 겪을 것이 분명하다. 그러나 텔레비전 프로그램은 위의 네 가지 과정에 해당하는 '사실'만을 가려 뽑아 만들어진다.

이야기에는 법칙이 있다
다음 옛날이야기를 읽어보자.

> 옛날에 물로 뒤덮인 세상이 있었다. 동물들은 마른 땅을 찾고 있었다. 사향뒤쥐[13]가 땅 속에 들어가 흙을 가져올 수 있는지 시도해보겠다고 나섰다. 꼬리로 얼마간의 진흙을 옮겨왔지만 그 정도로는 턱없이 모자라서 금세 물에 잠겨버렸다. 다음으로 수달이 시도해봤지만 역시 실패였다. 그리하여 비버가 나섰다. 비버는 땅 위로 흙을 옮겼다. 작은 섬을 만들기에 충분했다. 그 섬이 점점 넓혀져 세상이 만들어졌다.

이 이야기는 북미 원주민 사이에 전해 내려오는 민담이다. 이걸 〈프로젝트X〉〈사랑의 가난 탈출 대작전〉 패턴과 비교해보자.

1. 무언가가 모자란다 → 마른 땅이 없다.
2. 과제가 주어진다 → 물 속의 흙을 물 밖으로 가져올 방법을 궁리한다.
3. 과제의 해결 → 비버가 흙을 가져온다.
4. 모자라던 것이 채워진다 → 땅이 생긴다.

억지로 끼워 맞추기도 잘한다고 냉소하는 사람도 있을 것이다. 그러나 지금의 미국인이 북미 대륙으로 건너가기 전에 그곳에서 생활했던 원주민들에게는 아주 '재미있는' 이야기였다. 물론 그 재미의 '질'은 우리가 이 민담을 읽고 느끼는 그것과 약간 다를 수도 있다. 그렇지만 비버가 세상을 만들었다는 이야기를 원주민 어린이들은 눈을 반짝이며 들었을 거란 걸 상상하고도 남는다.

그럼 이 원주민 민담이 〈프로젝트X〉와 패턴이 동일한 건 우연의 일치란 말인가? 아니면 이론만 늘어놓기 좋아하는 나 같은 평론가의 억지란 말인가?

실은 우연의 일치도 억지도 아니다. 앞에서 소개한 민담과 네 가지 과정으로 이루어진 패턴은 앨런 던데스라는 미국의 민속학자가 쓴 『민담의 구조』라는 책에서 인용한 내용이다. 간단하게 설명하면 민담 스토리에 내재하는 법칙에 관한 연구서다.

소설이나 만화, 영화 스토리에는 일정한 패턴이나 틀 같은 것이 있다고 누누이 설명했다. 그리고 '이야기에는 패턴이 있다'라는 게 무슨 뜻인지 아직도 알쏭달쏭하다는 독자도 있을 거라 짐작한다.

사실 내가 편집자 시절, 그리고 작가가 된 지금에 이르기까지 수많은 '작가들'과 일을 해오면서 느낀 점이 있다. 이야기가 가지는 보편적인 법칙과 타인이 만든 이야기 속에서 일정한 법칙을 읽어내는 '눈'이야말로 작가의 재능 중 일부라는 점이다.

'재능'이란 말에 기운 빠지는 독자도 있겠지만 재능은 타고나는 게 아니다. 성장 과정에서 후천적으로 터득하는 능력이다. 이야기의 법칙을 감각적으로 익히는 사람은 그리 많지 않다. 그러니 실망하지 말고 내가 강의하는 '이야기의 법칙'을 의식하는 버릇을 들이자.

그래도 미노 몬타의 프로그램이나 원주민 민담에 나오는 '이야기의 법칙'을 배워 어디 써먹나, 우리가 알고 싶은 건 스니커 소설이다라는 비난이 귓전을 때리는 것만 같다.

〈센과 치히로의 행방불명〉에서 본 이야기의 법칙

그럼 좀더 설득력이 있는 작품을 예로 들어보겠다. 미야자키 하야오[14] 감독의 〈센과 치히로의 행방불명〉[15](이하 〈센과 치히로〉)을 떠올려보자.

치히로는 부모님과 차를 타고 이사 갈 집으로 가는 도중 길을 잘못 든다. 부모는 먹어서는 안 될 음식을 먹고 돼지로 변한다. 부모를 구하기 위해 치히로는 신기한 세상을 지배하는 유바바라는 마녀의 허락을 받고 일을 하면서 시련을 극복한 끝에 부모를 되찾는다.

즉 ① 무언가가 모자란다(부모와 떨어지게 된다), ② 과제가 주어진다(집에 가고 싶다는 말을 해선 안 된다, 일하고 싶다고 말하라고 하쿠가 가르쳐준다), ③ 과제를 달성한다(힘든 내색 보이지 않고 시련을 극복한다), ④ 모자라던 것이 채워진다(부모를 되찾는다).

이것 보라, 미노 몬타의 프로그램과 똑같은 '법칙'이지 않는가. 소설 신인상 심사평 중에 주인공의 행동 원리가 일관되지 않는다는 지적이 자주 나오는 건, 주인공이 '모자라는 것'(돈이든 사랑이든)을 손에 넣기 위해 '시련'에 도전하다가 '모자라는 것'이 무엇이었는지 주인공도 작가도 잊어버리기 때문이다.

던데스는 이야기의 법칙을 이런 식으로 풀이했다.

모자라는 상태가 모자라지 않는 상태로 돌아간다, 즉 [결여] → [결여의 해소]가 이야기의 가장 기본이 되는 법칙이다. 그리고 이 큰 틀(샌드위치 빵이라고 생각하자)에 샌드위치 속처럼 이야기의 법칙들이 끼워진다고 생각하자.

시련이 주어지고 극복하는 과정은 [과제] → [과제의 달성]이라는 속이다.

[금지]와 [위반]이라는 속도 있다. 치히로는 '해서는 안 되는' 금지 사항을 지시받는다. 집에 가고 싶다고 말하면 안 된다, 본명을 잊어서는 안 된다 등등. 예컨대 하쿠는 '본명을 잊으면 안 되는' 데도 '잊어버린'([위반]한 셈이다) 캐릭터로 그려진다. 처음 장면을 떠올려보면 이해하기 쉬울 것이다. 부모는 치히로가 말리는데도 듣지 않고 포장마차의 음식을 먹는다. 치히로는 누구한테서 들은 것도 아닌데 먹으

면 안 되는 음식([금지]되어 있다)이란 느낌에 필사적으로 말렸다. 그런데도 부모는 그걸 깼고([위반]) 그 [결과] 돼지로 변하고 만다.

[기만]과 [성공]이라는 속도 있다. 응? 치히로가 누구를 속이는 장면이 있었냐라고 놀랄지도 모르겠다. 잘 생각해보라. 제니바가 유바바의 아기를 뚱보 쥐로 바꾼 대신 달마 같은 생물을 아기 모습으로 바꾸지 않던가. 또 유바바는 치히로로 바뀐 자신의 아기를 몰라보고([기만]) 치히로로 행동하는 것을 아무렇지도 않게 생각한다([기만]의 [성공]). 보라, 샌드위치 안에 이런 속도 들어 있었다. 그리고 던데스가 제시한 속 중에는 [탈출 시도]라는 것도 있는데 어디에 해당하는지는 설명할 필요도 없을 것이다.

다시 말해 〈센과 치히로〉에는 [결여]와 [결여의 해소], 즉 부모가 돼지가 됐으므로 구해야 한다는 빵 속에 [금지]와 [위반] [결과]라는 속, [기만] [성공]이라는 속, [탈출 시도]라는 속이 들어 있는 셈이다. [결여]와 [결여의 해소]는 조역의 행동에도 적용되어 '속'의 역할을 하고 있다. 하쿠는 치히로 덕분에 본명을 기억해내고, 갈 곳이 없던 가오나시는 제니바의 집에 머물게 된다. 미야자키 하야오 감독은 조역에도 '이야기의 법칙'을 적용한다.

〈센과 치히로〉에서 사용된 '이야기의 법칙'은 이게 전부가 아니다. 앨런 던데스가 『민담의 구조』에서 제시한 이들 법칙은 어디까지나 북미 원주민이 전승해온 민담 속의 법칙이다. 〈센과 치히로〉와 미노몬타의 프로그램 연출 방식에도 공통된 법칙이 있다. 이처럼 장르를 불문하고 보편적인 공통 법칙이란 게 있고, 특정 분야에서만 볼 수 있는 특징적인 법칙이란 게 있다.

'옛날이야기'에서 '이야기의 법칙'을 배운다
이 강의에서는 '재미'란 문제에 대해 살펴봤다.

재미에는 타인의 사생활이나 독자가 모르는 미지의 체험이 가져다 주는 재미, 이야기의 법칙에서 오는 재미, 두 가지가 있다. 알고 보면 텔레비전의 논픽션 프로그램에서 사소설에 이르기까지 이 두 가지 '재미'를 버무려 만들어진 경우가 대다수다. 여정旅情 미스터리라 하여 관광지인 온천에서 일어나는 살인 사건도 '관광' 정보가 주는 재미와 미스터리라는 '이야기의 법칙'이 주는 재미를 절묘하게 조합한 예다.

새삼 스니커 소설 쓰기의 어려움을 절감할 수 있다. 스니커 소설에서는 '사실'이나 '체험'을 그대로 쓰면 '재미있다'는, 대다수 소설이 크든 작든 채용하고 있는 수법을 쓸 수가 없다. 영화는 사람들이 가보지 못한 곳에 가서 카메라를 돌리기만 해도 몇 퍼센트든 재미가 증가한다. 하지만 스니커 소설은 '본 적도 없는 장소'를 자신의 상상력에 의지해 처음부터 만들어내야 한다. 가령 동일한 할리우드의 최첨단 기술이라도 〈타이타닉〉에서는 실제로 있었던 사건을 사실적으로 '재현'하는 데 이용된다. 반면에 〈스타워즈〉나 〈반지의 제왕〉은 이 세상에 존재하지 않는 세계를 만드는 데 이용된다. 즉 스니커 소설은 우선 '사실' 그 자체를 허구로 만들어야 하는 힘든 점이 있다. 이른바 '게임 디자이너'적인 작업이다. 뿐만 아니라 작가는 이야기의 법칙을 이용하여 픽션적 재미를 치밀하게 계산할 줄도 알아야 한다. 이것이 '게임 마스터'로서의 능력을 요하는 부분이다.

그러면 이야기의 법칙은 어떻게 공부하면 될까? 앞에서 소개한 앨런 던데스의 책에 도전하는 것도 나쁘진 않지만, 북미 원주민의 민담에서 뽑은 법칙을 논한 책이란 걸 참고하기 바란다. 다 제쳐두고 [결여]와 [결여의 해소]라는 핵심만 외워도 어떤 장면에 사용하느냐에 따라 이야기의 인상은 크게 변한다.

이야기의 법칙을 익힐 수 있는 간단한 방법을 가르쳐주자면 민담이나 옛날이야기를 무조건 많이 읽어라. 『반지의 제왕』의 세계관이 고전 문학이나 신화를 토대로 만들어졌다는 사실은 영화의 히트 덕분에 많은 사람들이 알고 있다. 또한 '이야기의 법칙'에 관한 연구가 각국의 민담 분석을 출발점으로 하고 있듯 민담이나 옛날이야기를 다독하는 것만큼 좋은 훈련은 없다. 도서관에 가보면 세계 민담과 관련된 책이 많을 테니 그것부터 시작해보기 바란다.

하쿠의 정체

한 예로 이런 옛날이야기는 어떨까.

> 옛날 어느 마을에 부자가 살았는데 그에게는 예쁜 딸이 있었습니다. 마음씨 나쁜 계모 곁에 있으면 집이 시끄러워진다고 생각한 소녀는 집을 나갔습니다. 한참을 걷는 동안 금세 해가 졌습니다. 멀리 불빛이 보였습니다.

하루만 재워달라고 부탁하자 노파가 안에서 나와 재워주겠다고 하였습니다. 할머니가, 부잣집 딸 같은데 어째서 이런 산속에 왔느냐, 하고 묻자 소녀는 자초지종을 들려주었습니다. 할머니는 저런 가엾어라, 하며 난로 옆에 재워주었습니다.

이튿날 아침, 소녀가 앞으로 어떻게 살아야 할지 모르겠다, 어디 하녀로 들어가 일할 집이 있으면 좋겠다고 하소연하자, 할머니는

"얘야, 너같이 예쁜 아이가 혼자 여행하면 길거리에서 무슨 봉변을 당할지 모른단다. 내가 좋은 가죽을 줄 터이니 이걸 쓰고 여행하렴."

하며 가죽 한 장을 주었습니다. 소녀가 그걸 뒤집어쓰자마자 지저분한 할머니로 변했습니다.

할머니와 헤어져 여행을 하던 길에 소녀는 어떤 큰집 문 앞에 닿습니다. 팻말을 보고 왔습니다만 밥 짓는 일이라도 시켜주십시오, 하고 부탁하여 그 집에 살게 됐습니다.

"이런 더러운 할멈은 창고 구석에나 재워라."

라는 말을 들으면서도 열심히 일했습니다.

어느 날 밤, 그 집 아들이 정원을 거닐다 창고의 창에서 새어 나오는 불빛을 보았습니다. 수상쩍어 들여다보니 밥 짓는 더러운 할멈이 깨끗하게 차려 입고 화장한 얼굴로 책을 읽고 있어 도령은 화들짝 놀랐습니다. 방으로 돌아와 곰곰 생각하다 못해 몸져눕고 말았습니다.

집안사람들이 약이다, 기도다 하여 소란을 피우지만 아무런 효과도 없었습니다. 아버지가 걱정이 되어 물어보자 아들이 지난밤에 본 일을 이야기하며 할멈의 아리따운 모습이 잊혀지지 않는다고 말했습니다.

그날 밤 아버지도 몰래 창고를 들여다보았습니다. 아들이 말한 대로였습니다.

다음 날, 아버지는 밥 짓는 할멈에게 할 이야기가 있으니 목욕재계하여 안채로 들라는 분부를 내렸습니다. 다른 하녀들은 이 이야기를 듣고 저 더러운 할멈을 짝사랑하다니 하며 웃었습니다.

아침부터 목욕탕에 들어가 할머니 가죽을 벗고 얼굴을 다듬은 후 안채로 들어가는 소녀의 모습을 본 하녀들은 뒤로 나자빠질 정도로 놀랐습니다.

아들의 처가 되어 달라는 그 아버지의 부탁을 받고 소녀는 부자의 아내가 되었습니다.

가죽을 준 산속 할머니는 늙은 개구리가 변해 소녀를 도와주었던 것이었습니다.

이와자키 도시오[16]의 『야나기타 구니오의 분류에 따른 일본 옛날이야기』라는 책에 실려 있는 이야기다. 가도카와쇼텐에서 출간된 책으로 지금은 절판됐다.

그럼 이 옛날이야기를 〈센과 치히로〉와 비교해보자. 산 속에 길을 잃고 들어간 소녀를 묶어가게 하는 '할머니'는 치히로에게 유바바를 찾아가라고 가르쳐주는 가마 할아범(목욕탕 보일러실에서 일하는 할아버지)과 행동 패턴이 비슷하며, 소녀가 할머니의 모습으로 열심히 일하는 대목은 치히로가 이름을 빼앗기고 아부라야라는 온천장에서 일하는 대목과 비슷하다. 주인 아들만이 소녀의 본모습을 알고 있는 대목과 하쿠만이 치히로의 진짜 이름을 알고 있는 거며, 도령이 상사병에 걸렸다가 소녀의 본 모습을 보자마자 낫는 대목과 죽어가는 하쿠를 치히로가 필사적으로 살리는 내용도 비슷하다. 비록 치히로는 초등학생이지만 하쿠와 '사랑'이 싹틈을 작중에서 암시하고 있다. 그리고 산속 할머니가 늙은 개구리였듯이 하쿠는 치히로가 어렸을 때 빠졌던 호수의 정령으로 그녀를 살려주었다는 건 잘 알 것이다.

이처럼 옛날이야기와 〈센과 치히로〉에서도 공통된 '이야기의 법칙'을 찾을 수 있다. 옛날이야기나 민담을 읽다 보면 〈센과 치히로〉에서 본 에피소드들과 '어딘지 모르게 닮은 부분'을 발견하게 될 것이다. 그건 결코 우연이 아니다. 미야자키가 〈센과 치히로〉를 만들면서 상당한 양의 옛날이야기 책을 읽었다는 흔적을 볼 수 있기 때문이다. 그리고 미야자키처럼 옛날이야기를 많이 읽다 보면 제목이 전혀 다른 옛날이야기인데도 비슷비슷한 이야기가 적지 않다는 사실도 알게 된다. 그 '어딘지 모르게 닮은 부분'을 '발견하는 힘'이 '이야기의 법칙'을 깨닫게 하며 나아가 자신의 작품 속에 응용하는 힘이 된다.

9강
'세계관'이란 허구적 일상이다

'세계관'이라는 용어가 있다. 애니메이션이나 만화, 게임, 주니어 소설 장르에서 쓰는 용어로 문학계에서는 잘 쓰지 않는다. 나는 이 세계관이라는 용어를 아사미야 기아[1]에게 처음 들었다. 그가 필명으로 첫 만화 작품을 출간했을 때 가도카와쇼텐이 출판기념 파티를 열었는데 그 자리에서 잠시 이야기를 나누었다. 벌써 10년도 넘은 일이다.

출판 기념 파티라고는 해도 작은 레스토랑에서 연 조촐한 파티였다. 아사미야 기아가 무명 만화가였던 시절이다. 무슨 이야기를 하다 나온 말인지는 기억나지 않지만 그는 "지금보다 더 세계관이 분명한 작품을 쓰고 싶다"고 말했다. '분명한'이었는지 '확실한'이었는지 헷갈리지만 귀에 익지 않은 세계관이라는 말을 듣고 신선한 충격을 받았다. 세계관이란 말이야말로 아사미야 만화의 '참신함'을 표현하는 데 적격이었다.

'세계관'이라는 용어가 어떤 경위로 쓰이게 됐는지는 모르지만 그 전까지는 '설정'이라고 불렀다. 아사미야를 통해 알기 전부터 애니메이터들이 인터뷰에서 세계관이라는 말을 쓰기 시작한 사실을, 도쿠마쇼텐德間書店에서 〈로망 앨범〉² 편집을 도우며 들은 기억이 난다. 그때가 1980년대 중반이었다. 세계관이라는 용어가 애니메이션계에서 만화계로 도입되고 세계관 자체를 책으로 출간하는 TRPG가 일본에 수입되면서 정착한 게 아닌가 싶다.

개인적으로는 세계관이란 말이 다른 의미에서 익숙하긴 했다. 대학에서 민속학을 배웠고 지금도 대학에서 가르치는 내게 세계관이란 민속학 용어였다. 정확하게는 민속학과 친척 관계에 있는 민족학에서 사용되는 학술용어였다. 이를테면 '뉴기니아 ○○족의 세계관'이라는 식으로 말이다. 세계관이란 글자 그대로 '세계世界'를 '보는觀' 법이다. 우리가 살고 있는 세계와는 다르게 세계를 '보는' 법이 존재한다는 의미다. 예를 들면 아프가니스탄의 비참한 전쟁 상황이 보도되는 가운데, 이슬람 사람들은 종교에 무감각하게 사는 일본인과는 많이 다른 세계관을 갖고 산다고 배웠을 것이다. 한편 미국이 부르짖는 '정의'도 할리우드적 세계관의 강력한 지배 아래 놓여 있다. 이 점에 대해서는 11강에서 다시 다루겠다.

민족학은 그 발상지인 서구와는 다른 세계관을 바탕으로 한 가치체계가 그들이 '미개'하고 '야만적'이라 믿었던 사회에 존재한다는 사실을 발견했다. 이로써 자기네들이 사는 사회도 또 다른 세계관에 지나지 않는다는 걸 깨달았다.

언뜻 보기에 여러분이 쓰고자 하는 소설과 아무 상관없어 보이지만, 애니메이션·만화의 세계관과는 다른 세계관이 이 세상에는 얼마든지 존재한다는 걸 알 필요가 있다.

세계관이란 캐릭터가 세계를 '보는' 법이다

본론으로 돌아가자. 애니메이션, 만화, 캐릭터 소설에서도 세계관이란 '세계'를 '보는' 법이란 사실에 변함이 없다. 다만, 뉴기니아 ○○족의 '세계'가 아니라 이야기 속의 '세계'라는 차이뿐이다.

1980년대까지만 해도 픽션 속에서 '세계'를 발견한다는 발상은 애니메이션 및 만화 분야에서는 '새로운' 개념이었다. 그러나 판타지 소설이나 호러 소설 분야에서는 고전적인 개념이었다. 또 에도 시대(1603~1867년)의 가부키에서는 현재 우리가 사용하는 세계관과 똑같은 의미에서 세계라는 말이 사용되었다고 이미 설명했다. 그런데 근대의, 그것도 문학 장르에서만은 자연주의 사조의 영향으로 인하여 이야기 속에서 세계관을 찾지 않았다. 이 점이 세계관에 큰 비중을 두는 캐릭터 소설과의 차이라 할 수 있다.

이쯤 되면 '캐릭터 소설의 본질은 캐릭터라고 하지 않았던가' 라는 의문을 품을 수도 있다. 하지만 캐릭터를 형상화하는 과정에서 작중의 캐릭터가 세계를 어떻게 '보고' 수용하는지를 묘사하는 과정은 필요 불가결하다. 그럼에도 세계관 만들기에서 가장 소홀히 하기 쉬운 부분이기도 하다. 구태여 '설정'이란 말 대신 세계관이라고 고쳐 부르는 이유가 여기에 있다. 그러므로 캐릭터 소설의 세계관이란 독자가 캐릭터의 눈을 통해 '보는' '세계'이어야 한다.

이슬람 사람들과 우리는 세계를 보는 법이 다르다. 그것은 곧 각자의 사고방식이나 가치관의 차이로 이어진다. 즉 캐릭터의 '개성'이란,

1. 캐릭터의 성격이나 성장 과정, 그 밖에 개인의 특수성에서 비롯된 것
2. 캐릭터가 소속하는 '세계'의 가치관에서 비롯된 것으로 이루어져 있다.

주인공이 '고아'라고 가정하자. 부모가 없는 주인공은 어두운 그림자를 드리우고 있다거나, 반대로 환경에 굴하지 않고 밝은 성격이다라는 식으로 단순하게 캐릭터상을 만들어도 되는 걸까? 캐릭터가 평범하다는 문제와 별개의 문제다.

고아이기 때문에 불행하다거나 고아인데도 씩씩하다는 캐릭터상은 '자식과 부모가 같이 사는 것이 당연한 사회'를 전제로 한 일반적인 생각에 지나지 않는다. 하지만 아기가 태어나면 부모와 떨어져 집단에서 자라는 사회나 또는 잦은 전쟁으로 고아로 자라는 경우가 비일비재한 사회를 전제로 하면 '고아'라는 설정에서 도출되는 캐릭터의 성격은 전혀 달라진다. 오히려 부모와 함께 사는 생활이 '불행'이나 '부자유'로 이어질 수도 있다. 요컨대 어떤 세계를 전제로 하느냐에 따라서 설정이 같은 캐릭터라도 전혀 다른 성격을 띠게 된다는 뜻이다.

말할 것도 없이 스니커 소설은 주로 가공의 '세계'를 무대로 한다. 여러분이 지금 살고 있는 '현재'와는 다른 세계이다. 여러분의 캐릭터가 다른 '세상'에서 산다는 건 곧 '세계'를 '보는' 법(또는 이해하는 법)도 다르다는 뜻이다.

따라서 가공의 세계를 현실감 있게 그리려면 그 세계에 뿌리내린

관점에서 사물을 판단하고 행동하는 캐릭터가 필요하다. 반대로 캐릭터를 현실감 있게 표현하려면 작가가 살고 있는 현실 세계가 아니라 가공 세계와 연결지어 표현해야 한다.

세계관이 잘 안 만들어진다거나 '캐릭터'를 잘 못 만들겠다라는 사람들이 있다. 원인은 특이한 세계, 특이한 캐릭터를 떠올리는 데만 열중한 나머지 앞서 설명한 '세계관'과 '캐릭터'의 상관관계를 잊어버리기 때문임을 명심하자.

물에 잠긴 세계

그럼 캐릭터와 조화하는 세계관을 만들려면 어떻게 해야 좋을까? 가공의 나라 이름부터 만들지, 지도나 연표 형태로 만들지, 고민할 거리가 한둘이 아니다. 하지만 문제는 세계관을 정리하는 법이 아니라 세계관을 발상하는 법이다. 가공의 세계라지만 밑도 끝도 없이 하나의 '세계'를 상상한다는 건 막막하다.

그래서 내가 학교에서 소설 쓰기를 가르치면서 낸 과제가 '현실 세계와 약간 동떨어진 세계를 만들어보자'라는 것이었다.

아래 글을 먼저 읽어보자.

> 세계는 물 속에 빠졌다. 정확하게 말하면, 21세기에 번영을 누리던 세계 주요 도시들이 거의 다 물 속에 잠겼다. 6, 7년 전부터 일어난 지구 물리학적 변동으로 인해 지구 표면이 고온다습해지면서 세계는 물에 잠기고 말았다. UN이 파견한 조사부대 중 릭스 대령이 이끄는 영

국부대에 합류한 생물학자 케런즈는 급변한 동식물의 생김새를 조사하며 수몰한 도시들을 돌아다녔다….

J.G. 발라드[3]의 고전적인 SF『물에 잠긴 세계The Drowned World』문고본 표지 뒤에 있던 작품 소개문이다. 이 소설의 '세계관'을 간단명료하게 정리한 글이어서 그대로 인용했다.

해면의 수위가 높아지면서 물에 잠긴 도시라는 설정은 심심찮게 볼 수 있다. 애니메이션 〈신세기 에반게리온〉에서도 세컨드 임팩트 때문에 남극 얼음이 녹아 도쿄가 물에 잠겼다. 오노 후유미[4]의『도쿄이문』[5]은 메이지 시대(1868~1912년)로 보이는 시대 배경을 무대로 한 전기 소설로, 상점가며 니혼바시日本橋 일대가 전부 물에 잠겨 도쿄가 마치 베네치아와 같은 물의 도시로 그려진다. 쓰루타 겐지[6]의 단편 중에도 하마마쓰초浜松町 부근을 무대로 거리가 수몰했다는 설정의 시리즈가 있다. 모두 내가 굉장히 좋아하는 작품이다.

이런 해면海面의 수위가 상승한다는 세계관을 만들 때 가장 빠지기 쉬운 함정이 해면의 수위가 오른 이유에만 의식이 집중한다는 점이다. 〈신세기 에반게리온〉에서 세컨드 임팩트 때문에 해면이 상승했다고 나오는데 실제로는 더 상세한 설정이 있다. 그러나 이 책을 읽고 인상에 남는 건 해면이 상승한 자세한 이유가 아니라는 것이다. 여름이 끝나지 않아 과거의 도시가 물에 잠기는 광경이 더 인상 깊다. 주인공 신지가 사는 세계에도 학교가 있고 전학생이 있고 안경 낀 학생회장이 등장하지만 현실 세계와는 어딘지 모르게 이질적인 세계임을 아주 인상적으로 그리고 있다. 인류를 습격하려는 정체불명의 괴물체 사도使徒가 등장하면서 열네 살 주인공의 눈에 비친 광경이며 일상은 '현실'이나 보통 청소년 만화에 나오는 '세계'와는 이질적인 것이다. 이런 허구적인 세계를 작가는 수몰한 도시나 끝나지 않는 여름이라는 '일상'적인 묘사로 현실감 있게 전한다.

오노 후유미의 소설에서는 아예 해면이 상승한 이유에 대한 언급조차 없다. 좌우지간 '해면이 상승했다'는 설정이 나오면 대개 이야기는 그 원인을 밝히거나 해결하는 쪽으로 향한다. 이야기 설정은 다르지만 『우주전함 야마토』[7]는 '지구가 방사선에 오염됐다'는 허구적인 세계에 대해 '이스칸다르로 방사선 제거 장치를 받으러 간다'는 식으로 원인 규명과 문제 해결이 이야기의 축을 이룬다. 물론 이런 식의 이야기 전개를 부정하는 건 아니다. 단지 세계관을 만드는 사고법과는 다르다는 것이다. 말하자면 해면이 상승했다는 '허구적인 세계'의 세계관을 구축하는 작업은 그 결과 세계가 어떻게 변하였는지를 형상화하는 걸 의미한다.

'허구적인 세계'의 일상을 형상화한다

발라드의 소설을 다시 읽어보면 '급변한 동식물의 생김새'를 조사하러 떠나는 생물학자 시점에서 서술되고 있음을 알 수 있다. 수면이 상승하면 환경이 바뀌고 생물의 생김새도 바뀐다. 즉 하나의 변화가 연쇄적으로 다음 변화를 낳고 그것이 결과적으로 전세계를 변화시킨다.

마찬가지로 사람들이 살던 마을이 수몰하면 거리 풍경이 변하고 주민들의 생활도 변하여 새로운 생활 습관이 생기게 된다. 일상이 변하는 것이다. 이런 '일상'의 변화를 어디까지 형상화할 수 있느냐가 세계관 만들기의 관건이다.

아래 글은 오노 후유미의 『도쿄이문』의 한 대목이다.

> 도카이도東海道 국도는 강으로 변했다. 긴자 렌가마치煉瓦町는 일층의 절반이 물에 잠긴 붉은 벽돌 건물들로 즐비했고 건물 사이로 수로가 교차하는 거리로 변모하고 있다.
>
> 긴자에서 멀리 내다보이는 곳에 섬처럼 보이는 큰 지붕은 니시혼간지西本願寺의 본당일까. 히비야日比谷 만灣에도 징검돌처럼 고층 건물 꼭대기가 수면 위로 나와 있었다. 아타고야마愛宕山 산은 바다와 맞닿은 절벽이었다. 절벽 아래로 보이는 무수한 바위들은 동쪽으로 퍼져 있는 사원들의 지붕이었다. 우에노上野 산기슭에는 커다란 연못이 펼쳐져 있다. 스미다가와隅田川는 강폭이 넓어지고 그 서안에 오층탑이 삼층까지만 얼굴을 내밀고 있었다.

수위 상승에 따른 거리 풍경의 변화상을 세밀하게 묘사하였다. 그러나 작품 배후의 풍경일 뿐, 그 이유가 작중의 이야기와는 아무런 연관성도 가지지 않아 오히려 묘한 분위기를 자아낸다.

이처럼 '허구적인 세계'를 그리는 발상은 검이 나오고 마법사가 나오는 판타지의 세계관과도 일맥상통한다. 예를 들어 판타지에선 중세 유럽에 상상의 동물인 '드래곤'이 실제로 있었다고 가공하였다.

무라카미 류[8]의 『5분 후의 세계』도 '태평양 전쟁에서 일본이 미국을 포함한 연합군에 무조건 항복을 하지 않았더라면 일본은 어떻게 됐을까'라는 내용으로 '허구적인 세계'를 만들어냈다.

셰어드 월드 소설

지금 우리가 사는 현실과는 약간 다른 세계를 상상함으로써 혼자서도 세계관을 만드는 훈련을 할 수 있다는 걸 알았다. 다음 단계로 나는 학생들에게 이런 훈련을 시켰다.

열 명 정도의 학생이 모여 하나의 세계관을 만들고 그 세계관 속에서 각자 단편을 써서 한 권의 동인지를 만들게 하였다. 이 방법은 그룹SNE 사람들이 자주 쓰는 소설 창작법이다.

하나의 세계관을 여러 명의 작가가 공유하는 기법을 셰어드 월드 Shared World 소설이라 부르는데, 대표적으로 '크툴루 신화'[9]가 유명하다. 아는 독자도 있겠지만 다시 확인하는 의미에서 설명해보겠다.

크툴루 신화 탄생의 아버지인 소설가 러브크래프트[10]는 1890년 미국에서 태어나 1937년에 생애를 마감한 공포 소설 작가로 주로 펄프 잡지—통속소설 잡지다—에 원고를 썼다. 그리고 그의 공포 소설이 젊은 동료들에 의해 하나의 세계관으로 정립됐다.

그러나 이런 러브크래프트에게도 문학을 통해 알게 된 지인이 많았습니다. 오거스트 덜레스[11], 프랭크 벨납 롱[12], 도널드 원드레이[13] 등 프로 소설가를 지망하는 당대 젊은이들이 인생 선배요 문학 선배인 러브크래프트를 중심으로 모임을 결성했습니다. 훗날 미국 최고의 괴기 소설 잡지 〈위어드 테일즈Weird Tales〉에 작품을 발표하던 로버트 E. 하워드[14]와 C.A. 스미스[15]도 동참하면서 거대한 모임으로 발전했습니다. 그들은 서로서로 자신의 이야기에 동료가 생각한 마을이나 인물, 괴물을 등장시키거나 발전시키면서 은밀하게 즐거움을 키워갔습니다. 크툴루 신화는 이리하여 러브크래프트라는 한 개인을 넘어 젊은 판타지 작가들 사이에서 '공동 환상'으로 기능하기 시작했습니다.

(아라마타 히로시[16] 엮음, 『크툴루 신화집』)

다시 말하면 러브크래프트의 소설에 나오는 가공의 도시나 캐릭터를 동료 작가들이 자기네 소설에 등장시키고 새로운 설정이나 '캐릭터'를 추가함으로써 그의 소설 세계가 많은 작가들 사이에 공유되는 세계관으로 성장했다. 구리모토 가오루[17] 등 일본인 작가도 러브크래프트의 세계관을 토대로 한 소설을 쓰고 있다. 나의 원작 만화 『흑신 전기』[18]에서도 주인공이 러브크래프트의 소설을 몰래 번역했다는 설정이 잠깐 나온다.

한편 셰어드 월드 소설은 요즘 흔히 보는 동인지의 패러디 만화나 소설과도 닮은 점이 있다. 단, 후자는 '원작'의 캐릭터만 빌려오거나 다른 버전을 만드는 경우가 대부분이다. 반면에 러브크래프트의 세계관에 참가하는 사람들은 세계관을 공유하는 가운데 개연성이 있는 이야기를 창조한다는 차이가 있다.

학생들의 작례

그럼 학생들이 만든 세계관을 살펴보자.

> **프롤로그**
>
> 이곳은 히테루시陽照市. 학교가 있고 시청이 있으며 슈퍼마켓이 있다. 지극히 평범한 보통 도시다. 그러던 어느 날 이 도시에 몰려온 태풍이 도시 상공에 머문다. 태풍에 둘러싸여 밖으로 나가지도 못하는, 태풍의 눈에 갇힌 도시 히테루시. 이 상황을 타개하고자 동분서주하는 사람은 시장인 아리타뿐이다. 주민들은 신경도 안 쓴다. 시민들은 태풍의 이름을 공모하여 '시노부'라는 이름까지 붙일 정도다. 다음 이야기는 이런 무신경한 사람들에게 일어난 일을 옮긴 것이다.

말하자면 수십, 수백 년 동안 태풍의 눈 속에 갇힌 도시, 한 발짝이라도 밖으로 나가면 폭풍과 호우가 기다려 다른 도시로 이동하는 건 꿈도 꿀 수 없는 세계를 그리고 있다. 더욱이 시민들은 '태풍의 눈'이라는 환경에 적응하고 말았다.

한 학생은 다음과 같은 소설을 썼다.

> 노인은 오늘도 정원에 앉아 사람들이 바삐 움직이는 해질 녘의 거리를 바라보고 있다. '오늘도 별 일 없이 하루가 저무는군.' 하며 하늘을 쳐다본다. 하늘은 온통 주홍빛으로 물들어 있다.
>
> "저 하늘에 구름만 한 점 떠 있으면…."

그가 입버릇처럼 하는 말이다.

노인이 사는 집은 작은 언덕을 깎아 만든 주택지에 있다. 마을이 한눈에 보인다. 확실히 지금 위치에서는 구름이 보이지 않는다. 그러나 노인이 하고 싶은 말은 그런 의미가 아니다. 몇십 년 전부터 노인이 원하는 구름이 나타나지 않고 있다. 점점이 흩어진 구름이 보이긴 하나 그가 보고 싶어 하는 구름은 더 큰 구름이었다. 뭉게구름.

노인이 마지막으로 뭉게구름을 본 곳은 바다라는 장소였다. 젊었을 때는 친구들과 어울려 파도타기며 여자 꼬시기에 정신이 없었다. 주홍빛 뭉게구름을 본 건 해변에서 만난 여자아이를 꼬드길 때였다. 그 이후로는 구름도 바다도 본 적이 없다. 아니 못 본다. 눈이 멀어서가 아니라 마을에서 나갈 수 없는 것이다.

노인뿐만이 아니라 이 마을에 사는 사람들은 모두 같은 처지였다. 마을(시 정도의 크기) 상공에 태풍이 진을 쳐 꿈쩍도 하지 않기 때문이다. 불가사의한 사건이라 하여 당시 화제가 되었다. 사람들은 어떻게든 밖으로 나가보려 했지만 번번이 실패하는 탓에 모두 체념하고 살았다. 외부의 도움도 받을 수 없는 상황에서 어떻게 하면 쾌적하게 살 수 있을지 연구하여 지금은 아무런 불편도 없다. 사람들은 태풍을 시노부라는 이름으로 부른다.

어째서 그런 이름이 붙었는지 잘은 모르지만, 당시 시장의 애인 이름이라는 소문이 있다. 그리고 지금 시장은 그 애인과의 사이에서 생긴 자식이라고 한다. 젊은 혈기에 외부 세계로 나가보겠다고 시도는 하는데 늘 실패하고 있다. 마을 사람은 외부 세계를 아는 사람과 모르는 사람으로 나뉜다. 노인은 물론 전자에 들어간다.

(다카모리 에이치, 『KAMIKAZE』)

외부 세계를 아는 건 태풍이 하늘을 뒤덮기 전에 태어난 어른들로 아이들은 '외부'를 모른다. 하지만 그들 역시 외부에 대한 막연한 동경을 품고 있다.

"태풍 밖으로 나가는 방법이 어디 없을까?" 모두가 마음속으로만 생각하던 의문을 나기사가 먼저 꺼낸다.

"무리야. 어떻게 나갈 건데?"라며 호수로 돌을 던져 물수제비를 뜨는 유스케.

"그래 한번 해보는 거야, 어때." 세이지가 덩달아 부추긴다.

"절대 무리야" 유스케는 완고하다.

"해보지도 않고 포기할 순 없잖아. 왜 무리라는 거야?"라는 유코. 돌을 던지다 말고 그들의 대화를 지켜보는 준과 다쓰야.

"어떻게 나갈 건데? 그동안 여길 벗어나려던 사람 중에 성공한 사람 봤어? 저 바보 같은 시장이나 아직도 발버둥치지 누가 나가려고 하기나 하는 줄 알아? 게다가 안전한지 위험한지 확인도 받아야 하고. 나이 제한도 있을걸."

"……" 모두 입을 다문다. (중략)

"지금 당장은 안 되겠지만, 방법이 전혀 없는 건 아니야." 다쓰야가 침묵을 깬다.

"무슨 말이야?" 나기사가 힘주어 묻는다.

"내가 보기에 지금은 어른 아이 할 것 없이 외부 세계에 대한 관심 따위 가지지도 않고 있어. 시장이나 우리를 빼고 말이야. 그래서 외부 세계로 나가는 수단이, 음, 어떻게 설명하지. 벌써 몇십 년 전부터 그 기술이 멈춘 상태잖아. 그걸 어떻게 발전시키든 응용하면 되지 않을까?"

이후 이야기는 노인과 아이들이 외부 세계를 향해 여행을 떠난다는 내용으로 전개된다. 그 밖에도 '히테루시 태풍 퇴치 백년사'를 쓰게 된 주니어 소설가 이야기나 '히테루 우산 제조판매 주식회사 사장'의 기발한 발명에 관한 이야기 등 학생들이 쓴 단편을 모아 한 권의 동인지로 만들었다. '아리타'라는 시장과 몇몇 캐릭터는 다른 작품에도 공통으로 등장한다.

'세계관'이란 개념을 익히는 데는 이렇게 하나의 세계관을 공동으로 만든 다음 자신의 작품과 남의 작품을 조금씩 링크시키는 방법이 훨씬 수월하고 효과적이다. 혼자서 세계관을 만들고 소설을 쓰는 것보다도 말이다. 현실 '세계'에는 수많은 사람들이 살고 있고 그 숫자만큼 드라마가 존재한다. 셰어드 월드 소설도 마찬가지다. 그러므로 '크툴루 신화'나 기성 애니메이션 게임의 '세계관'을 이용하여 습작하는 것도 좋지만, 친구들과 어울려 공동으로 세계관을 만드는 방법이 더 실천적이다. 무엇보다 하나의 '세계'를 여럿이 만들어 '다같이' 공유한다는 건 귀중한 경험이 될 것이다.

'세계관'을 구상하다 보면 자칫 세부 설정에만 눈이 가기 쉽다. 이번 강의에서는 '세계관'의 세부는 어떤 기준에서 만들어야 하는지, 작품 속에서 세부가 어떤 의미를 가지는지를 살펴보기로 한다.

한 주간지 칼럼에 고카미 쇼지[1]가 쓴 글이 시선을 끌었다.

> 지난 주에 스튜디오 지브리[2]의 스즈키 도시오 프로듀서가 "요즘, 기승전결은 무시하고 세부에만 치중하는 영화가 너무 판을 치는 거 아닌가"라고 지적했다는 걸 소개했다.
>
> 가야마 리카[3]도 그 이야기에 맞장구를 치며 "내가 아는 만화가도 그런 말을 하더라. 끝에 가서 '사실은 꿈이었다' 같은 김빠지는 이야기 전개에는 아무런 항의도 없던 독자들이, 주인공이 달고 나오는 배지를 저번 주에는 오른쪽에 그렸다가 실수로 이번 주에는 왼쪽에 그리기라도 하면 항의가 빗발친다고 한다. 이야기를 편의적으로 끝내는 걸 꼬투리 잡는 게 상식인데, 이야기 전개는 어떻게 되든 말든 그림 세부에만 과민하게 반응한다"는 얘길 들려주었다.

나도 가끔씩 그런 경험을 한다. '소설판 1권 어디어디 묘사와 3권 어디어디의 묘사는 모순이다'라는 편지를 받는다. 그런데 '사이코' 시리즈는 만화판도 그렇고 소설판도 그렇고 또 상호 관계에서도 의도적으로 세부들이 서로 파탄을 일으키도록, 또는 누가 보아도 모순이라 느끼도록 썼다. 공통된 세계관이 구축되어 있는 것처럼 보이지만 사실은 없다는 것이 『사이코』의 특징 중 하나다. 관심이 있는 사람은 『다중인격 탐정 사이코 고바야시 요스케의 마지막 사건』(고단샤노블 판) 끝에 가토 노리히로'가 작가를 대신해 『사이코』에서 구사한 기교와 작품 세계에 대해 친절히 설명을 해놓았으니 읽어보기 바란다.

'세부'의 기능

소설이나 만화, 애니메이션을 만드는 과정에서 세부를 일치시킨다는 건 여간 성가신 문제가 아니다. 주인공이 앞 장면과 같은 위치에 배지를 달고 있는가, 하는 수준에서부터 지금 여기에 있어야 할 사람이 저기로 가 있다거나 『사이코』에서 고바야시 요스케와 이소노 마치의 연령이 묘연하여 몇 살로도 볼 수 있다거나 등등. 1900년대 초의 자연주의 문학자 도쿠다 슈세이의 소설에서는 분명히 좀 전에 외출했던 캐릭터가 그 뒤에 나오는 장면 묘사에서 아직 집에 있다가 다시 외출하는 장면이 예사로 나오기도 한다.

    결론부터 말하자면 이런 유형의 세부 모순은 대수롭지 않다는 것이다. 텔레비전 드라마나 영화라면 앞뒤 장면에서 의상이 달라지진 않았는지 서 있는 위치가 바뀌진 않았는지 점검하는 스태프가 따로 있다. 또 소설에서는 교열이라 하여 작가의 이런 실수를 바로잡는 전문가가 출판사마다 있다. 하지만 그 또한 인간이 하는 일이어서 실수를 완전히 막을 수는 없는 노릇이다. 즉 이 정도 문제에 지나지 않는 것이다. 그런데도 세부 모순에 딴죽을 거는 독자는 해마다 늘고 있다. 10년 전부터 붐을 일으킨 '나조본'[5]이나 '공상과학독본' 유의 관점이 독자들 사이에 침투한 탓도 있다.

전에 특수 촬영 프로듀서의 대부인 우시오 소우지[6]를 만난 적이 있다. 그의 말이, 〈스펙톨맨〉[7] 중 이 장면은 과학적으로 모순이라며 따지러 온 팬이 있었다며 쓴웃음을 지었다. 그러고 보면 내가 10대 시절에, 〈우주 전함 야마토〉에서 그 전까지 살색이었던 데슬러 총통의 얼굴이 언제부터인가 파란색으로 변한 적이 있는데 그걸 보고 "야마토가 접근하자(겁에 질려) 창백해졌다"는 농담을 하며 오타쿠 친구들과 웃어넘긴 적이 있었다. '나조본'도 처음에는 이런 농담 수준이었던 것이 도를 넘어 작품 감상이란 세부 모순을 찾아내는 것이라고 믿는 독자를 키운 게 아닐까 싶다.

그렇다고 전적으로 '나조본'의 책임이라고 할 수는 없다. 지난 10년 동안 애니메이션과 만화 장르에서 필요 이상으로 세부에 매달리는 경향이 가속한 것도 일정 부분 빚을 지고 있다. 그 배경에는 첫째, '세계관'과 '설정'이라는 개념이 도입되자 그것을 더욱 심층적으로 발전시키는 한편 '세계관'과 '설정'이 모순을 일으키지 않도록 매회의 이야기에 온 신경을 기울이지 않을 수 없게 되었다는 점, 둘째 컴퓨터 게임의 등장으로 작품 세계의 세부가 더욱 합리적으로 구성되면서 비합리적이면 '버그'로 인식하게 됐다는 점을 들 수 있다.

여기서 내가 하고 싶은 말은 소설이나 애니메이션, 만화가 '세부'에 매달리는 걸 부정하자는 것도 독자가 세부에 주목하여 이야기를 읽는 걸 부정하자는 것도 아니다. 캐릭터 소설 쓰기에서 세계관을 창조하는 건 없어선 안 될 작업이니까.

문제는 '세부'의 기능이다. 세부란 모순이 있고 없고의 문제가 아니라 그것이 작품의 주제와 연결성을 가지느냐가 중요하다.

세부는 크게 두 종류로 나뉜다. 하나는 작품 전체로 이어지는 것, 다른 하나는 단순히 세부에 불과한 것이다. 후자와 같은 세부는 아무래도 정확한 편이 좋으므로 신경 써서 만드는 게 제일이다. 그러나 〈건담〉[8] 모빌 수트의 세부 디자인 하나하나를 어떻게 해석하든 〈건담〉의 연대기 연표를 어떻게 채우든 그것이 건담이라는 작품에 결정적인 영향을 미쳤는지는 사실 의문이다. 도미노 요시유키[9]가 〈건담〉(턴에이 건담)에서 건담 세대 애니메이터들과 팬들의 작업을 통틀어 '검은 역사黑歷史'라 부르며 글자 그대로 기존의 건담 역사는 묻어버리고 새로운 배경 위에 수염 달린 건담을 아무렇지도 않게 등장시킨 것은 상징적이다. 이렇듯 작품에 아무런 작용도 하지 못하는 세부 '설정'은 어찌 보면 헛수고요, 시간 낭비에 지나지 않는다. 한편 만화에서 세부라고 하면 만화 선의 양(데즈카 오사무와 이노우에 다케히코[10]의 그림을 비교하면 물리적인 선의 양은 후자가 압도적으로 많다)인데, 애니메이션이나 게임에서도 컴퓨터그래픽 기술의 발달로 물리적인 정보량은 옛날에 비해 비약적으로 증가했다. 이런 맥락에서 세부에 공을 들일 만도 하다. 그러나 만화의 경우 '정보량' 증가는 곧 그림을 정밀하게 그린다든지 로봇 몸체 디자인을 세밀하게 그리는 등 세부를 통한 '정보량' 증대에 불과하다. 그로 인해 같은 쪽수 안에 담을 수 있는 '이야기'의 양은 오히려 대폭 줄었다. 60년대 중반에 나온 이시모리 쇼타로의 단편이나 70년대 초에 나온 하기노 모토[11]의 단편(기껏해야 30쪽 안팎이다)과 오늘날의 만화를 견주면 '이야기'의 밀도 차에 놀랄 것이다. 30년 전과 똑같은 '이야기'를 지금의 만화가가 그리면 30쪽짜리 단편이 단행본 한 권 분량은 너끈히 되지 않을까. 이런 경향은 스니커 소설을 포함하여 영화나 텔레비전 드라마에서도 엿볼 수 있으며 장르를 불문하고 '세부'만 비대해지는 바람에 작가도 독자도 세부에만 의식을 집중하는 데서 문제가 발생하고 있다.

그래서 이 세부에 대해 〈키사라즈 캐츠 아이〉(이하 〈키사라즈〉)라는 텔레비전 드라마를 예로 들어 강의를 해보고자 한다.

왜냐하면 최근에 본 만화며 애니메이션, 소설을 통틀어 이 드라마만큼 '세부' 묘사법에 관한 해법을 정확하게 제시한 작품이 없기 때문이다.

'세부'는 주제를 드러내는 수단

〈키사라즈 캐츠 아이〉를 간략히 소개하면 2002년에 방송된 텔레비전 드라마로 시청률은 썩 좋지 못했다. 10퍼센트 대를 오르내리는 수준이었다. 각본은 구보즈카 요스케[12]의 지명도를 높인 드라마 〈이케부쿠로 웨스트 게이트 파크〉[13](이하 〈이케부쿠로〉)의 각본가 구도 간쿠로[14]가 썼다. 연출은 〈이케부쿠로〉와 〈계속〉[15]으로 뛰어난 연출력을 평가받은 쓰쓰미 유키히코[16]가 빠지는 바람에 그간 쓰쓰미를 옆에서 도왔던 가네코 후미노리,[17] 가타야마 오사무[18] 두 사람이 주축이 되어 맡았다. 말하자면 〈이케부쿠로〉의 제작팀들이 다시 뭉치긴 했으나, 인기 탤런트도 인기 연출가도 없는 상태에서 시작한 드라마였다. 그러나 내가 요 몇 년 사이 본 드라마 중에서는 신카이 마코토[19]의 1인 제작 애니메이션 〈별의 목소리〉[20]와 쌍벽을 이루는 수작이었다.

시청률은 저조했지만 일부 작가들 사이에서는 화제를 불러모았는데 그 반응이 〈키사라즈〉의 불행을 상징하는 것만 같았다. 한 예로 〈Hanako〉[21]에서는 여성 작가들이 이런 얘길 나눈다.

편집M — 구도칸(구도 간쿠로의 애칭)이라고 하면 카리스마적 존재로 통하는데 시청률이 왜 이렇게 낮은 걸까요? 미타니 고키[22]도 아니고.
신디 스기타니 — 소재를 보면 알겠지만 어디 **여자애들이 이해를 하겠어**, (주인공 오카다 준이치를 비롯한) **쟈니즈**[23] **팬이 이해를 하겠어?**
말콤 — 연애 이야기도 없고. **20대가 봐도 무슨 뜻으로 하는 우스갯소리인지 통 이해가 안 되는 말도 나오죠**.(굵은 글씨 필자)

이 대화를 해설하면 이렇다. 〈이케부쿠로〉도 그랬지만, 구도의 각본에는 곳곳에 말장난 같은 유머가 들어 있다. 다시 말해 '세부'로 넘치는 것이 구도의 작풍이라 할 수 있다. 그런데 그 중에는 80년대 서브컬처에 관한 우스갯소리가 많다. 여기 나오는 여성 작가들 왈, 자기네들은 그 시절 문화를 알기 때문에 〈키사라즈〉가 재밌었다고 한다. 세부를 이해해야 재밌다는 구도가 성립한다는 얘기다. 세 작가들은 이런 말도 한다.

> **말콤** — 연출 테크닉으로 보여준다기보다는 편집이 재밌는 것 같아요.
> **신디 스기타니** — 극 전개는 잘 알겠는데 **이야기가 전혀 없어**. 행여나 (우스갯소리에 담긴) 재미있는 부분을 놓칠까봐 딴짓을 하면서 볼 수도 없고. 딜레마야.

실제로 본 사람이라면 알겠지만 〈키사라즈〉의 연출은 그야말로 치밀하다. 야구에 비유하면 '초'에 해당하는 전반에서는 의미 불명의 플롯을 전개한 다음, 후반인 '말'에서 그 의미를 밝히는 수법, 빨리 감기나 되감기한 화면, 세분된 컷, 영화 필름처럼 입자가 고르지 않은 영상을 일부러 채용하는 등 영상 면에 중점을 두었다. 아마 이 책이 세상에 나올 즈음에는 〈키사라즈〉의 스태프들이 영상 기술에서는 텔레비전을 비롯하여 일본 영상 표현의 첨단을 달리는 사람들이라고 판정해도 될 것이다. 그리고 그 치밀한 첨단 영상 사이사이에 세세한 유머들이 박혀 있는 것이다.

〈Hanako〉에 나오는 작가들의 평을 읽으면 〈키사라즈〉는 치밀한 영상과 세세한 유머로 이루어져 있어 '이야기가 전혀 없는' 작품이라 할 수 있다. 그런데 내 생각은 다르다. 나는 〈키사라즈〉를 이야기나 주제가 굉장히 뚜렷한 작품이라고 느꼈다.

사실 〈Hanako〉에 나온 평가가 〈키사라즈〉 제작팀에서 빠진 쓰쓰미 유키히코의 작품에 관한 것이라면 옳은 지적이다. 같은 시기에 방영되었던 쓰쓰미의 〈트릭 2〉[24]는 세세한 유머와 치밀한 연출밖에 볼 것이 없었다. 미스터리한 플롯만 해도 텔레비전 드라마라고는 하지만 조잡한 구석이 없지 않았다. 물론 재미는 있었다. 매주 빠지지 않고 시청했을 정도니까. 그가 연출한 드라마 〈계속〉도 치밀한 유머 대신에 '잠재의식을 건드리듯 자극적인 영상을 삽입'하였는데 사정은 같다.

〈트릭 2〉나 〈계속〉이 형편없다는 뜻은 아니다. 영상은 물론이고 쓰쓰미의 연출력은 일본에서도 손에 꼽힐 정도다. 그래서 거의 빠짐 없이 보고 있다. 애니메이션이나 만화의 세세한 설정에 독자가 민감하게 반응하듯, 텔레비전 드라마에서는 치밀한 영상이나 유머의 세부에 시청자는 민감하게 반응한다. 그런 차원에서는 탁월하다. 그리고 세부 이면에 분명히 무언가가 숨겨져 있지만 〈Hanako〉에서 나온 말이 상징하듯이 아무런 뜻도 '없는' 것처럼 보인다.

그래서 쓰쓰미는 세부 속에 뭔가를 숨기지 않는다. 프로다운 자세다.
하지만 '세부' 속에는 정말로 아무것도 없는 걸까?
결론부터 말하면 있다.
확실하면서 분명하게.
그건 다름 아닌 주제다.

주제라고밖에 부를 수 없는 걸 가지고 있다는 점에서 나에겐 이 드라마가 참신하면서 신선하게 비쳤다.

〈키사라즈〉가 대단한 건 〈Hanako〉의 작가들에게는 '치밀한 유머'

로만 보이는 세부의 장난이 이 작품의 근저에 흐르는 주제와 정확하면서 논리적으로 닿아 있다는 점이다. 흔히 세부와 세부가 모순되지 않는지에 주의를 기울이는 제작자와 시청자에게 '세부'란 어디까지나 '설정이라는 전체'를 이루는 일부분으로만 존재한다. 그러나 세부 중에는 '이야기의 주제'를 드러내는 역할을 하는 것도 있다. 〈키사라즈〉에서는 세부의 이러한 역할에 주목하고자 한다.

〈키사라즈 캐츠 아이〉의 주제를 생각하다

〈키사라즈〉의 대강의 줄거리는 다음과 같다.

키사라즈라는 동네에 사는 다섯 남자가 있다. 같은 고등학교 야구부원 출신들로 지금은 아버지의 이발소를 돕는 붓상, 꽃미남 대학생 밤비, 백수 아니, 스낵바의 주인인 마스터, 의문의 남자 웃치. 그들이 낮에는 야구와 밴드, 밤에는 키사라즈 지역에서만 활동하는 '키사라즈 캐츠 아이'라는 절도단을 결성해 온갖 소동을 일으킨다는 내용이다.

주인공 붓상은 태어나 한 번도 도쿄에 가본 적이 없다는 '설정'(이것도 '세부')이 유머러스하게 그려지는 점에서 우선 이 드라마의 본질을 파악할 수 있다.

여기에서 감이 빠른 애니메이션 팬이라면 한 편의 애니메이션이 떠오를 것이다. 〈시끌별 녀석들 2 — 뷰티풀 드리머〉(이하 〈뷰티풀 드리머〉)다. 원작자 다카하시 루미코의 거부로 오랫동안 비디오화, DVD화되지 못했다는 '신화'까지 갖고 있는 (2002년에야 DVD로 출시) 전설적인 애니메이션이다.

〈뷰티풀 드리머〉는 모로보시와 라무가 고등학교 축제 준비를 하는 데서 이야기가 시작된다. 그런데 신기하게도 축제 전날이 계속 되풀이된다는 걸 깨닫는다. 라무가 그들이 살고 있는 동네 도모비키에서 모로보시와 영원히 이대로 함께 있고 싶다는 소망을 빌었기 때문이다. 일의 진상이 밝혀진 뒤 그들은 도모비키 자체가 허공에 떠 있는 고립된 세계임을 알게 된다.

구도가 〈뷰티풀 드리머〉를 의식하고 쓴 내용인지는 모르겠지만 중요한 건 〈키사라즈〉가 〈뷰티풀 드리머〉의 주제를 계승, 발전시켰다는 점이다. 이렇듯 작품의 주제란 의식하든 하지 않든 계승되고 그렇게 해서 '역사'가 만들어진다.

이 드라마에서 붓상이 고등학교를 졸업한 뒤로 고향 마을을 떠난 적이 없다는 설정이 참 흥미롭다. 옛날에 아즈마 히데오[25]가 세이부西武 이케부쿠로池袋 선이 지나가는 동네에 살았는데 종착역인 이케부쿠로 다음에는 폭포가 있다는 농담을 어딘가에 썼던 걸 본 기억이 난다. 실은 고등학교 시절 나도 요요기代代木 다음 역을 가본 적이 없었다. 세이부 신주쿠新宿 선과 주오中央 선 사이에 있는 동네에서 태어난 탓에 도쿄 출신인데도 그 유명한 하라주쿠原宿, 시부야澁谷, 롯폰기六本木에 단 한번도 가본 적이 없었다. 요요기는 거기에 재수 학원이 있었기 때문에 가봤을 뿐이다. 우리 반 아이들도 자기가 태어난 동네가 세계의 전부인 줄 알고 있었다. 그래서 전철로 몇 정거장만 더 가면 되는 곳인데도 하라주쿠나 롯폰기는 잡지에나 나오는 세계처럼 여겼다. 70년대만 해도 도쿄 교외에서 태어난 우리 또래들은 다들 그랬다. 80년대 들어 지방 대학에 입학하고 나서야 나는 도쿄 이곳저곳을 돌아다녔다.

어쨌든 태어난 동네에서 한 발짝도 나가본 적 없는 붓상이 상징하는 건 그의 친구들과 공유하는 '지금 상태대로 계속 공중에 떠 있었으면'하는 기분이 아닐까. 고등학교를 졸업하고도 어른이 되지 못하고, 가능하다면 어른이 되고 싶지 않다 ─ 키사라즈라는 동네는 그들의 그런 어리광마저도 너그럽게 봐주는 동네로 묘사된다. 키사라즈 밖에 가본 적이 없다는 붓상의 설정은 이런 식으로 작품의 주제를 암시하고 있는 것이다.

어른이 되기를 거부하다

그들의 고교 시절 담임이자 붓상이 사모하는 미레이 선생님은 30세를 넘기고도 철없이 남학생들과 감정싸움을 한다. 또 주위 사람들은 은퇴할 때가 되지 않았나, 하고 생각하는 데도 로즈라는 여인이 키사라즈의 아이돌 스트리퍼로 남아 있는 것도 마찬가지다.

기억상실증에 걸린 홈리스 오지(그의 시간도 멈추었다)도, 아들과 서로의 이름을 부르는 붓상의 어버지도 마찬가지로 어른이 되길 거부하고 있다.

이처럼 '어른이 되길 거부한다'는 〈키사라즈〉 주민의 공통적인 심정을 아래와 같은 세부에서도 표현하고 있다.

붓상의 친구인 마스터가 경영하는 스낵의 이름은 '야구광의 시'로

가게에는 장편 야구 만화가 빽빽히 꽂혀 있고 붓상과 친구들이 그걸 읽는 장면이 나온다.

장편 야구 만화를 소도구로 이용한 이유는 무얼까? 그건 『도카벤』[26]이나 『야구광의 시』[27]나 모두 '결말'이 나지 않은 만화이기 때문이다. 아직도 계속 출간되고 있다. 끝나지 않는 야구 만화는 어른이 되기를 거부하는 〈키사라즈〉 주민들의 '끝나지 않는 일상'을 정확히 상징하는 소도구라고 할 수 있다.

또 붓상과 그 친구들은 V시네마[28]의 명배우(?) 아이카와 쇼[29]의 열렬한 팬이다. 아이카와 주연의 '야쿠자 구단'은 그들이 숭배하는 명작이다. 그러던 어느 날, 아이카와 쇼 본인이 키사라즈에 홀연히 나타나고 그가 이끄는 야구팀과 붓상의 동네 야구팀이 시합을 하게 된다. 이는 곧 키사라즈라는 '닫힌 마을'이 외부의 현실로부터는 그들을 지키면서 V시네마라는 픽션의 세계와는 이어져 있음을 뜻한다. 원래 키사라즈 캐츠 아이라는 이름을 붙인 것 자체가(물론 호조 쓰카사[30]의 만화 『캐츠 아이』[31]에서 따온 이름) 어른이 되길 거부하고 '현실'이 아닌 '픽션' 속에서 놀고 싶어 하는 그들의 심정을 대변하고 있다. 앞에서도 썼듯이 픽션에서는 현실처럼 자연의 섭리에 따라 성장하거나 죽을 필요가 없기 때문이다. 그래서 '키사라즈'는 필연적으로 『시골별 녀석들』처럼 닫힌 세계일 수밖에 없었다.

말하자면 이 드라마의 '세부'에 담긴 유머들은 키사라즈가 '어른이 되지 않아도 되는 장소'임을 표현하기 위한 하나의 장치로서 기능한다.

'죽지 않는다'는 룰에서 벗어나기

만일 〈키사라즈〉가 단순히 '영원히 이대로 있고 싶다'는 이야기로 끝난다면 〈뷰티풀 드리머〉와 별반 다를 게 없다. 그러나 〈키사라즈〉가 대단한 건, 동화에나 나올 법한 동네의 성장을 멈춘 사람들 사이에서 유일하게 '마지막'을 선고당한 붓상이 드라마 초반에서부터 6개월 시한부 선고를 받는다는 데 있다. 이것도 구도의 계산된 유머가 아닐까. 그리고 홈리스 오지의 죽음에 얽힌 일화로 드라마의 분위기는 급변한다. 하루는 오지가 붓상네 이발소에서 머리를 자르다가 붓상에게 자신의 과거를 이야기한다. 예전에 야구 시합을 하다 머리에 공을 맞은 이후 기억을 잃었으며 쌍둥이 형이 있었는데 야쿠자와의 마찰로 살해당했다는 사실이 밝혀진다.

그 장면에서 붓상과 오지가 나누는 대화가 인상적이다.

붓상 — "형제가 있었어요?"
오지 — "엉, 쌍둥이. 죽고 없어.『터치』같지?"

녹화를 해놓은 게 아니라 정확하진 않지만 이 비슷한 내용이다.『터치』란 아다치 미쓰루의 야구 만화다. 전국 고교 야구 대회를 목표로 야구부에 들어간 쌍둥이 형제가 있었는데 불의의 사고로 한 명이 세상을 떠난다는 내용이다. '끝나지 않는 야구 만화'에 난데없이 등장한 죽음은 전후 만화사에 남을 충격적인 설정이었다. 그래서 이 장면에『터치』라는 제목이 인용되는 것일 뿐 유머가 아니다. 오지는 그

후 야쿠자를 찾아가 자신의 쌍둥이 형제처럼 덤벼들다 죽고 만다.

그 전까지는 붓상이 시한부 인생을 선고받고도 팔팔하게 움직인다거나, 한 친구가 플라스틱 양동이에 들어가 바다에 빠져도 낚시꾼에게 걸려 멀쩡하다는 등 만화나 영화처럼 작중 인물들은 좀처럼 죽지 않는다는 룰에 충실했다. 키사라즈는 현실적인 죽음이 존재하지 않는 세계였고 그래서 붓상이나 미레이 선생에게 '성숙'을 강요하지 않았다.

그런 키사라즈에서 오지는 시체로 변하여 붓상 앞에 나타나고 그 장면을 여과 없이 묘사했다. 이는 곧 키사라즈에서 살아도 언젠가 '끝'은 찾아온다는 '현실'을 보여주고자 함이다. 즉 〈키사라즈〉는 〈뷰티풀 드리머〉의 주제를 한층 발전시켜 언젠가는 끝이 찾아온다는 진리를 표현하였다.

결말에서 친구들은 싫다는 붓상을 데리고 키사라즈를 나와 발이 닿는 대로 나고야名古屋까지 가게 된다. 키사라즈로 돌아간 붓상은 야구 시합 중에 쓰러진다. 거기에서 또 절묘한 반전이 펼쳐진다. 장례식 중에 붓상이 되살아나 친구들과 야구를 하며 1년인지 2년 정도 더 살다가 죽었다는 설명 자막이 나오면서 끝이 난다. 구도는 마지막에 붓상이 애니메이션이나 만화처럼 '죽지 않는 신체'와 '죽어가는 신체' 사이를 넘나들게 한다. 이거야말로 프로만이 구사할 수 있는 기술이 아닐까. 최고의 찬사를 보내고 싶다.

이렇게 하여 애니메이션이나 만화나 영화의 룰인 죽지 않는 신체, 기호적 신체로 드라마를 마지막까지 구성하면서도 '성장을 멈춘 세계' 밖에 있는 사람이 성장하고 죽어가는 '현실'을 그대로 보여주며 끝을 맺었다.

세계관의 세부에 신이 있다

다시 정리해보자. 〈키사라즈〉는 두 가지 점에서 특기할 만하다.

1. 그냥 보기에는 각 장면의 세세한 유머나 아는 사람만 아는 우스갯소리에 불과하지만 그것이 실은 작품 배후에 있는 '주제'를 암시하며 정확한 계산 아래 배치되어 있다는 점. '세부'는 다른 세부나 '설정'과 모순되지만 않으면 되는 게 아니라, 작품의 주제와 닿아 있어야 한다.
2. 5강에서 문제 제기한 인간을 캐릭터적, 기호적으로밖에 그릴 수 없는 캐릭터 소설이 '깨지기 쉬운 존재 인간' 즉 살아 있는 신체를 어떻게 그릴 것인지에 대한 해답을 제시한다는 점. 기호적인 세계(성장도 죽음도 거부할 수 있는 '키사라즈'라는 닫힌 공간)에서도 주인공이 죽는다(다른 캐릭터에게는 성장을 의미한다)는 걸 보여주었다.

몇 번이고 설명했지만 캐릭터 소설에서 '세계관'과 '설정'은 빠질 수 없고 그 작업에 세심한 주의를 기울이는 것도 결코 잘못된 게 아닙니다.
 하지만 세부 설정과 전체 설정 사이의 모순에만 매달리는 건 헛수고에 가까운 경우가 많다. 중요한 건 '세부'와 주제의 연관성이다.

신은 세부에 있다는 말이 있는데 그 말을 인용하여 이렇게도 말할 수 있다. '세부'에는 주제가 있는 세부와 주제가 없는 세부가 있다. 그리고 여러분의 소설에서 자칫 부족해지기 쉬운 것이 '주제가 있는 세부'이다.

우리는 세계관의 세부에 '주제'라는 신을 담아내야 한다는 걸 항상 염두에 두자.

　이번에는 '전쟁' 이야기를 하려 한다.
　『건담』『로도스도 전기』속의 전쟁이 아니다. CNN 뉴스 영상을 타고 바다 건너에서 온, 일본 정치가나 저널리스트들이 동참하고 싶어 안달하는 것처럼 보이던 2001년 9월 11일을 시발로 한 전쟁에 관한 이야기다. 전쟁 이야기나 듣자고 이 책을 산 줄 아느냐며 화부터 내는 사람들도 있을 것이다. 그런 줄 알면서도 굳이 나는 소설 쓰기 강좌 마지막 강의를 앞둔 지금 '전쟁'에 대해 여러분과 함께 생각해보려 한다. 왜냐하면 '9·11' 즉 미국에서 일어난 동시 다발 테러는 여러분이 생각하는 이상으로 스니커 소설과 깊은 연관을 맺고 있기 때문이다. 동시에 여러분이 살고 있는 '현실'과 '스니커 소설'이 어떤 위치 관계에 있는지를 이해하는 좋은 기회라는 생각에서다. 캐릭터 소설은 '가공의 캐릭터'와 '가공의 세계'를 바탕으로 한 이야기라고 지금까지 설명해왔다. 그렇기에 현실 세계와 스니커 소설의 관계성에 대해 생각해보자는 것이다.
　그렇다고 현실 전쟁과 비교하면 스니커 소설은 허구에 지나지 않는다 같은 상투적인 이야기를 하려는 게 아니다. 지난 20년간 스니커 소설의 기원이 된 만화와 게임은 무슨 사건이 터질 때마다 '현실'에 미친 영향을 들먹이며 비판의 대상이 되었다.

80년대 말 여아 연속 유괴 살인 사건이 있었을 때, 범인이 어린 소녀에 대한 성도착을 그린 비디오나 호러 비디오를 즐겨 보았다는 사실이 보도됐다. 그러자 허구와 현실을 구분하지 못해서 어린애들을 죽였다는 분석이 나왔다. 여러분은 관심도 없는 얘기겠지만 당시 그 보도에 화가 치민 나는 90년대 10년을 전부 바쳐 피고의 공판에 좇아다녔다. 걸프전 때도 패트리엇 미사일 앞에 단 카메라에 찍힌 영상을 CNN이 보도한 걸 보고 마치 텔레비전 게임처럼 보인다고 누군가가 발언하였다. 그러자 매스컴에서 "요즘 젊은 세대는 실제 전쟁을 텔레비전 게임 감각으로 본다"는 논조로 바뀌었다. 옴 진리교 사건 때도 그리고 '14세' '17세' 소년들에 의한 사건 때도 그 원인으로 애니메이션이나 게임이 지적되었고 그것이 사건의 본질이나 원인인 것처럼 화제가 되곤 했다.

그들과 똑같은 설교를 반복할 뜻은 없다. 나는 지금껏 우리 세대가 그린 만화나 애니메이션에 대한 비판에 맞서 나름대로 싸워온 사람이다. 하지만 여러분 세대가 누군가로부터 비판을 당했다고 해서 여러분을 대신하여 옹호해줄 생각은 없다. 여러분이 애니메이션, 게임, 스니커 소설을 소중히 생각한다면 스스로 비판에 대응할 수 있어야만 한다. 더군다나 여러분이 이들 장르를 직업 삼아 작가가 되려 한다면 더욱 그러하다. 지금은 아사히신문사가 데즈카 오사무의 이름을 딴 만화상을 만들었지만, 내가 어렸을 때만 해도 그의 만화는 '유해 도서'의 상징적 존재였다. 실로 그는 평생을 바쳐 만화라는 장르를 구축해온 사람이다. 그 덕분에 우리의 현재가 있는 것이다. 내가 '평론가'라는 또 하나의 얼굴을 좋든 싫든 가질 수밖에 없는 이유도 내가 업으로 삼는 장르를 비평이라는 언어로 옹호할 필요가 있었기 때문이다.

하지만 사실을 말하자면 만화, 애니메이션, 게임은 무슨 사건이 터질 때마다 세상의 비판과 좋든 싫든 대치하였던 데 반해, 스니커 소설은 그런 경험이 전혀 없다. 요컨대 스니커 소설을 읽고 사람을 죽이는 '14세'가 없었던 덕분이다. 그만큼 이 장르는 자기네 표현의 특징에 대한 탐구가 없었다는 걸 의미하기도 한다. 세상의 비판을 받는 장르도 아닌데 머리 아프게 일부러 그런 걸 생각해서 무엇 하냐고 무시할 수도 있다. 그러나 글을 쓰는 사람이라면 자신의 표현과 세계의 관련성에 늘 촉각을 곤두세워야 한다고 본다. 자신의 장르를 지키기 위해서라도 자신의 장르의 가능성이나 한계에 대해 항상 고민해야 한다.

'9·11'은 작가의 진부한 상상력 속에 있다

잡지에 연재하기 위해 이 책의 원고를 쓰던 2001년 10월 3일까지만 해도 미국은 아직 구체적인 전투를 개시하지 않았다. 그러나 미국군의 공중 폭격은 시작되었고 탈레반 정권은 무너졌다. 알 카이다의 범행이라는 테러가 이어졌고, 2003년 초 미국은 이라크를 침공하고 싶어 온몸을 뒤틀었다. 구체적인 전투가 일어나기도 전에 정치가와 매

```
┌─────────────────────────────────────────────┐
│  ┌─────────────┐                            │
│  │  '8명째'     │                            │
│  │ 이소노 아리완 미와 │                       │
│  └─────────────┘                            │
│   ┌──────┬──────────────────────────────┐  │
│   │ 스위치 │ 아라타 유키히로가 가족(시체)과 함께  │  │
│   │  ON  │ 생활하게 했다                   │  │
│   └──────┴──────────────────────────────┘  │
│                                             │
│   범행 형태                                   │
│   부정을 멸하다. 라는 뜻에서,                    │
│   '점보제트기를 원자력 발전소에 들이박고',          │
│   '일본을 멸망시키려 한다.'                      │
│   '언니에게 봉투 폭탄을 보낸 것도 여기에서 들킨다'    │
│   '폭탄을 사용한 공중 납치.'                     │
└─────────────────────────────────────────────┘
```

그림 1
『사이코』의 초기 설정

스컴에선 '9·11은 전쟁이다'는 주장까지 펼쳐왔다.

냉정하게 생각해보자. 비행기를 공중 납치하여 고층 빌딩에 충돌하는 건 전쟁이 아니다. 공중 납치라는 '범죄'다. 9·11이 터질 무렵 마침 『사이코』에서 이소노 미와가 공중 납치를 하는 대목이 나왔다. 『사이코』를 시작하면서 만들었던 플롯에서는 미와가 공중 납치한 비행기로 원자력 발전소를 들이박을 예정이었지만 너무 흔해 빠진 설정이라는 판단에 포기했던 플롯이다. 〈그림 1〉은 『사이코』를 쓰기 시작할 무렵 회의했던 내용을 히라린이 써둔 플롯 메모다.

원자력 발전소에 들이박는다고 분명히 쓰여 있다. 사실 비행기를 공중 납치하여 고층 빌딩이나 정치 기관에 들이박는다는 설정은 미국 소설에서도 일본 만화에서도 쉽게 볼 수 있는 진부한 '아이디어'이다. 이런 건 구태여 입증할 필요는 없지만, 미와의 배후에 가쿠소가 있듯이 테러범의 배후에 빈 라덴이 이끄는 테러 그룹이 있다고 한다.

당연히 '범죄'는 미와를 비롯한 가쿠소가 저질렀다. 그래서 경찰관이 사건 수사에 나서고 아마미야 같은 탐정도 개입을 한다.

하지만 『사이코』에서는 자위대나 이지스 호가 출동하지 않는다. 전쟁이 아니기 때문이다. 즉 이번 '전쟁'은 테러 범죄를 전쟁이라 우기고 있다는 데 우선 문제가 있다. 부시 대통령과, 무슨 이유에선지 미국의 전쟁에 참가하고 싶어 못 견디는 일본의 윗사람들(그 이유는 나중에 설명하겠다)은 "이것은 새로운 형태의 전쟁"이라고 단정하였다. 그들 스스로 '이것은 전쟁이 아니라'고 느끼고 있기 때문이다.

그런데도 테러에 대한 반격으로 진짜 전쟁은 벌어졌다. 어째서 여기까지 온 걸까?

거기에 바로 '이야기'라는 문제가 가로놓여 있다고 생각한다.

영화 같은 전쟁에 대한 기대

여러분은 그 날 텔레비전 화면에서 비행기 두 대가 고층 빌딩을 향해 돌진하는 모습을 보면서 '꼭 영화에 나오는 장면 같다'는 생각을 하지 않았는가? 고인들께는 무례한 얘기가 될지 모르나 이는 이번 전쟁의 본질을 생각하기에 앞서 중요한 단서가 된다. 적어도 나는 영화 같다고 느꼈으니까 말이다.

시마다 마사히코[1]는 이렇게 썼다.

> 첫 뉴스를 듣고, 걸프 만 전쟁 발발 후, 이라크가 이스라엘을 향해 미사일 공격을 하던 때의 충격을 상기했다. 이번 사건은 그 이상으로

혼란스러웠다. 텔레비전에서 세계 무역 센터가 붕괴하는 장면을 보면서 영화 〈아마겟돈〉[2]을 떠올렸다.

영화에서는 항상 미국의 기술과 리더십이 승리하지만, 종래의 국가 간 전쟁의 상식을 초월하는 무국적 테러에 대해서는 미국이 무방비하였음을 여실히 드러냈다.

(〈아사히신문〉 2001년 9월 12일 석간)

〈아마겟돈〉과 〈딥 임팩트〉[3]에서는 소행성이, 〈인디펜던스 데이〉[4]에서는 UFO가, 할리우드 판 〈고질라〉[5]에서는 괴수가 지구 및 미국 대도시를 파괴하려 하거나 파괴했다. 우리는 이 영화들을 통해 이번 테러 광경과 똑같은 장면을 미리 본 셈이다. 시마다 마사히코가 썼듯이 〈아마겟돈〉에서는 미국인 우주비행사가 소행성을 파괴한다. 〈인디펜던스 데이〉에서는 대통령 스스로가 전투기를 몰고 전쟁에 출전하여 승리한다. 문제는 바로 이 점에 있다.

세계무역센터 빌딩이 무너져 내리는 광경을 할리우드 영화의 한 장면처럼 느낀 우리는, 마음 한 구석에서 이번 사태가 할리우드 영화처럼 전개되기를 은근히 기대하였던 건 아닐까. 이 점이 이번 '전쟁'의 본질이라 생각한다.

나는 일본국 헌법 9조[6]의 이념을 옳다고 생각하며 자란 세대다. 그런 의미에서 이번 전쟁에 일본이 소수나마 가담한 데 대해 반대하는 입장이다. 그런 나조차도 사건 직후 미국의 '보복'이 언제쯤 시작될지 은근히 기대를 했던 터다.

사건 당사자였던 미국은 말할 것도 없다. 부시 대통령은 테러의 배후 조종자로 보이는 빈 라덴을 서부극의 지명 수배자에 비유하여 'DEAD or ALIVE' 어느 쪽이든 좋으니 잡아내겠다고 강한 의지를 표했다. 고이즈미 일본 수상도 미국으로 건너가 이 전쟁을 할리우드 영화의 서부극에 비유해, 서부극에 나오는 보안관은 혼자서 싸우지만 이번 전쟁은 일본도 협력하겠다는 의미의 말을 부시에게 전했다.

이처럼 진짜 전쟁을 시작하려는 대통령과 자국 헌법의 이념마저 굽히면서 협력하려는 수상의 의도가 서부극을 배경으로 한다는 건 정말이지 당치도 않다. 실상 '서부극'은 미국 대륙을 '인디언'들로부터 빼앗은 미국인을 일방적으로 정의인 것처럼 그리고 있다는 점에서 9·11 전쟁과 닮은 구도다. 인디언 대신 이슬람 사람들을 대입한 것이 9·11이라는 '이야기'라고 할 수 있다. 그렇지만 부시도 고이즈미도 그 점에는 무감각했다.

테러리즘과 민주주의 국가의 대결이라느니, 일본이 국제 공헌을 해야 한다는 식으로 저널리스트며 정치가는 9·11과 전쟁의 의의를 설명했다. 그러나 그 바탕에는 미국이 공격을 받으면서 시작된 이번 사태가 영화와 같은 결말을 맺길 무의식적으로 바라는 기대감이 깔려 있다고 본다. (테러범들이) 화려한 오프닝을 보여준 이상 사람들은 그 다음 전개를 기대하게 마련이다. 발칙한 표현을 쓰자면 그토록 가슴 설레는 장면으로 시작된 영화를 중간에서 끊고 일어선다는 건 좀처럼 어렵다.

앞에서 게임을 즐기는 젊은이들이 무슨 사건이 터질 때마다 '허구와 현실을 구분하지 못한다'는 비판을 받았다고 언급했다. 하지만 지금 할리우드 영화 속 '이야기' 같은 현실 전쟁을 시작하려 하는 사람들은 미국과 일본 정치가들이요 텔레비전이나 잡지에 등장하는 어른들이기도 하다. 허구와 현실을 구분하지 못하는 건 오타쿠나 게임 팬이 아니라, 정치가며 저널리스트다.

그렇다면 '미국 이야기'가 왜 미국과 일본 어른들의 마음을 이토록 사로잡은 것일까?

정체성 확립 이야기

여기서 어른들을 발동시킨 할리우드적 이야기는 다름 아닌 '정체성 확립 이야기'이기 때문이다.

4강에서 소개한 『헐리우드 영화 각본술』은 스토리의 구성 요소로 아래의 열 개 항목을 들고 있다.

1. 백스토리backstory
2. 내적인 욕구
3. 계기가 되는 사건
4. 외적인 목적
5. 준비
6. 대립(적대자)
7. 입장 표명
8. 오브세션obsession(외적인 목적을 달성하지 않으면 많은 것을 잃는다는 데

서 오는 강박관념 또는 달성하기 위한 몰입 상태 — 역자 주)

9. 투쟁
10. 해결

1의 '백스토리'란 이야기의 전제가 되는 배경 이야기를 뜻한다. 단, 어디까지나 주인공에 관한 것이다. 이번 사건에서는 사건을 당하기 이전까지 희생자들이 보낸 행복한 나날을 백스토리로 준비하였고 텔레비전에서 그 장면들을 날마다 비추었다. 그러나 정작 사건의 배경인 테러리스트들이 왜 미국을 적대하는지, 이번 전쟁에 적극적으로 참가할 의지를 보이는 영국과 러시아가 아프가니스탄과 이슬람 국가에 어떻게 해왔는지 '적'들의 백스토리에 관한 내용은 일절 언급되지 않았다.

다음으로 2의 '내적인 욕구'인데 이것이 '정체성 확립 이야기'에 관한 첫 번째 열쇠다.

> 주인공을 생생하게 그리기 위해 개인적 특질에 대처하도록 할 필요가 있다. 그/그녀는 그 특질을 인식하지 못하거나 인정하지 않을 수도 있다. 간혹 개인적인 드라마에서 상실된 특질이란, 배려, 관용, 경우에 따라서는 자립 같은 것이어서 주인공이 실제 갖고 있으면서도 자각하지 못하거나 그 필요성을 못 느낀다. 그러다 자신도 모르는 사이 주인공은 중요한 내적 변화에 직면하게 된다.
>
> (『헐리우드 영화 각본술』, 닐 D. 힉스 지음)

'중요한 내적 변화'란 달리 말하면 자기 확립이다. 픽션의 주인공은 '자기를 확립하려는 내적인 욕구'를 갖고 있으며, 때로는 그 욕구를 드러내도록 장치되어 있다.

그래서 자기를 확립하고 싶다는 동기로 주인공이 구체적 행동을 일으키는 '3. 계기가 되는 사건'이 일어난다. 그리고 '자기를 확립하고 싶다'는 '내적인 욕구'가 '사건'을 계기로 '4. 외적인 목적'으로 바뀐다.

즉 이번 '전쟁'은 1에서 4까지의 과정이 한꺼번에 일어나면서 '현실'을 지배했다고 볼 수 있다.

여담이지만 미국의 '내적인 욕구'란 IT버블 붕괴로 인한 불황과 냉전 종식으로 잃어버린 과거의 강한 미국이란 명예를 회복하고 싶다는 것이 아닐까. 그런 입장을 대표하는 사람이 부시 대통령이고 말이다. 최근 들어 〈아마겟돈〉〈딥 임팩트〉〈인디펜던스 데이〉〈고질라〉처럼 정체를 알 수 없는 적과 상대하여 승리를 거둔다는 내용의 할리우드 영화가 유독 많았던 것도 어쩌면 미국의 이 같은 불안을 보여주는 단적인 예라 할 수 있겠다.

'적'은 누구인가

한편 일본의 '내적인 욕구'는 무엇일까?

이번 전쟁에 참가하고 싶어 하는 사람들을 보면 대체로 일본이 헌법상에 전쟁을 포기함으로써 일개 국가로서 불완전해졌다고 주장해 온 사람들이다. 고이즈미가 '일본 국기를 보여라'라는 미국 측의 말을 듣고 으쓱해한 것도(미국 측에서는 그런 표현을 한 적이 없다는 설도 있었지만), 걸프전 때처럼 국제 사회의 웃음거리가 되고 싶진 않다는 사람이 많았던 것도 모두가 이번 전쟁에서 일본의 정체성을 회복할 수 있으리란 기대를 품고 있기 때문이다. 그들은 일본의 정체성 회복이 곧 자신의 정체성 회복으로 이어진다고 생각하는 부류의 사람들이라 할 수 있다.

그러나 영화의 주인공과 동일시하여 자기 자신을 되찾았다고 느끼는 것과, 실제 전쟁에 참가하여(실제로 참가하는 건 자위대 사람들이다), 즉 다른 나라 전쟁에 동참하여 아프가니스탄 사람들의 생명을 빼앗음으로써 정체성을 확립하였다고 느끼는 것은 의미가 전혀 다르다.

어느 쪽이 됐건 미국도 일본도 할리우드 영화의 문법에 푹 빠져버렸고 내가 잡지 연재를 위해 원고를 쓰던 시점에는 '5. 준비' 단계였던 전쟁도 '6. 대립(적대자)' 단계로 들어가 '적'을 정하였다는 점이 흥미롭다. 이것도 이번 전쟁과 일치했다. 미국의 미디어는 '전쟁이다'라고 난리를 쳐댔고 부시는 '이것은 선과 악의 전쟁'이라고 선언했다. 그는 또 적을 '녀석들'이라는 대명사로 부르기도 했다.

그러나 '적'이자 '녀석들'이 과연 누구인지 빈 라덴인지, 그가 이끈다는 테러리스트 조직인지, 탈레반 정권인지, 아니면 이슬람 원리주의자인지는 증명도 되지 않은 채 전쟁 이야기부터 불거져 나왔다.

그러면서도 '적'의 캐릭터만은 분명했다.

또한 적은 주인공보다도 강대하고 강력하므로 더욱 많은 자금을 확

보할 필요가 있다. 만일 적이 주인공보다도 약하다면 대립이란 존재할 수 없다. 주인공은 간단히 적을 물리치고 어떠한 방해도 받지 않고 자신의 목적에 도달하게 된다. 적이라 해서 반드시 사악한 존재일 필요는 없지만 그들은 주인공의 목적과 충돌하는 목적을 갖고 있다.

9·11 당시 빈 라덴은 자산이 3억 달러인 부호라고 보도됐다. 부시도 강적을 상대로 하는 싸움인 만큼 장기전이 될 거라고 강조하였다. 하지만 미국 측이 당초 예산한 전쟁 비용은 빈 라덴이 가진 자산의 100배였다. 장비도 미국군과 탈레반 병사의 그것을 비교하면 어느 쪽이 강대한지 또 어느 쪽이 '더욱 많은 자금'을 가지고 있는지 누가 봐도 명백한 데도 미디어를 통해 여러분에게 전해진 이미지는 그 반대였다.

이야기는 끝나지 않았다

이후에 전개하는 스토리는 주인공(미국)은 한 번은 궁지에 몰려 '주인공에게 남겨진 희망은 자기 자신'이란 걸 깨닫고 '7. 입장 표명,' 즉 자기 존재를 확립한 다음 '8. 오브세션'으로 자신의 행동은 '주위에 파급하는 중요한 플롯의 변화를 가져온다,' 즉 '모두를 위한 행동'으로 전환되고(미국의 '보복'을 위한 전쟁이 순식간에 세계가 테러에 맞서 싸우는 전쟁으로 변하고 있는 건 이런 의미다), 마침내 '9. 전쟁'이 시작되며('개전'이다), '10. 해결'된다. 그리고 그 뒤에 기다리고 있는 건 이런 '이야기'일 터였다.

주인공은 어떤 사건을 계기로 생긴 갈등을 해결한 다음 새로운 스토리로 향한다. 주인공도 주변 사회도 그 사건 때문에 중요한 변화를 겪는다. 개성이 강한 드라마들이 대개 그러하듯, 주인공의 내부 변화는 큰 데 비해 가족이나 친구 같은 주변 사회의 변화는 작은 경우가 많다. 그러나 그보다 더 개연성이 있는 건 주인공이 겪는 내부 변화 때문에 주변 사회에 중대한 변화를 일으키는 경우다. 그 사회가 황량한 서부 마을이든, 전쟁 중인 국가든 위협받는 문명이든 마찬가지다. 주인공은 안정된 생활을 보낼 수도 있고 전사로 남을 수도 있다. 그러나 드라마 초반의 인물로 되돌아가는 경우는 드물다. 결국 주인공으로 인해 주변 사회는 돌이킬 수 없는 변화를 겪는 것이다.

일본이 미국의 전쟁으로 무언가가 '바뀐다'고 굳게 믿는 이유는 미국이란 주인공이 나오는 이야기 속의 '주변 사회'이기 때문이다. 한편 미국이 자기네 전쟁에 세계를 끌어들이는 걸 당연시하는 이유는 주인공의 싸움은 곧 주변 사회에도 이득을 준다고 생각하기 때문이다.

이런 식으로 이번 '전쟁'은 할리우드 영화처럼 시작해 할리우드 영화 각본처럼 진행됐다. 탈레반 정권은 너무나도 쉽게 붕괴하였고 빈 라덴은 행방불명 상태다. 그래서 한 번 시작된 이야기는 어쩔 수 없다는 듯 부시가 '적'을 이라크와 후세인 대통령으로 바꿈으로써 원칙대로 이야기를 계속 전개하려는 인상을 받는다. 9·11 이후 현재 우리의 '현실'은 할리우드 영화의 문법에 아직 지배당하고 있는 것 같다.

하지만 만화와 게임이 과거 비판받았듯이 '사건'이나 '전쟁'은 현실이지 결코 이야기가 아니다. 따라서 이번에는 만화와 애니메이션이 '현실 전쟁'을 일으키려는 사람들을 향해 비판의 화살을 돌려 발언해나가야만 한다.

그러면 '이야기'와 '현실'은 어떻게 다른 걸까?

이 점은 여러 차례 설명했지만 마지막으로 한 번 더 정리해보겠다.

'죽지 않는 신체'의 평면성

앞에서 소개한 각본 원칙처럼 할리우드 영화에서 주인공은 좀처럼 죽지 않는다. 〈다이 하드Die Hard〉(죽기 힘든)라는 제목은 그래서 상징하는 바가 크다. 물론 영화에서는 다양한 죽음이 묘사되지만, 그건 어디까지나 '이야기' 속의 '죽음'이다. '불사신 영웅'은 할리우드 영화의 기본이다.

이와 같이 불사신 주인공 문제는 영화뿐 아니라 '이야기'와도 떼어놓을 수 없는 큰 문젯거리다.

막스 뤼티[7]라는 민담 연구가가 '옛날이야기의 평면성'이라는 문제를 연구하였다. 그는 손발이 잘려도 피가 나지 않고 심지어는 원상태로 되돌아가기도 하는 걸 옛날이야기 속 주인공의 특징으로 간주하였다. 즉 '평면성'이란 종이에 그린 그림은 가위로 오려도 피가 흐르지 않는다는 의미를 담고 있다.

뤼티는 옛날이야기 속 캐릭터를 종이에 그려진 그림에 비유했지만, 실은 종이에 그려진 만화나 그걸 필름으로 촬영한 애니메이션의 캐릭터도 초기에는 '평면성'을 갖고 있었다.

디즈니 애니메이션에서 사람이 죽지 않는 것과 같은 것이다. 그러나 디즈니의 만화 표현을 동경하면서도 일본에서 일어난 전쟁 때문에 죽어가는 사람들을 자신의 눈으로 목격해야 했던 어린 시절의 데즈카 오사무는 만화 속의 '죽지 않는 신체'에 '죽어 가는 신체'를 부여했다.

데즈카의 이 같은 '발견'이 일본 만화와 애니메이션의 역사를 본질적으로 규정하고 있음은 다시 설명하지 않겠다.

할리우드 영화 〈다이 하드〉가 실제 인간이 연기하는 드라마이면서 민담이나 애니메이션의 평면적 캐릭터를 아무런 비판 없이 계승한 데 반해, 데즈카를 비롯한 전후 만화는 기호적·평면적 주인공이면서 실제 인간처럼 다쳐서 죽는 캐릭터를 만들었다는 점에 주목하고 싶다.

나는 일본의 만화와 애니메이션이 디즈니 애니메이션이나 할리우드 영화에서 이식된 것임을 부정하지 않는다. 다만, 미국 애니메이션을 보며 자라 무력한 상태에서 현실 전쟁을 체험한 한 어린이가(미국에서는 이번 테러가 일어나기 전까지 일반 시민이 공격 상대가 된 적은 거의 없었다) 전후의 일본 만화를 미국과는 다른 방향으로 바꿀 수 있었다는 건 틀림없는 사실이다.

여러 번 말했듯이 스니커 소설은 애니메이션처럼 기호적 사실주의에 바탕을 두고 있다. 언뜻 보기엔 사생적 사실주의의 극치로 보이는 할리우드 영화와는 정반대로 보인다. 그러나 할리우드 영화가 '주인공'과 '적'의 단순한 대립을 '다이 하드'한 주인공이 연기하는 데

비해, 일본의 기호적 사실주의는 '죽기 쉬운 신체'를 갖고 있다. 그런 데도 스니커 소설은 그동안 기호적 사실주의로 '죽기 쉬운 신체'를 묘사하는 작업을 일체 하지 않았다. 이 점이 스니커 소설의 가능성을 만화나 애니메이션보다 축소시키고 있다.

〈바다의 소년 트리톤〉

전쟁 이야기가 나온 김에 일본의 전후 만화·애니메이션이 할리우드 영화와 어떤 다른 수법을 개척하여 '전쟁'을 그렸는지에 대해서도 살펴보자.

도미노 요시유키가 〈건담〉을 만들기 7년 전에 연출한 데즈카 오사무 원작 〈바다의 소년 트리톤〉[8](이하 〈트리톤〉) 이라는 애니메이션을 통해 살펴보자. 일반적으로 초등학생의 전유물이었던 애니메이션을 10대 이후 세대들도 보기 시작한 작품은 〈우주전함 야마토〉가 처음인 줄 아는데, 실은 〈트리톤〉이 먼저다. 당시 나는 중학생이었는데 반 아이들이 매주 〈트리톤〉에 대해 정신없이 이야기했던 걸 기억한다.

그런 〈트리톤〉 중에서 가장 충격적이었던 건 마지막 회였다. 당시의 충격에 대해 나보다 젊은 사사키바라 고[9]는 나와 함께 쓴 『망가·아니메』에 이렇게 옮겼다.

> 트리톤은 바다에 사는 트리톤 족의 마지막 후예라는 설정으로 나온다. 일족은 바다에 사는 포세이돈 족의 침공으로 멸망하였다. 바다의 평화를 깨는 포세이돈 족을 무찌르기 위해 트리톤이 싸운다는 내용이

시리즈의 기본 스토리다.

어린 트리톤에게는 큰 사명이 주어져 있다. 그리고 주위의 캐릭터들은 트리톤이 그 사명을 달성하기를 과잉 기대한다. 트리톤은 그걸 무거운 짐으로 여기면서도 포세이돈 족과 싸우게 된다.

이러한 주인공 설정은 사춘기 인간의 입장과 똑같다. 언젠가 사회로 진출해 훌륭한 어른이 되길 바라는 부모의 기대를 한몸에 받는 입장. 어리다는 핑계가 통할 나이도 아니지만 그렇다고 어른이 된 것도 아니다. 트리톤은 그런 어중간한 연령대의 입장을 상징하고 있다.

마지막 회에서 트리톤은 마침내 포세이돈 족의 본거지에 다다른다. 돌고래며 인어 등 친구들과 함께 총공격을 펼쳐 승리한 후 비로소 적의 정체를 알게 된다. 포세이돈 족은 원래 트리톤 족에 의해 희생된 사람들의 후예였던 것이다. 그들은 오리할콘이란 빛나는 금속의 힘을 이용해 해서 깊숙이 도시를 만들어 살고 있었으나 트리톤의 공격을 받고 오리할콘의 빛이 닿지 않게 되면서 여자애들을 비롯해 전멸하고 만다.

트리톤은 전투원도 아닌 보통 여성들과 아이들이 죽어 쓰러져 있는 해저 도시 안을 헤엄쳐간다. 텔레비전 애니메이션에서는 전대미문의 장면이었다. 마지막에 진상을 알고 트리톤은 충격을 받지만, 그 이상으로 충격을 받은 건 텔레비전 앞의 10대들이었다.

트리톤이 전투에서 내건 정의의 깃발이 불타 사라졌다. 포세이돈 족이 보기엔 트리톤이 악이었던 것이다.

그때 텔레비전 애니메이션 속 주인공이 부르짖는 '정의'의 근거가 처음으로 흔들렸다.

트리톤이란 주인공 소년이 적과 싸우는 가운데 성장해간다. 그리고 당시 사춘기 소년소녀였던 우리는 트리톤에게 자신의 성장을 중첩시켜 볼 수 있었다. 그야말로『헐리우드 영화 각본술』에 충실한 이야기였다.

그런데 마지막에 가서 이야기는 반전한다. 트리톤이 정의라 믿었던 행동은 포세이돈 족 측에서 보면 침략이었고, 그는 '적'을 물리쳤다고 생각했지만 결과적으로 포세이돈 족의 일반 시민도 죽인 꼴이 됐다는, '전쟁'이란 현실을 직시하며 이야기는 끝을 맺는다.

중학생인 나로선 한 번도 본 적 없는 이야기였다. 이야기 속의 정의를 어린이들 앞에서 까뒤집어 보여줌으로써 시청자들에게 '전쟁'을 이런 식으로도 그릴 수 있구나, 라는 걸 느끼게 했다고 할 수 있다. 도미노 요시유키가 전후 애니메이션사에 길이 남을 가치가 있다면 그건 〈건담〉의 상업적 성공이 아닌 〈트리톤〉으로 안겨준 충격에 있다고 생각한다.

이렇게 할리우드 영화와는 다른 방식으로 우리는 전쟁을 그릴 수 있다. 적어도 이 나라의 만화와 애니메이션은 남다른 전쟁 묘사법을 축적해왔다. 일본인 특유의 관점이나 방법을 스니커 소설이 계승할지 여부는 여러분, 차세대 작가들의 몫으로 남아 있다.

여러분에게 전쟁을 주제로 한 사회성 짙은 작품을 쓰라고 권하는 게 아니다. 다만, '정의'라는 이름으로 적을 때려 부수고 마지막에는 반드시 이긴다는 '무적' 주인공을 아무런 자각도 없이 쓰는 것이 여러분이 쓰는 작품의 가능성을 얼마나 좁히는지 알리고 싶었을 뿐이다. 그리고 소설 쓰기와는 무관해 보이는 현상 속에 답이 있다는 걸 알려주고 싶었다.

종강
근대 문학도 캐릭터 소설이었다

따분한 글을 여기까지 읽은 여러분은 지금쯤 황당할 것이다. 처음에는, 캐릭터 소설의 '나'는 작가 자신이 아니라 캐릭터이며 그 '나'는 현실이 아니라 애니메이션이나 게임에서 보는 허구의 세계에서 산다고 했다. 마지막에 와서 캐릭터도 '깨지기 쉬운 인간'이란 측면이 있다는 사실을 잊어선 안 되며 어떻게 '현실' 전쟁을 묘사할지 항상 의식하면서 '허구'의 전쟁을 그려야 한다고 설명했다. 마치 내 스스로 내린 캐릭터 소설의 정의를 부정하기라도 하듯이 말이다. 어쨌든 캐릭터 소설은 '현실'을 그려야 한다는 말처럼 들렸다면 정답이다.

물론 애니메이션이나 만화풍 캐릭터를 그리면 안 된다거나 판타지 게임을 소재로 삼으면 안 된다는 뜻이 아니다. 캐릭터 소설의 특성을 이용하면서도 작가나 독자의 '현실'과 '나'에 밀착된 작품을 그려야 한다는 것이 나의 결론이다. 그러면 '문학'이지 그게 '캐릭터 소설'이냐는 따가운 지적이 들리는 듯하지만, 캐릭터 소설은 캐릭터 소설 방식으로 문학이 되면 된다.

그런데 개중에는 주니어 소설 출신 작가가 자신의 과거를 버리거나 필명을 바꾸어가면서 '어른을 위한 소설'을 써서 문학상을 노리는 사람들이 있다. 내가 아주 싫어하는 유형이다. 그가 썼던 주니어 소설을 진지하게 읽은 독자의 입장은 대체 어떻게 되느냐는 것이다. 어떤 잡지에 어떤 이름으로 글을 쓰든 상관은 없지만 문제는 캐릭터 소설에 대한 그들의 잘못된 편견이다.

내가 캐릭터 소설 분야에 발을 들여놓은 건 나의 원작 만화를 소설화한다는 기획이 나왔을 때 공들여 쓴 내 원작의 소설 인세를 남에게 빼앗기기 싫다는 이유가 전부였다. 그런데 막상 써보니 단순한 캐릭터 상품이라고 내심 얕보던 이 장르가 문예 비평가로 일하며 염증을 느끼고 있던 '문학'이나 내 평생의 전쟁터인 '만화'와 비교해도 절대 뒤지지 않을 정도의 가능성이 있다는 점을 깨달았다. 정작 캐릭터 소설과 관련된 일을 하는 당사자들만 그 가능성을 못 느끼는 것 같았다.

나의 기본적인 사고방식은 그렇다. 자기가 몸담고 있는 장르의 가능성을 깨닫는다는 건 그 장르의 본질적인 문제점을 깨닫는 것과 다름없다고. 거북하거나 본질적인 문제일수록 내부에서 건드려야 의미가 있다고. 그래서 누가 부탁한 것도 아닌데 가도카와쇼텐의 캐릭터 소설지 〈더 스니커〉에 이 연재를 시작했던 것이다. 결과적으로는 연재를 중지하라는 항의도 들어오고 노발대발하여 가도카와쇼텐에서 판권을 회수한 작가도 있었다. 이 정도 법석이야 어느 분야에서든 볼 수 있는 일이다. 덕분에 책 출간은 다른 출판사에서 해주시라는 말을 들었지만.

『이불』을 다시 생각하다

아직도 '캐릭터 소설'이 문학이 되어도 상관없다는 나의 결론에 공감할 수 없다는 독자가 더 많을 줄로 안다. 처음에는 아라이 모토코다, TRPG다 하여 알지도 못하는(나보다 더 잘 아는 세대도 있겠지만) 얘기로 캐릭터 소설과 근대 문학은 다르다고 침 튀기며 설득하더니, 하고 말이다.

맞는 말이다. 캐릭터 소설이란 판타지 게임을 연상시키는 가공의 세계에 소녀만화적인 캐릭터를 형상화하는 장르라고 정의하는 한, 스니커 소설과 근대 문학의 연장으로 명맥만 겨우 유지하고 있는 '문학'은 분명 그 성격을 달리 한다.

뿐만 아니라 스니커 소설과 관련된 사람들은 은연중에 자기네 소설이 문학이 아니란 점을 부끄럽게 여기고 순문학에선 스니커 소설 자체를 '없는 존재'로 여긴다는 점이 참 신기하다. 다 같은 소설인데도 말이다.

그 이유는 무엇일까?

이걸 이해하려면 근대 문학을 대표하는 다야마 가타이의 『이불』이라는 소설을 다시 상기할 필요가 있다.

고등학교 현대문 수업에서 배우는 소설이므로 작가명과 제목은 알고 있을 것이다. 하지만 헤어진 연인의 이불에 주인공이 얼굴을 파묻는 마지막 장면만 어렴풋이 떠오를 뿐 실제로 읽은 사람은 적을 거라 생각한다. 읽었다 하더라도 숙제 때문인 경우가 대부분일 테고 나도 그중 한 명이다.

최근에 『이불』을 다시 읽었는데 문학사 시간에 '사소설'의 시초라 배웠던 것과는 전혀 다른 인상을 받았다. 이불에 얼굴을 파묻는 그 유명한 장면이 나오긴 했지만 그건 있어도 되고 없어도 되는 요소였다. 내가 이 책을 읽고 느낀 건 문학과 캐릭터 소설 사이에 쓸데없는 경계를 짓도록 한 소설이라는 점이었다.

새로운 현실이 새로운 일본어를 요청했다
여기에서 『이불』이 쓰인 시대적 배경을 다시 확인하기로 하자. 이 소설이 자연주의 소설이라는 문학 운동의 한 성과였음은 틀림없다. 그런데 왜 이 시기에 문학은 하필이면 자연주의를 필요로 한 것일까? 자연주의란 글자 그대로 자연과학적인 방법으로 생물인 인간 존재를 '관찰'하여 묘사하는 방법으로 예컨대 인간 존재를 유전이나 진화론적 입장에서 묘사하는 문학 사조였다.

그런데 일본에서는 여기에 몇 가지 특수한 사항이 더해진다.

하나는 묘사의 대상이다.

일본에서는 작가 자신이 주된 묘사 대상이었다. '사회'도 그 중 하나였다. 나쓰메 소세키가 지금도 위대한 소설가로 칭송받는 건 서구 문학에 있던 개념을 당시의 일본 문학에 접목할 수 있었던 것처럼 보이기 때문이다.

본래 메이지 시대는 서구 열강을 모델로 어떻게든 '현실'을 변화시키려던 시대였다. 생활습관부터 '국가'의 형태까지 개념이 앞서 갔고 '현실'이 그 뒤를 좇기 시작한 것이 메이지 30년대 무렵이었던 걸로 기억한다.

　이 시기에 다카하마 교시가, 이제야 '사회'라는 것을 실감하겠다고 쓴 것도 그 한 예라 하겠다.

　또 이 무렵 러일전쟁(1904년)이 일어났는데, 출정한 사람 중 열에 한 명이 전사, 일반인 15만 명이 징병되어 죽거나 다치는 상황 아래 말로 표현하진 못했지만 사람들은 '국가'와 '개인'이라는 문제를 절감하였을 터다. 야스쿠니 신사'를 군이 관리하게 된 것도 이 시대였고, 대역 사건[2] 때문에 '문학'과 '사상'이 '국가'에 맞서려 한 것도 자연주의 문학 발생 직후의 일이었다. 추상적인 개념이었던 '나'와 '사회' '국가'가 구체적인 '현실'로 사람들 사이에 뿌리내리는 과정에서 틀에 박힌 구시대적 문학이나 말로는 새로운 현실을 제대로 표현할 수 없다는 사실에 젊은 문학자도 독자도 눈을 뜬 것이다. 그래서 등장한 것이 자연과학적인 사실주의였던 셈이다.

　게다가 당시 일본어의 표준화가 빠른 속도로 진행되고 있었다. 야나기타 구니오가 『도오노 이야기』[3]의 이야기꾼인 사사키 기요시佐佐木喜善와 처음 만났을 때 그의 '사투리'를 한마디도 알아들을 수 없었다는 회상을 한 적이 있는데 그 사사키가 문예지에 소설을 발표할 때는 '표준어'를 썼다는 것이다. 즉 서로가 만날 일이 없으면 표준어가 필요 없지만 메이지 시대에는 대화의 수단으로 공통된 언어를 인공적으로 만들 필요가 있었다. '표준어' 즉 '일본어'는 일본인이 마치 정체성을 가지고 있는 양 보이는 역할을 하였고 훗날 식민지 사람들에게까지 그것을 강요했다는 정치성을 갖고 있다. 지면이 한정되어 있어 이 문제는 다룰 수 없다(그러나 중요한 문제다). 일단 이 책의 결론을 내리는 데 필요한 예비지식은, 일본 문학이 골격을 갖춘 메이지 30년대란 지극히 인공적인 새로운 현실에 대응하면서 지극히 인공적인 새로운 일본어로 그것을 표현하기 시작한 시대였다는 점이다.

이렇듯 '새로운 현실'과 '새로운 일본어'가 문학과 상호 작용하는 가운데 『이불』이란 소설이 나온 것이라 할 수 있다.

오늘날의 시각으로 『이불』이라는 소설을 다시 읽으면, 이 소설의 내용이 실은 '언문일치체'라는 문체와 그 문체로 인해 발생한 '나'를 둘러싼 소설이라는 데 놀라게 된다. 우리가 이렇게 구사하는 일본어는 형성 과정을 어떤 각도에서 보느냐에 따라 '표준어'로도, '언문일치체'로도 부를 수 있다. 그리고 『이불』이란 그 새로운 일본어라는 문체로 된 문학이 한 명의 여성에게 '나'를 부여하고 '나'에게 '문학'이라는 허구의 세계가 아닌 '현실'에 존재하도록 한 결과가 빚어낸 비극을 그린 소설이다.

문학은 '나'라는 정체성 확립의 수단
주요 등장인물은 작가의 분신이라고도 할 수 있는 작가 도키오와 그의 제자가 된 요시코라는 여학생이다.

소설에서는 전후 사정을 다음과 같이 써놓았다.

> 고베神戸의 여학원 학생으로, 고향은 빗추備中의 니미마치新見町이고 자기 작품의 숭배자이며 이름은 요코야마 요시코橫山芳子라는 여자

로부터 숭배하는 마음으로 가득 찬 한 통의 편지를 받은 것은 그 무렵이었다. 다케나카 고조竹中古城라 하면, 미문적美文的소설을 써서 다소 세상에 알려져 있었기 때문에, 지방에서 오는 숭배자, 열렬한 신앙자의 편지가 지금까지도 대단히 많았다. 문장을 고쳐 달라느니 제자로 삼아 달라느니 하는 데 일일이 상대하고 있을 수는 없었다. 그래서 그 여자의 편지를 받았어도 특별히 답장을 보내야겠다는 호기심은 일어나지 않았다. 그러나 같은 사람의 열성 어린 편지를 세 통이나 받고서는, 그 대단한 도키오도 관심을 갖지 않을 수 없었다. 나이는 열아홉이라 하지만, 편지의 문구로 미루어 감정과 생각 표현이 능숙한 것은 놀랄 만한 정도이고, 어떤 일이 있어도 선생님의 문하생이 되어 평생 문학에 종사하고 싶다는 간절한 소원. 글씨는 거침없이 휘갈겨 썼고 상당히 하이칼라의 여자인 것 같다. 답장을 쓴 것은 예의 공장 이층 방으로, 그날은 매일의 일과인 지리책을 두 장 쓰다 중지하고 여러 장이 되는 긴 편지를 요시코에게 보냈다. 그 편지에는 여자의 몸으로 문학에 종사하는 일의 무분별함, 여자가 생리적으로 어머니로서의 의무를 다하지 않으면 안 되는 이유, 처녀의 몸으로 작가가 되는 일의 위험 등을 누누이 설명하고 얼마간 매도하는 내용도 썼기 때문에, 이 정도면 이제 정나미가 떨어져 단념하겠지 생각하고 도키오는 미소를 지었다.

메이지 30년대 가타이는 〈문장세계〉라는 잡지에서 편집자 겸 작가로 활동하였다. 『이불』을 쓰기 전에는 젊은이들에게 '언문일치체'와 문학을 계몽하는 데 앞장섰다. 언문일치체나 문학은 그렇게 하여 지방 독자들에게 알려져 갔고 그들은 '문학' 창작이 '나'의 정체성을 확립해준다는 점에 대단한 매력을 느꼈다. 내가 메이지 시대 젊은이들에게 동정심이 생기는 건 생전 처음 보는 개념이 이제 막 실체를 향하기 시작한, 달리 말하면 '가공'이 실체를 막 드러내기 시작한 불확실한 '현실' 속에서, 서구에서 들여온 개념뿐인 '나'가 되길 강요받았다는 점이다. 그러할 때 그들이 '나'가 되기 위한 수단으로 택한 것이 문학이었다는 건 어쩌면 시대적 필연일지도 모른다.

이를테면 요시코의 모델로 추정되는 오카다 미치요가 가타이의 제자로 입문하기 전에 남자 이름으로 〈문장세계〉에 소설을 투고했던 사실을 가타이는 몰랐다고 한다.

이 일화는 가타이가 계몽했던 '언문일치체'라는 새로운 일본어가 가공의 '나'에 대한 이야기를 하는 데는 더없이 적합하였음을 단적으로 보여준다는 점에서 중요하다 하겠다. 게다가 성별마저 바꾸어 완벽한 '가공의 나'로 가장할 수 있었던 것이다. 그러고 보면 인터넷상에서 자신을 감추고 가공의 인물인 척 하는 건 이 시기로 거슬러 올라가는 셈이니 새로울 것도 없다.

'가공의 나'로 살려고 한 소녀

『이불』에는 요시코의 편지가 몇 통인가 인용되어 있는데, '나(저)'라는 주어로 넘치고 있다는 점에서 특징적이다.

    선생님,

저는 결심했습니다. 어제, 우에노 도서관上野圖書館에서 여자 견습생이 필요하다는 광고가 났기에 응모해보려고 합니다. 둘이서 열심히 일하면 설마 굶는 일 같은 건 없겠지요. 선생님 댁에 이렇게 있는 것이야말로 선생님께도 사모님께도 걱정을 끼쳐드리는 것 같아서 죄송스럽습니다. 아무쪼록 선생님, 저의 결심을 용서해주십시오.

요시코 올림

소설에서 가타이의 제자로 들어온 요시코가 애인을 만들고 그 남자와 함께 살려고 한다는 이야기가 전개되는데, 위에서 인용한 편지는 그녀가 애인과 살 결심을 했다는 내용이다. '저의 마음' '저는 결심했습니다' '제가 사랑을 부모님의 형편에 따라 하는 그런 구식 여자가 아닌 것은'이라고 세 번이나 나의 결심을 반복한다.

이처럼 그녀가 빈번하게 쓰고 있는 주어 '나'는 주인공인 작가에게 문학론이며 언문일치체에 관한 걸 배움으로써 사용이 가능해졌다. 하지만 가타이는 정말로 자신의 여제자가 문학이 발생시킨 '가공의 나'로서 살아가려고 할 줄은 상상도 못했던 것이다.

자신의 이 지론을 도키오는 득의양양해져 요시코에게도 설명했다. "여자도 이제 자각하지 않으면 안 된다. 옛날 여자처럼 의타심을 갖고 있으면 안 된다. 주데르만의 마그다가 말했던 대로 아버지 손에서 곧장 남편의 손으로 옮겨지는 것처럼 패기 없는 사람이어서는 안 된다. 일본의 신여성은 스스로 생각하여 스스로 행동하도록 하지 않으면 안 된다."이렇게 말하고는, 입센의 노라의 얘기와 투르게네프의 에레네의 얘기, 러시아, 독일 등의 여성이 의지와 감정이 모두 풍부한 것 등을 들려주고, "그렇지만 자각이란 자성自省도 포함하고 있으니까, 함부로 의지나 자아를 내세워서는 곤란해. 자신이 한 일에는 자신이 전적으로 책임을 질 각오가 없어서는."

빼앗긴 '언문일치'와 '나'
한편 요시코는 주인공 작가가 말하는 문학을 곧이곧대로 받아들인다. "옛날 여자처럼 의타심을 갖고 있으면 안 된다" "신여성은" "스스로 생각하여 스스로 행동하는" 여성이라는 스승의 말을 들은 후로 '나'라는 주체를 가지고 애인과 살 것을 결심한 것이다. 그러나 요시코가 나로서 살려고 하는 순간 작가는 갑자기 자신의 말을 번복한다. 요시코가 나라는 '가공'의 인물의 삶을 살려고 하는 데 난감하였던 것이다.

(…) 자신의 청년시절 경험에 비춰보면, 신성한 영혼의 사랑은 성립해도 육체의 사랑은 결코 그리 쉽게 실행되는 것이 아니다. 그래서, 도키오는 사랑에 정신없이 빠지지 않는다면 잠시 그대로 있어도 좋다고 말하고, 그리고 누누이 영혼의 연애, 육체의 연애, 연애와 인생과의 관계, 교육받은 신여성이 마땅히 지켜야 할 일 등에 대해서 절실하고 진지하게 훈계했다. 옛날 사람들의 여자의 정조를 단속한 것은 사회도덕의 제재보다는 오히려 여자의 독립을 보호하기 위해서라는 점, 남자에

게 한번 몸을 허락하면 여자의 자유가 완전히 깨져버린다는 점, 서양의 여자는 그러한 사정을 잘 이해하고 있기 때문에 남녀교제를 해도 잘못되는 일이 없다는 점, 일본의 신여성도 반드시 그렇게 되지 않으면 안 된다는 점 등이 주된 교훈의 제목이었지만, 특히 새로운 타입의 여성이라는 점에 대해서 통절하게 얘기했다.

처음에는 "처녀의 몸으로 작가가 되는 일의 위험"이라고까지 요시코에게 겁을 주더니 그녀가 도쿄로 상경을 하자 "신여성"을 설파한 이 작가는, 요시코가 굳은 결의로 '나'로서의 삶을 살려고 하자 단박에 자신이 한 말을 뒤집어 "여자의 정조를 단속"하는 건 "여자의 독립을 보호하기 위한" 것이라고 번복한다. 그는 또 문학과 현실은 다르다고 주장하지만 요시코를 문학이라는 허구에 가두어 두고 싶었기 때문이다. 그래서 요시코가 애인과 선을 넘었다는 걸 알자마자 버럭 화를 내며 그녀와 그녀의 아버지를 고향으로 보낸다.

도키오는 요시코에 대한 감정을 다음과 같이 쓰는 것으로 자위한다.

(…) 이 요시코를 아내로 삼을 운명은 영구히 자기에게 오지 않을 것인가. 요시코의 아버지를 자기의 장인이라고 부르는 그런 때는 오지 않을 것인가. 인생은 길고 운명은 기이한 힘을 갖고 있다. 처녀가 아니라는 것이 — 한 번 정조를 깨뜨렸다는 것이, 오히려 나이 많고 자식 있는 자기의 아내가 되는 것을 용이하게 하는 조건이 될지도 모른다. 운명, 인생 — 전에 요시코에게 가르쳤던 투르게네프의 『푸닌과 바부

린』이 도키오의 마음에 떠올랐다. 러시아의 훌륭한 작가가 그린 인생의 의미가 새삼스럽게 마음을 찔렀다.

같은 남자로서 이해가 안 되는 건 아니다. 더 이상 처녀가 아니라면 자기 아내를 대신해도 좋으련만, 하고 도키오는 원통해하고 있다.
자신이 요시코에게 준 것은 무엇이며 빼앗은 것은 무엇인지 주인공 작가는 모르고 있다. 다시 상경하리라고 맹세한 요시코지만 이미 문학으로의 길이 접힌 이상 '나'가 될 수 없다. 이에 대한 내용이 아래의 구절에서 드러난다.

닷새 째에, 요시코에게서 편지가 왔다. 여느 때의 살가운 언문일치가 아니고 예의를 갖춘 소로분候文[4]으로 "어제저녁 무렵 무사히 집에 도착하였으니 안심하시기 바라옵고, 이번에는 참으로 바쁘신 때에 여러 가지로 걱정만 끼쳐드려 송구스럽기 그지없어, 거듭거듭 사죄의 말씀 올리옵니다. 선생님께 높은 은혜도 감사드리고 사죄의 말씀도 드리고 싶었으나, 어쨌든 가슴이 벅차서 마지막 회합조차 거절한 심정을 헤아려주시기를 바라나이다. 신바시에서의 이별, 유리창문 앞에 설 때마다 (선생님의) 갈색 모자가 비치는 것 같은 기분이 들고, 지금도 뚜렷하게 모습을 뵙는 듯합니다. 야마키타 부근부터 눈이 내렸고 다타이에서부터의 산길 시오리, 슬픈 일만 생각나서 저 유명한 잇사一茶[5]가 읊은, '아아 이 것이 최후의 거처인가 눈이 다섯 자나 쌓여 있구나'라는 명구名句가 통절하게 마음에 사무칩니다. 아버지가 근간 감사의 글월을 드리리라 생각되오나, 오늘은 마을에 장이 서는 날로 아버지가 손을 떼기 어렵기 때문에, 실례인 줄 알면서 제가 감사의 인사를 드립니다. 아직도 편지에 써서 보여드리고 싶은 것이 많이 있지만 심히 가슴이 두근거리기 때문에 오늘은 이만 붓을 놓겠습니다"라고 씌어 있었다.

요시코는 언문일치체가 아닌 '문어체(소로분)'로밖에 편지를 쓸 수 없는 것이다. 언문일치체를 사용하였을 때는 그토록 열심히 반복되던 '나'라는 주어가 문어체에는 없다. 아버지가 언젠가 감사의 편지를 올려야 하는데 다망하여 "실례인 줄 알면서 제가 감사의 인사를 드립니다"라는 문어체의 주어로만 쓰였다. 그것도 '아버지'의 딸로서 아버지를 대신하여 감사의 인사를 드린다는 대목에서 단 한번 '나(제)'가 이용되고 있다.

'나'란 문학이 낳은 캐릭터다

이렇게 보면 요시코는 문학에 의해 주어진 '나'를 문학에 의해 빼앗긴 셈이다.

작가는 요시코에 대해 이렇게도 썼다.

인력거가 고지마치의 도로를 히비야日比谷쪽으로 향했을 때, 도키오의 가슴에 요즘 여학생이라는 것이 떠올랐다. 앞에 가는 인력거 위의 요시코, 높은 니햐쿠산고치마키二百三高地巻き[6], 하얀 리본, 약간 새우등이 된 모습, 이런 모습을 하고 이런 사정으로 짐과 함께 아버지를 따라

귀향하는 여학생이 얼마나 많을까. 요시코, 그렇게 의지가 강한 요시코조차 이런 운명이 되었다. 교육가가 시끄럽게 여성문제를 말하는 것도 무리는 아니다. 도키오는 요시코 아버지의 고통과 요시코의 눈물과 자신의 황량한 생활을 생각했다. 길 가는 사람 가운데는 짐을 가득 싣고 아버지와 중년 남자의 보호를 받으며 가는 꽃 같은 여학생을 의미 있는 듯 배웅하는 자도 있었다.

요시코가 '나'가 되려다 결국 성취하지 못하고 귀향한 건 '여성 문제'로, 그 자신이 가르친 문학이 그녀에게 '나'를 일깨웠다는 사실은 모른다. 다만, 요시코를 잃은 슬픔을 문학이라는 형태로 적나라하게 고백할 뿐이다. 그 장면이 바로 유명한 『이불』에 얼굴을 파묻는 장면으로 거기에 묘사된 작가 자신의 성욕과 비애와 절망은 어쩌면 적나라한 '나'에 관한 묘사인지도 모른다. 그렇다면 '사소설'적인 나와 요시코의 나 사이에는 어떤 차이가 있었다는 걸까? 요시코의 '나'가 서구의 문학이나 언문일치체를 가능하게 한 '가공의 나'라 한다면, 처음 그것을 요시코에게 부여한 작가인 '나'도 가공의 인물이 아닐까? 주인공 작가 또는 가타이는 스스로가 부여한 문학에서 나가 될 수 있었다고 주장하는 한편 '현실'에서 요시코가 가공의 '나'로 살려 하자 언문일치의 세계, 즉 '새로운 현실'로부터 문어체가 지배하는 구舊 세계로 돌려보냈다. 앞서 말했듯이 가타이가 오카다 미치요에게 부여한 문학은 그녀가 남성을 가장할 수 있었을 정도로 가공의 '나'를 만드는 데 적합한 문체였기 때문이다.

그러나 문학은 여학생 요시코에게는 '나'가 되는 걸 허락하지 않는다. 문학이 인정하는 '나'만이 '나'일 수 있다고 주장하는 것 같다. 말하자면 이 소설을 읽으면 가공의 나와 현실의 나를 어떻게든 구분 지으려 한다는 인상을 받는다.

사실 근대 이전까지는 '나'란 없었다. 문학에서의 '나'는 가공의 인물이라고 주장했던 비평가 에토 준도 결국은 가공의 인물로 살다 그것이 불가능해지자 본명으로 쓴 유서를 남기고 픽션인 자신을 처단해버렸다.

한편 사소설의 '나'도 허구에 지나지 않는다고 사소설가들이 본인의 입으로 밝히고 있고, 문학 연구가들도 그렇게 지적하고 있다. 또 '나'를 연기한다는 게 훤히 보이는 사소설도 어느 시대건 있다.

그런데도 순문학을 쓰는 작가들이나 그 지원자들은 문학 창작을 통해 '나는 나'라는 정체성을 보증받고자 안간힘을 쓴다. 하지만 문학에 의해 담보되는 '나'가 요시코의 '나'와 다를 게 없다는 생각이 든다. 요시코는 애인과 성적 관계를 맺었음을 알리는 편지 속에서 "역시, 나는 구식 여자, 새로운 사상을 실천할 용기를 갖고 있지 않았습니다"며 '나'는 가공의 인물이었음을 깨닫는다.

반면에 가타이 이후의 사소설과 대개의 근대 문학은 오늘날에 이르기까지 문학 속에 '나'라고 쓰면 거기에 마치 '나'란 존재가 실재하는 양 '나'가 나타난다. 새로운 문자를 위해 말이 발생시킨 언문일치라는 구조의 형성 과정에 대해 까맣게 잊어버린 것 같다.

문학이 되는 것을 두려워 말라

캐릭터 소설이란 '작가로서의 나'가 아니라 '캐릭터로서의 나'를 자각적으로 그리는 소설이라고 설명했다. 이는 곧 문예사적으로 문학이, 문학에 의해 '나'를 보증받아왔다는 사실을 모르고 있다는 데 대한 역설이다. 다시 말해 문학이 지금 존재할 수 있는 건 '나'라는 존재가 그 기원에 있었기 때문이며 '나'는 즉 캐릭터였다는 사실을 모르고 있다면, 캐릭터 소설은 '나'가 캐릭터라는 사실을 안다는 걸 무기로 문학보다 더 문학다울 수 있다고 주장하면서 이 강의를 마치려고 한다.

가공의 나와 가상현실을 묘사한 것이 문학이었다면 메이지 시대에 이미 문학과 캐릭터 소설이 공존했던 셈이 된다. 원래는 같은 장르였는데 지금에 와서 다른 장르로 분류되고 있을 뿐이다. 요시코가 가공 현실 속에 가공의 나를 그리던 소설이 소녀소설, 미스터리를 거쳐 아라이 모토코의 소설로 스니커 소설로 부활한 것이다.

이와 같이 자기 장르의 내력을 자각하고 그 한계를 짚어본다면 어떤 소설이든 문학을 향해 반걸음 다가갈 수 있다고 생각한다.

이 책에서 캐릭터 소설로는 현실을 그리기가 힘들다는 데 대해 설명했다. 왜냐하면 『이불』의 여주인공인 요시코는 '나'나 '문학'으로 '현실'과의 접점을 만들 수 없었지만, '캐릭터 소설'로 그 접점을 만들 수 있을지를 한번 생각해보고 싶었기 때문이다. 그 결과 가공의 세계밖에 그릴 수 없다는 걸 자각할 때 비로소 그릴 수 있는 '현실'이 있다는 걸 알았다. 이미 오래 전에 현실을 직시하는 걸 멈춘 순문학들의 흉내를 낼 필요는 없다.

캐릭터 소설을 지망하는 여러분이 문학을 두려워해선 안 된다. 캐릭터 상품으로서도 문학으로서도 손색없는 작품을 쓴다고 해서 나무랄 사람은 아무도 없다. 작가로서 제조자의 책임과 사회적 책임을 다하고자 노력하는 것뿐이니까.

한 번 더 말하겠다.

캐릭터 소설을 지망하는 여러분은 문학을 두려워해선 안 된다. 캐릭터 상품이면서 문학적 가치도 가질 때 '캐릭터 소설'은 캐릭터 소설이 될 수 있다.

보강 1

'9·11 이후의 세계'와 재이야기화하는 세계

한창 잡지에 『캐릭터 소설 쓰는 법』을 연재할 무렵 '9·11 동시 다발 테러'가 터졌다. 연재 내용은 '소설 쓰는 법 강좌'였지만, 그래서 더 '전쟁'에 대해 써야 한다는 마음이 절실했다. 사건 직후, 여객기가 고층 빌딩으로 돌진해 빌딩이 무너져 내리는 광경을 생중계하는 CNN 뉴스를 보면서 우리는 불손하게도 할리우드 영화의 한 장면 같다는 생각을 했다. 부시 대통령의 아버지인 부시 대통령과 콜린 파웰 국무장관 콤비가 벌인 걸프전 때도 했던 말이다. 미사일 머리에 달린 텔레비전 카메라를 통해 중계되는 영상을 보며 텔레비전 게임 같다고들 했고, 일본에서는 애꿎은 전쟁 시뮬레이션 게임이 비난을 받았다.

뜻밖에도 '실제 전쟁'이 '할리우드 영화'나 '텔레비전 게임'처럼 보이는 사태가 사람들을 혼란에 빠뜨렸다. 사람들은 9·11 광경을 '할리우드 영화 같다'고 표현했지만 그 장면이 무엇을 의미하는지는 설명할 수 없었다. 걸프전 당시, '전쟁 영상이 텔레비전 게임처럼 보인다'는 이유로 상관도 없는 전쟁 시뮬레이션 게임이 비난을 받았듯이, '실제 전쟁'이 영화나 텔레비전 게임으로밖에 보이지 않는다는 사실에 사람들은 혼란스러워 했다. '실제 전쟁'인데, 영화나 텔레비전 게임 같은 오락물과 '혼동'하면 안 되지 싶으면서도 한편으로는 '혼동'되니 이를 어쩌나……. 텔레비전 화면 앞에 앉은 '이쪽' 편의 우리는 혼란과 당혹감을 감출 수 없었다. 이런 반응 자체는 결코 나쁘지 않다.

실제 전쟁은 텔레비전 게임이나 할리우드 영화가 아니잖아.

물론이다.

아무리 텔레비전 화면에 비친 영상이 영화나 텔레비전 게임 화면과 똑같아도 '실제 전쟁'을 볼 때와 '영화 속 전쟁', '텔레비전 게임 속 전쟁'을 볼 때의 판단이 각기 달라야 하는 이유가 여기에 있다. 사실 '전쟁'이 영화나 텔레비전 게임의 소재로 쓰이는 한, 여러 가지 의미로 '재미있다' 하여 문제가 되지는 않는다. '재미있다'는 '감동스럽다' '속 시원하다' '심장이 뛴다' '짜릿하다' 같은 카타르시스를 포함한다. 악취미로 보일지 몰라도 '전쟁 영화'에서 사람이 살해당하는 장면을 보면 '전율을 느낀다'고 해서 비난하진 못한다.

그래서 적어도 '실제 전쟁'과 오락물은 다르게 이해해야 한다는 억제의 감정 비슷한 것이 사람들 사이에 작용했지만 당혹감은 금세 잊혀졌다.

왜 그럴까?

간단하다. 일반적으로 '실제 전쟁'을 어떻게 '영화 속 전쟁'과 분간하고 판단해야 할지 판단 기준이 없는 데다, '실제 전쟁'이 마치 '영화 속 전쟁'처럼 전개되면서 사람들 사이에 존재하던 '실제 전쟁'과 '영화 속 전쟁'의 구분마저 사라졌기 때문이다.

요컨대, 사람들이 무너져 내리는 쌍둥이 빌딩을 보자마자 '할리우드 영화의 한 장면 같다'라고 느낀 것은 할리우드 SFX나 CG기술을 구현한 박진감 넘치는 화면을 보는 듯하다는 솔직한 감상을 말했을 뿐이다. 이제 와서 생각하면 그 장면은 영화 도입부의 몰입을 위한 한 장면에 불과했다.

사건 발생 후 부시 대통령이 진두지휘한 전쟁은 9·11이라는 도입부로 막을 연 한 편의 '할리우드 영화'를 방불케 했다. 현실에서 일어난 전쟁이었으니 실제로 수많은 사람들이 죽었고 아프가니스탄과 이라크라는 두 주권 국가가 함락했으며 전쟁은 아직도 끝나지 않았다. 내 눈에는 사람들이 텔레비전 화면 앞에서 '전쟁'을 지켜보는 한 '할리우드 영화'와 '똑같이' '만들어진' 것처럼 보인다. 사람들은 자신도 모르는 사이 '영화 같은 전쟁'을 보고도 무덤덤해진다.

이 시점에서 허구와 현실 속의 두 전쟁이 '똑같다'고 할 때는 단순히 '영상'에 비친 광경이 '똑같다'라는 의미가 아니다. 문제는 현실 전쟁이 영화 스토리처럼 전개한 데 있다. 그래서 적잖은 사람들이 당초 품었던 '실제 전쟁'과 '영화 속 전쟁'에 대한 거부감을 느끼지 못하게 됐다고 해석하는 편이 맞다. 결국 왜 이런 전쟁을 일으켜야 하는가, 라는 문제의 본질은 쏙 빠진 채 아무런 의문도 품을 필요 없는 전쟁으로 치달았다.

이 이야기에는 전형적 문법이 있다

이 책 11강에서 9·11 직후 발발한 미국과 아프가니스탄의 전쟁이 할리우드의 영화 문법에 얼마나 충실했는지 『헐리우드 영화 각본술』을 참조하여 분석했다. 힉스는 영화를 비롯한 이야기 전반에 '문법'이 존재한다는 관점에서 이 책을 썼다. 오락산업계에서 그 예를 쉽게 찾을 수 있다. 한 예로 〈스타 워즈〉 시나리오는 신화학자 조지프 캠벨의 조언으로 영웅신화의 전형적 '문법'에 따라 만들어졌다. 차원은 다르지만 좀더 가까운 예로, 만화에는 별 재능이 없던 내가 '만화 원작자'로 일할 수 있는 것도 대학시절 민속학과 문화인류학을 전공하는 과정에서 '이야기의 문법'이라는 개념을 배우고 채용했기 때문이다. 일본의 정통 문학이나 영화 제작자들은 이러한 개념을 좀처럼 받아들이려 하지 않는 분위기인 반면, 할리우드에서는 '상업성 이야기'를 시나리오로 만들 때, '이야기의 문법'을 공학의 하나로서 응용하려는 인식이 저변에 깔려 있다. 나는 문화인류학을 공부하면서 신화나 문학의 분석 수단이었던 '이야기 구조론'이란 개념을 익히 접한 터라, 별 거리낌 없이 받아들일 수 있었다. 각본가로서의 재능은 힉스도 나와 비슷한 B급이었던 듯하나, 할리우드 영화의 기본을 이루는 '이야기의 문법'이란 개념에 충실하여(논리가 아닌, 아예 몸에 배어 있는 인상이다) 자신의 책에서 할리우드 영화의 전형적인 시나리오 전개 과정을 열 가지로 요약했다. 할리우드 영화에 나타나는 '이야기의 문법'을 다룬 셈이다. '이야기의 문법'이라는 말이 이해하기 힘든 분은 '할리우드 영화에서만 보는 뻔한 스토리 전개'라 보면 된다. 우리가 영화나 드라마 속 '뻔한 전개'를 '뻔하다'라고 느끼는 이유도 공통된 유형을 느끼기 때문이다. 이런 유형들이 '이야기의 문법'의 일부분일 경우가 많다.

11강에서도 다루었듯이 힉스가 제시한 할리우드 영화의 뻔한 스토리, 즉 '문법'이란 다음과 같다.

1. 백스토리
2. 내적인 욕구
3. 계기가 되는 사건
4. 외적인 목적
5. 준비
6. 대립(적대자)
7. 입장 표명
8. 오브세션
9. 투쟁
10. 해결

11강에서 탈레반 정권이 붕괴하는 과정이 『헐리우드 영화 각본술』의 스토리 진행과 얼마나 비슷한지 실제 전쟁 과정에 대입해보고 이런 결론을 내렸다.

이번 '전쟁'은 마치 할리우드 영화처럼 시작해 할리우드 영화 각본처럼 진행됐다. 탈레반 정권은 너무나도 쉽게 붕괴하였고 빈 라덴은 행방불명 상태다. 그래서 한 번 시작된 이야기는 어쩔 수 없다는 듯 부시가 '적'을 이라크와 후세인 대통령으로 바꿈으로써 원칙대로 이야기를 계속 전개하려는 인상을 받는다. 9·11 이후 현재 우리의 '현실'은 할리우드 영화의 문법에 아직 지배당하고 있는 것 같다.

아프가니스탄 전쟁에서는 '악의 축'으로 설정된 빈 라덴이 살아남았다. 〈스타 워즈 ― 에피소드 4〉에서 다스베이더가 죽지 않은 결과 5, 6편이 필요했듯이 아프가니스탄 전쟁은 미국에겐 '에피소드 1'에 지나지 않았고 속편이 필요한 상태로 끝났다.

부시의 전쟁 에피소드 1을 『헐리우드 영화 각본술』에 따라 다시 정리해보겠다.

에피소드 1 ― 아프가니스탄 전쟁

1. 백스토리

9·11 이전의 미국, 특히 부시가 대통령으로 뽑힌 직후 미국은 불황이었고, 대외적으로도 '강한 미국'을 과시하기 힘들어진 데다 정부는 전임 대통령 클린턴의 섹스 스캔들로 국민의 신용을 잃은 상태였다. 한편 부시는 선거 개표로 물의를 빚으면서도 당선은 됐지만 문제의 플로리다 표를 나중에 세어보니 고어 후보가 많았다는 웃지 못 할 반전마저 연출한 찜찜한 대통령이었다. 아버지 부시는 걸프전에서 끝까지 싸웠지만 아들은 알콜 중독 기미라질 않나, 영어 문법도 틀리는 등 교양조차 갖추지 않은 그야말로 혼란에 빠진 미국을 상징하는 한심한 남자였다. 스캔들만 없었으면 클린턴을 재임시켜도 됐는데, 라고 생

각했던 미국인이 많았을 것이다(법적으로 대통령의 3선은 불가능하다지만).

　사람들은 어디로 보나 부시가 무능하며, 별 볼 일 없는 미국의 상징임은 어렴풋이 느끼면서도 차마 입에 올리지 않았다. 당시를 떠올려자. 부시가 전쟁을 통해 스스로를 강한 대통령으로 연출하는 과정에서 '사실은 무능한 사내였다'는 인상이 얼마나 도움이 됐는지. 이 책 11강에서는 이슬람 세계를 포함한 국제 정세를 '백스토리'로 봤다. 그 시점에서는 '무능한 남자 부시'에 관한 스토리라인이 불분명했기 때문이다. 전쟁이 시작되자 풋내기 대통령 부시가 강한 모습을 되찾는 스토리라인이 연출되었고 전쟁 중에는 미국의 위신을 회복하는 스토리를 보탠 '국민 드라마'가 강조된다.

　할리우드 영화만 해도 한때 술이나 마약에 빠지거나 실수로 가족을 힘들게 하던 주인공이 미션 해결 과정에서 강하고 믿음직한 면을 되찾는 스토리가 넘친다. 미국 드라마 시리즈 〈24시〉의 주인공 잭도 시즌 초반에는 부부 사이가 위기에 빠지거나 약물에 중독된 '무능한 남자'로 등장한다.

2. 내적인 욕구

　'무능한' 미국을 상징하는 풋내기 부시는 선거 개표 물의까지 겹치면서 국민에게 온전히 인정받지 못했다. 그런 까닭에 '대통령이란 정체성'을 획득하지 못한 상태였고 '바람직한 자신'을 되찾고 싶었을 것이다. 9·11 이전이라면 강한 대통령의 모습을 보여줘야 다음 선거에 이긴다는 개인적 동기에 그쳤겠지만, 전쟁이 터진 뒤로는 '테러로 상처 받은 미국'의 위신을 회복하고 싶다는 '국민'의 욕구와 맞물렸다. 그런 의미에서 풋내기 부시는 '강한 미국' 회복 이야기의 '주역'에 걸맞는 캐릭터였다. 클린턴이나 고어였다면 '전쟁'이 그렇게까지 할리우드 영화처럼 전개되지는 않았을 텐데, 라는 생각마저 든다.

3. 계기가 되는 사건

아시다시피 9·11이다. '영화'라면 이 부분이 오프닝이 될 것이다. '미국의 위신'을 송두리째 뒤흔든 이 사건은 미국과 부시가 얼마나 '무능한지' 실감시키기에 충분한 사건이었다. 영화와 실제 전쟁은 다르다는 억제의 감정도 한순간 들었지만, '정체성 회복'이라는 수많은 이야기들에 공통하는, 너무도 뻔한 '내적인 욕구'를 미국인들이 품은 순간 전쟁에 대한 기대와 함께 '뻔한 전개'로 옮겨갔다. 전쟁에 대한 이성적 판단보다 '이야기'가 주는 쾌락을 우선하고 말았다.

4. 외적인 목적

회복할 대상은 내적인 위신이지만 외적인 방법으로 해결해야 한다. 여기서 명확한 미션이 필요해진다. '위신'이 상처를 입었다면 마음의 상처가 나을 때까지 기다리거나 카운셀링을 받는 등 '내적'으로 해결하는 방법도 얼마든지 있다. 사실 테러는 범죄였고 테러를 일으킨 장본인은 아프가니스탄 정부가 아니었다. 미국이 주장하듯 당시의 아프가니스탄 정권과 빈 라덴 사이에 어떤 관련이 있었는지도 모른다. 하지만 미국이 '테러'라는 범죄와 '전쟁'을 혼동하는 실수를 저지른 데는 '내적인 욕구'를 누구나 수긍할 만한 '외적인 목적'으로 돌릴 필요성이 있었기 때문이다. 어찌됐건 상대가 누구든 위신을 회복하려면 이겨야 한다. 말하자면 할리우드 영화처럼 흘러가기 시작한 현실이 '전쟁'이라는 '외적인 목적'을 선택하도록 만들었다.

5\. 준비

당연하다는 듯 전쟁 준비에 들어갔고 CNN과 FOX뉴스 등이 상세한 내용을 방송했다. 우리도 은근히 흥분하며 지켜봤다.

6\. 대립(적대자)

알 카이다의 빈 라덴을 테러 주모자란 캐릭터로 지목한다. 소련에 맞서는 세력이었던 그들을 미국이 지원했던 과거는 깡그리 잊어버린다. 여기서 '적'은 명확하며 강력하나 알고보면 약하다는 게 핵심이다. 〈스타 워즈〉의 다스베이더도 설정상으로는 포스의 암흑면을 다루며 '제국'에서는 황제 다음 가는 권력자로 나오지만, '제국'이래 봐야 에피소드 4에서는 이워크라는 새끼곰 같은 생물한테 질 정도로 별 볼 일 없다. '적'은 지기 위해 존재하는 '적'인만큼 강해 보일 필요가 있다.

마찬가지로 부시 정권은 빈 라덴을 다스베이더처럼 보일 필요가 있었다. 미국의 국방 예산에 비하면 1,000분의 1도 안 되지만 이슬람의 부호로 거액의 자산이 있다는 이미지를 강조했다. 동시 다발 테러 자체의 비용도 테러 관련자로 추정되는 사람들이 비행기 조정 훈련을 받은 수업료 정도가 전부였다. 무엇보다 빈 라덴은 인공투석 없이는 목숨도 부지하기 어려운 병자였다.

그런데 얄궂게도 본인이 텔레비전에 나와 내가 했노라 범행 성명을 내면서 도발을 해준다. 이보다 명백한 '적대자'는 없다.

7. 입장 표명

'제국'과 '다스베이더'는 정해졌다. 풋내기였던 주인공이 싸움을 결단할 차례이다. 부시는 압도적 지지를 배경으로 스스로를 강한 대통령으로 연출한다. 그리고는 '테러와의 전쟁'을 소리 높여 선포한다.

8. 오브세션

할리우드 영화에서 빠지지 않는 중요한 요소이다. 주인공 혼자 '입장 표명'을 하여도 주위에서 어디 네 멋대로 해보라는 말이나 듣는다면 아웃이다. 주인공의 결의는 주위에 침투하여 사람들을 감화시키고 서로 동참하겠다며 분연히 일어나게 만들어야 한다. 주위 사람들이 주인공에게 '용기를 얻는다'는 '뻔한' 전개이다.

우리는 보았다. 9·11 이후 미국에 등장한 수많은 미니 부시들을. 뉴욕 시장, 소방대원, 조국을 지키기 위해 군에 자원입대한 젊은이들. 텔레비전은 그들의 모습을 연일 비추었다. 일본에서도 일본과 미국 혼혈인 종합격투기 선수가 "테러리스트를 쓰러뜨리러 아프간 공격에 참가한다."라고 밝힌 적이 있다. 영화라면 '다같이 일어난다'는 상황이 가장 감동적인 장면일 테고, '실제 전쟁'을 일으키기 위해 '반전' 입장을 봉쇄할 수 있는 절호의 기회이기도 하다. 9·11 직후 미국

내에는 '반전'을 입에 담기 어려운 '분위기'에 휩싸인다. 모두가 '전쟁 합시다'라고 일어나는 마당에 왜 너만 '반전'을 외치느냐는 '분위기'가 조성된다. 이 무렵 일본 고이즈미 정권도 '테러와의 전쟁'을 지지하며 '오브세션'에 가담한다. 〈스타 워즈〉에선 한솔로, 추바카, C-3PO, R2-D2, 그 밖의 캐릭터가 '오브세션'한다. '일본'은 이워크만큼도 도움을 주지 못하면서 이 '오브세션'에 어거지로 참가한다.

9. 투쟁

아프가니스탄에서 벌어진 실제 전쟁이다.

영화에서는 클라이맥스에 해당하며 실제 전쟁에서도 사람들은 뉴스 화면에서 눈을 떼지 못한다.

10. 해결

탈레반 정권은 어이없게도 단숨에 붕괴했다. 〈스타 워즈〉의 '제국'은 미국이고 이워크의 마을을 작정하고 총공격한 것과 같다. 부시가 자신은 루크이고 빈 라덴은 다스베이더, 탈레반 정권은 '제국'으로 정한 이상 승패는 불을 보듯 뻔하다.

그런데 탈레반 정권은 쉽게 무너졌지만 다스베이더 역인 빈 라덴이 도망친다.

『캐릭터 소설 쓰는 법』을 집필할 때는 빈 라덴이 결말이 나지 않았으니 '에피소드 2'라는 다음 전쟁이 필요해졌다는 뉘앙스의 글을 썼다. 어찌 보면 철저히 계산된 '에피소드 1'이었다. '에피소드 2'를 위해서도, 어차피 시작한 '전쟁'을 끝내지 않기 위해서도 '적'은 도망칠 필요가 있었지 않나 싶다.

에피소드 2 — 이라크 전쟁

두말할 나위 없이 '에피소드 2'는 이라크에서 벌어진 전쟁이다.

이렇게 해서 '에피소드 2'가 시작된다. 부시와 미국의 위신을 회복하는 스토리는 끝난 게 아니므로 1~3까지의 단계를 되풀이한다.

'에피소드 2'는 '에피소드 1'을 참고하여 '적'을 '이라크'로 재지정하는 데서부터 시작됐다 할 수 있다.

4. 외적인 목적

9·11의 직접 주모자와의 '싸움'이 아닌 '테러' 전체와의 싸움으로 목적이 바뀌었다. 이 시점에 이르면 더 이상 전쟁 상대도 이유도 이렇다 할 근거도 필요 없어진다. '승리의 드라마'와 그를 위한 '적'이 필요할 뿐이다. 그 결과 전쟁 상대는 다음 다스베이더 역인 후세인이 있는 '제국', 이라크로 정해졌다.

5. 준비

이라크를 전쟁 상대로 몰아넣는 단계이다. 미국은 이라크가 '대량살상 무기'를 숨기고 있지 않는지 대통령부에 사찰을 허락하도록 요구하고 당연히 이라크는 거절한다. 한 국가의 원수인 후세인 대통령 입장에선 2차대전 전의 일본에 황거를 사찰하겠다는 통첩을 보낸거나 마찬가지이니 거절하지 않을 수 없다. 한편 이라크에 '대량 살상 무기'가 있다는 증거를 찾는다. '증거가 있으니 전쟁하겠다'가 아닌 '전쟁을 하기 위해 증거를 찾겠다'는 뜻이다.

결국 '증거'는 후세인 정권이 붕괴한 뒤에도 드러나지 않았다. 그러나 근거 없는 전쟁을 했다는 비난의 목소리가 표면으로 드러나지는 않는다. 일본에서도 마찬가지이다. 이 전쟁을 지원한 고이즈미 수상은 국회에서 "후세인 대통령을 못 찾았다 해서 후세인 대통령이 없던 사람이 되지 않듯 대량 살상 무기를 못 찾았다 해서 없던 일이 되지는 않는다." 라고 태연히 말했다. 적어도 이 나라에서 고이즈미 수상을 지지하는 사람들에게는 전쟁의 합리적인 근거란 중요하지 않았다.

6. 대립(적대자)

그 과정에서 후세인 대통령은 독재자라는 이미지도 더해진다. 고문을 즐기는 아들 등 '적'의 다양한 서브 캐릭터도 등장한다. 사브르saber를 든 후세인의 영상을 반복해 보여줌으로써 '적'의 이미지를 연출한다. 그러고 보면 빈 라덴보다 후세인이 다스베이더 역에 잘 어울리긴 한다. 이 시점에서 빈 라덴은 〈스타 워즈〉의 '황제' 역으로 밀려났다고 볼 수 있다.

7. 입장 표명

부시 정권은 UN의 이라크 침공 동의를 받지 못한다. 이 전쟁은 합리적 근거가 부족하다거나 사태 해결을 위한 수단으로 부적절하다고 판단한 나라가 많았기 때문이다. 그러나 프랑스, 독일, UN의 반대를 무릅쓰는 행위가 미국 즉 부시로서는 오히려 '입장 표명'으로 이어졌다.

8. 오브세션

미국의 이같은 '결의'에 영국 블레어 총리와 일본 고이즈미 총리가 찬동한다. 일본은 아프가니스탄 침공 때보다 훨씬 중요한 포지션으로 '오브세션'에 참여한 탓에, 이라크에 자위대를 파병할 수밖에 없어졌다. 당시 일본의 여론은 미국의 전쟁에 가담하여 일본의 정체성을 증명하고 싶다는 분위기였고, 그 점에서 '오브세션'은 일본인 전체로 파급되었다 할 수 있다. 이라크의 자위대 파병에 반대하여 금지 소송을 벌인 내게 '비국민'이라는 편지가 날아온 시기도 이 무렵부터이다.

9. 투쟁

이라크 전쟁의 개전이다. 언론들이 얼마나 떠들썩했는지 상기해보자. 미군은 CNN과 일본을 비롯한 각국 언론의 종군을 허가했고 뉴스는 미국의 시점으로 발신하게 했다. 반면에 미국 편이 아닌 중동의 텔레비전 방송국 알 자지라를 부시가 공격하려 했던 계획이 나중에 밝혀졌다. 또 바그다드에 남아 중립을 지키며 취재하던 기자들이 투숙한 호텔에서 생긴 **영문 모를** '오발 사고'도 상기해보면 좋겠다.

말하자면 전쟁은 '악의 편'인 다스베이더 측이 아니라, '정의의 편'인 루크 측 입장에서 그려져야 한다는 뜻이다.

일본의 텔레비전 방송국은 바그다드 시가지의 축소판 모형을 만들어 시뮬레이션 게임처럼 전쟁을 거론했다. 희희낙락하면서. 그런데도 실제 전쟁을 영화나 게임처럼 논하지 말라는 사람은 아무도 없었다.

10. 해결

후세인 정권은 쉽게 붕괴했다. 병사들이 후세인의 동상을 쓰러뜨렸고 이라크인들이 그것을 질질 끌고 다니는 모습이 방영됐다. 알고 보니 동행한 방송국 사람이 '연출'하고 '지시'했다고 한다. 어쨌거나 아프간 전쟁에 비해 시각적으로는 알기 쉬운 결말이다.

게다가 지하로 잠적했다 붙잡혀 중계된 실제 후세인은 어디로 보나 '패자'의 몰골로 비춰졌다.

'강한 미국'의 상징으로 떠오른 부시는 마이클 무어Michael Moore 감독의 영화 〈화씨 911〉을 통한 강렬한 야유에도 꿈쩍하지 않는다. 베트남 전쟁시의 병역 기피 의혹도 '한때 풋내기였다'는 캐릭터 설정을 보강하는 데 지나지 않는다. 신앙으로 자신은 바뀌었다고 주장하며 위신을 회복하고 높은 신뢰도 얻은 부시는 압도적인 지지 아래 대통령에 재선되었다.

이리하여 '에피소드 2'는 완결됐다.

이야기처럼 전개하는 현실
스토리상으로는 후세인 정권의 붕괴로 이라크 전쟁은 끝났다. 하지만 일방적으로 '무장세력'이라 불리는 이라크 사람들의 저항은 여전히 계속되고 있다. 부시가 '주요 전투 종결 선언'을 발표한 뒤에도 미군 병사가 죽어나갔고 당연히 그 몇 배의 이라크 시민이 죽어나가고 있다.

뒤늦게나마 미국 내에서도 '대량 살상 무기'가 발견되지 않은 점을 문제 삼아 이라크 전쟁은 잘못된 전쟁이 아니었나, 하고 의문을 품는 사람들이 나왔다.

그렇다면 전쟁을 개시할 정당한 근거도 없이 부시가 전쟁을 일으킬 수 있었던 이유는 무엇일까요?

부시 정권은 선거로 당선되었으므로 쿠데타로 세운 독재정권과 달리 여론의 찬동 없이는 정권을 유지하기 어렵다. 국민에게 전쟁을 '강요'한 적도 없다. 그럼에도 불구하고 근거 없는 전쟁은 일어났고 두 주권국가가 함락됐다.

그런데도 사람들이 거부감을 느끼지 않은 원인은 '전쟁' 과정이 '할리우드 영화'와 흡사한 데 있다. 전쟁을 일으킬 수밖에 없는 명백한 적이 존재했고, 주인공의 자아실현을 통해 자기만족을 느꼈던 것이다.

마이클 무어 감독은 부시와 그의 추종자들의 석유 이권을 위해 이라크 전쟁을 벌이지 않았냐고 냉소를 담아 지적했다. 한편, 나는 동의하지 않지만 미국의 군사 전략상 이라크 전쟁은 합리적 단계 중 하나였는지도 모른다. 비판을 하든 긍정을 하든 명확한 근거와 합리적인 판단이 뒤따라야 마땅하다. 그러나 '할리우드 영화처럼 전개하는 전쟁' 앞에서는 누구도 전쟁의 시비를 냉정하게 비판할 수 없는 상황이었다.

영화야 할리우드 영화 문법대로 전개되어도 하등의 문제가 없다. 하지만 현실 전쟁이 할리우드 영화 문법대로 진행했고 사람들은 아무런 의문도 품지 않은 데다 고민하고 증명해야 할 '전쟁의 근거'도 없이 뭐 어때, 라며 지나쳐왔다.

바로 이 점이 두 전쟁이 얼마나 무서운지를 보여준다.

당시의 전쟁에서 '현실'은 가장 본질적인 '할리우드 영화의 이야기'를 '인과율'로 진행하고 말았다.

나는 이런 사태를 가리켜 세계의 '재이야기화'라 부른다. 일부 사회학자들이 언급하는 '재마술화'라는 개념과 비슷하다. 대학에서 사회학이나 경제학 개론을 배우면서 막스 베버Max Weber의 '탈마술화'라는 유명한 개념을 접해본 적이 있을 것이다. 근대 이전 사회는 마술이나 신화로 세계의 성립과정을 설명한 데 반해 근대는 이야기의 인과율을 합리적으로 사고하는 '탈마술화'한 사회라는 뜻이다. 최근에 와서는 과연 사람들이 그리 쉽게 '탈마술화'되었겠느냐는 의문이 다시 제기되고 있다.

근대에 들어와 역사, 국제정치를 포함한 세계의 성립과정을 증명하는 합리적인 개념어가 수없이 생겼다. 마르크스주의도 그중 하나이다. 한 전쟁의 시비 또한 그런 의미에서 '합리적'으로 설명할 수 있어야 한다. 그러나 이라크 전쟁은 '합리적인 증명' 대신 '할리우드 영화의 단순명료함'을 보여줬다.

원래 '신화'란 '이야기'의 한 형식이다. 나아가 '신화'는 그것을 전하는 사회에 세계의 성립 과정이나 전쟁의 근거마저 제시해준다. 그런데 근대는 '이야기'를 픽션 속에 가두었다. 세계가 '탈신화화'하자 '이야기'와 '현실'을 따로 떼놓고 보게 됐고 사람들은 이야기를 대신할 '합리적인 말'을 검색했다. 하지만 웬일인지 합리적으로 사고하기보다 이야기처럼 단순한 것을 선호하기 시작한 느낌을 받는다. 테크놀로지며 정치며 세상이 너무나도 복잡해진 나머지 철저하게 '합리적'인 컴퓨터 프로그램이 어떤 식으로 모니터상에 소프트웨어를 뜨게 하는지조차 나는 모른다. 그런 뜻에서 컴퓨터가 마법 상자처럼 보인다. 또 현재는 미국과 소련, 자유주의와 공산주의가 단순 대립하던 시대에 비해 국제정세도 복잡해졌다. 누구나 알기 쉽게 설명되던 마르크스주의 같은 말도 찾아볼 수 없다.

설명조차 힘든 복잡한 세계 정세 속에 '이야기처럼 전개하는 현실'이 어찌 보면 사람들을 안심시킨다. '이야기'도 하나의 논리 형식이나 '근대'는 그것을 버리면서 성립한 사회이다. 그런데 이라크 전쟁은 '할리우드 영화 속 이야기'를 전쟁의 인과율로 채용하고 말았다. 요컨대 세계가 '재신화화', '재이야기화'하였다.

부시 정권이 의도한 언론 전략이었다고 해석할 수는 있다. 그러나 영화와 달리 감독은 한 명이 아니다. 국민에게 호소할 만한 상황을 요구당한 언론이 '할리우드 영화 문법'을 좇아갔다고 보는 편이 정확하다. '국민'이 원하는 '단순명료함'의 근거를 '명확하면서 합리적으로 제시하'는 게 아니라 '단순명료한 스토리'로 보여주는 방법을 선택하였다.

이같은 '현실'의 '재신화화' '재이야기화'는 미국에서만 일어난 일이 아니다. 우리는 2005년의 소위 '우편 선거'가 '고이즈미 극장'이라 불렸던 사실을 떠올려볼 필요가 있다. 당연하지만 유권자는 우편사업 민영화를 재밌는 한 편의 드라마로 여길 게 아니라 엄중한 판단을 내려야 했다. 당시 선거의 쟁점은 우편 정책이었으나 선거가 끝난 뒤 중의원에서 헌법 개정 발의가 가능한 의석수를 여당이 차지하고 나서야 그 선거가 헌법 '개정'을 실현시킨 첫 선거였음을 몇몇 사람들은 눈치챘다.

고이즈미 극장

선거 당시, 자민당의 다케나카 헤이조竹中平蔵 씨와 관련된 마케팅 회사의 문서가 일부에 유출됐다. 정확하게는 '우편 사업 민영화 홍보 전략'으로 내용으로 봐서는 정부 홍보실로부터 신문에 넣는 전단지 같은 소소한 일거리를 수주하려 했을 때의 문서라 한다. 내용을 보면 우편 사업 민영화를 '프로모션'하는 '타겟'은 '구체적인 내용은 모르지만 고이즈미 총리의 캐릭터를 지지하는 층'으로 'IQ축'을 'Low'라고 분류해놓았다. 마케팅 회사측은 공식 사이트에 차별할 의도는 없었으며 일방적으로 해석해 기사화하면 소송도 불사하겠다고 게재했으나, 분명히 'Low IQ'층을 노려라, 그들은 정책의 '구체적인 내용은 모른다' '캐릭터를 지지한다'라고 분석, 제언해놓았다.

　마케팅 회사는 단순히 전단지 일감을 수주하고 싶었는지 몰라도 당시의 상황을 감안하면 이 '문서'가 우편 사업 민영화 선거의 마케팅 전략으로 실제로 채용되지 않았나 싶다.

기억을 떠올려보자. 당시 선거 때 예능 프로그램이 선거 보도를 주도하고 고이즈미 수상도 예능 프로그램에 맞춤한 한 줄 코멘트를 내놓는가 하면 의도적으로 스포츠 신문의 인터뷰에 응했다. 선거 후 조사에 따르면 약 10%가 예능 프로그램을 통해 투표 행동을 정했고 선거 결과를 좌우했다는 분석이 나왔다.

예능 프로그램 시청자가 'Low IQ층'이라는 뜻은 아니지만, 우편 사업 민영화가 왜 필요한지 혹은 왜 반대해야 하는지 설명할 수 있는 사람은 소수였다. 그런 뜻에서 '구체적인 내용은 모른다' 층이란 분석은 정확하다. 지방의 우체국이 편의점처럼 되든 말든 사실 별 상관없는 문제이다. 우편 저금과 간이 보험에 모인 거액을 일부 사람들의 '이권'으로 돌리지 않겠다는 명분이 민영화하는 이유였다. 한편 민영화안을 보면 그 자금이 '외자'의 손에 넘어갈 위험성도 크다, 미국에 대한 추종 정책이 아니냐는 것이 반대파의 명분이었다. 되도록 '알기 쉽게' 설명하면 이렇지만, 대다수의 머릿속에는 '개혁'이니까 '옳다'는 생각밖에 없었던 것이다. 곧 '정의'는 이긴다고 말하는 것이나 다름없을 뿐이다.

자민당이 겨냥한 'Low IQ층'은 우편 사업 민영화의 내용은 모르면서 '정의가 이긴다'라는 스토리에 넘어가기 쉬운 사람들을 가리켰고 그 점에서 선거에 성공했다고 할 수 있다.

또한 '우편 사업 선거'는 예능 프로그램이 별 뜻 없이 붙인 '고이즈미 극장'이란 이름대로 실제로도 『헐리우드 영화 각본술』에 충실하게 전개됐다. '구체적인 내용은 모른다' 그러나 '캐릭터를 지지한다'

층에 호소하려면 전단지가 아니라 '눈에 보이는 실체'가 효과적임은 너무나도 명백하다. 이 점에서 앞서 언급한 마케팅 회사는 결론만은 틀렸다고 할 수 있다.

나는 2005년부터 도쿄예술대 대학원의 영화전공 학생들을 상대로 '이야기론'을 가르치고 있다. 수업에서 이라크 전쟁이 어떤 식으로 『헐리우드 영화 각본술』에 따라 진행했는지를 설명한 뒤, '우편 사업 선거'가 이 '문법'에 적용되는지 어떤지 언론 보도나 선거 진행을 토대로 검증하라는 과제를 낸 적이 있다. 학생들이 제출한 보고서를 읽고 기대 이상으로 딱 들어맞아 과제를 낸 내가 오히려 놀랐다.

학생들의 '해답'을 토대로 정답을 살펴보자.

1. 백스토리

우편 사업 민영화 선거 직전의 고이즈미 수상이 놓인 상황과 국민의 심정이란 두 가지 요소로 이뤄진다. 우선 국민들 사이에 오랜 불황을 벗어나지 못하는 일본 경제에 대한 불안감이 팽배해 있다. 그들의 기대를 한 몸에 받고 한때는 압도적인 지지율을 자랑하던 고이즈미 내각의 지지율이 차츰 떨어진다. 그 결과 여당 내의 '저항 세력'이 되살아나기 시작한다.

2. 내적인 욕구

고이즈미 수상이 주장하는 구체적 정책이란 '우편 사업 민영화'뿐이다. 어째서 그가 그렇게까지 '우편 사업'에 집착하는지 사실 국민들도 모른다. '도로공단 개혁'을 단행할 때는 민영화하는 이유에 수긍했지만, 이 시점에서는 '우편 사업'이 최우선 정치 과제라고는 아무도 생각지 않았다. 이 시점에서 국민이 고이즈미 정권에 바라는 점은 오로지 '경기 회복'이었다. 그러나 고이즈미의 머릿속에선 '우편 사업 개혁'이 자기 존재의 증명인 것처럼 보인다.

즉 '내적인 욕구'로는 남들의 이해를 크게 끌어내지 못한다.

3. 계기가 되는 사건

고이즈미로선 드물게 우편 사업 민영화법안이 열세에 몰린다. '수구파' '저항세력' 등으로 불리는 사람들이 전에 없이 세게 나왔고 중의원에서는 5표 차이로 겨우 가결, 참의원에서는 반대표를 던진 의원이 속출하는 바람에 법안은 부결하고 만다.

4. 외적인 목적

보통 여기서 수상은 내각을 총사직한다. 그러나 고이즈미는 중의원을 해산한다. 참의원에서 법안이 부결되었다고 중의원을 해산시키는 일은 이치에 어긋난다. 그런데도 이라크 전쟁처럼 절차의 합리성은 문제 삼지 않는다. 반대한 의원들은 '설마 해산까지 하겠어?'라고 생각했으나 '목적' 명시를 위해서라도 어거지로 '해산'할 필요가 있었다.

이렇게 해서 '중의원 선거'라는 지극히 단순명료하면서 유권자 누구나가 참가할 수 있는 '외적인 목적'이 제시된다.

5. 준비

당초에는 이른바 '조반造反 의원' 즉 반대파가 좀더 우위였다. 오니타 아쓰시大仁田厚처럼 '분위기'를 읽을 줄 아는 의원이 '조반' 의지를 드러낸 퍼포먼스를 할 때만 해도 흐름은 반대파에 있었다.

언론도 솔직히 이런 억지 해산으로 고이즈미가 이기리라고는 상상도 못했다. 2대 정당 중 하나인 민주당의 예측도 마찬가지였다.

'Low IQ층'을 겨냥한 전단지야 어찌됐건 준비는 착착 진행된다. 다케베 쓰토무武部勤 간사장은 '우편 사업 민영화 찬성 후보를 전 선거구에 세우겠다'고 밝히나 모두 회의적이었다.

6. 대립(적대자)

하지만 고이즈미는 '조반 의원'의 선거구에 '자객 후보'들을 세운다. 선거의 쟁점은 오로지 우편 사업에 대한 찬반뿐인 양 '연출'한다.

처음부터 우편 사업 민영화 법안에 반대한 의원 중에는 이런 애매한 개혁안으로는 안 된다고 주장하는 사람도 있었다. 그러나 화제성 있는 후보들을 속속 세우면서 '우편 사업 민영화'에 '찬성'인가 '반대'인가라는 아주 단순한 기준으로 갈라놓는다.

그런 다음 '조반 의원' 대 '자객 후보'라는 알기 쉬운 '대립' 구도를 만들어 진짜 대립 상대인 민주당이나 야당은 대립 후보라는 입장에서 배제한다. 즉 '고이즈미 극장'이란 스토리에 참가할 수 없었다. '개성 강한' 후보를 자객 후보로 세워 '조반 의원'은 낡은 이권에 매달려 개혁을 거부한다는 부정적인 이미지를 심는다. 자객 후보에 전임 관료, 요리 강사, IT산업 사장 등 예능 프로그램 수준의 '유명 인사'를 '캐릭터'로 세운 전략도 '승자'를 동경하는 텔레비전 시청자의 감각과 맞아떨어졌다. 후보자의 '구체적인' 정책은 둘째 치고 '캐릭터'를 우선시했다. 또 의도치 않게 퍼진 '자객'이라는 표현도 캐릭터성을 부여하는 도구로서는 유효했다.

7. 입장 표명

'조반 의원' 대 '자객'으로 뚜렷한 대결 구도를 내세우고 '개혁'이란 곧 '우편 사업 민영화'라는 이미지를 만든다. 그리고 구체제를 파괴하는 '개혁자'라는 이미지를 스스로에게 부여한다. 고이즈미 수상은 수구파를 '깨부수는' 개혁자라는 이미지를 일관한 캐릭터인 만큼 여기서 다시 자신의 캐릭터를 '표명할' 필요가 생겼다. 그러려면 반대파에 대해 안 좋은 이미지를 심는 게 급선무였다. 모리 요시로森嘉朗 전 수상이 설득에 나섰다가 고이즈미의 완고함에 포기한 '말라비틀어진 치즈' 건(설득하러 찾아간 모리 전 수상에게 고이즈미 수상이 건조한 고급 치즈와 캔맥주만 내놓으며 자기는 목숨을 내놓더라도 해산하겠다더라며 설득을 포기했다고 발언한 건—역주)도 고이즈미의 강한 의지를 보여주는 훌륭한 연출이었다. 따지고 보면 고이즈미가 비판하는 구체제는 여당인 자민당이 구축해왔으며 고이즈미야말로 기득권의 대표라 할 수 있는 국회의원 3세라는 사실은 불문에 부친다. 자민당의 '개혁을 멈추지 말라'라는 포스터며, 설마설마했던 철저한 자객의 옹립도 고이즈미의 입장을 '분명히' 하는 즉 알기 쉽게 하는 길로 이어진다.

하지만 분명해진 것은 누가 주인공이며 누가 한통속이고 누가 적이냐이지 우편 사업 민영화의 '구체적인' 내용이 아니다.

8. 오브세션

예능 프로그램을 중심으로 추세가 바뀐다. 호리에몬(본명은 호리에다카후미堀江貴文. 당시 IT업계의 총아로 화제를 모은 IT기업 라이브도어의 사장의 애칭—역주)의 등장은 어찌 보면 '오브세션' 과정이라 할 수 있다. 뜻밖의 찬동자가 나타나자 예능 프로그램은 앞다투어 '자객 후보'에 대해 다뤘다. 그러나 '오브세션', 즉 주인공의 결의가 사람들에게 파급한다는 점에서 보면 예능 프로그램의 시청자들이 투표하러 가겠다고 마음먹은 게 가장 핵심이다. 이 시점에서 스토리는 지극히 알기 쉽게 진행됐고 더군다나 '투표'라는 형태로 시청자들도 이 스토리에 참가할 수 있었다. 다만 주인공과 적군, 아군이 이미 정해진 '싸움'에 '참가'한다면 어느 쪽을 지지할지는 불을 보듯 뻔하다. 유권자이기도 한 시청자는 당연히 주인공에 오브세션한다.

투표장에 안 가면 큰일이라도 나는 줄 알고 찬성파 의원에게 투표한 사람이 적지 않았을 줄로 안다. 그 '사명감'이야말로 '오브세션' 과정이 초래했다고 하겠다.

9. 투쟁

승패는 개전과 동시에 정해져 있었다. 대중매체라는 최대의 무기를 이용하는 고이즈미 측이 압도적으로 유리했다. 텔레비전 시청자는 '패자' 무리가 '패배'하는 꼴을 보면서 즐기는 듯한 인상마저 줬다.

10. 해결

고이즈미의 압승이다. 개표 속보에서 여당이 의석의 3분의 2를 따낸 게 확실해지자 텔레비전 캐스터들의 안색이 변했고 헌법 개정에 대해 염려하는 사람도 있었지만, 이제와 '구체적인' 문제에 대한 냉정함을 되찾아봐야 때는 늦었다. '패자'가 된 조반 의원 대부분은 낙선했고 겨우 당선한 사람도 '여당'이라는 권력 측에서 추방당하는 모습을 보며 텔레비전 시청자는 속 시원해했다.

물론 모든 유권자가 '고이즈미 극장'의 꾐에 놀아나지는 않았다. 하지만 결과적으로 고이즈미와 그의 측근들이 동원한 사람들, 그리고 'Low IQ층'을 움직여 선거에 이겼고 거대 여당을 만들려던 목적도 실현했다. '이야기의 인과율'로 현실을 움직이는 데 성공했다고 볼 수 있다.

엔터테인먼트가 되어버린 정치

고이즈미 내각에 관해 말하자면, 전단지 일을 수주하려 한 마케팅 회사와는 별도로 매체를 조정하는 능력이 뛰어난 연출가가 그의 주변에 있었을 테고 수상도 그런 쪽으로는 감각이 특출나다.

'현실'은 '할리우드 영화'도 '고이즈미 극장'도 아니다. 그런데도 수용자가 기대하는 카타르시스를 제공하는 전쟁이나 선거에서 '합리적'인 판단력을 잃은 결과, 두 주권국가가 붕괴했고 수많은 시민이 희생됐으며 일본에서는 '헌법 개정'이라는 국가의 장래를 좌우하는 의회를 중의원에 성립시키고 말았다.

부시 영화 에피소드 1, 2의 관객도 고이즈미 극장의 시청자도 의도한 것은 아니라고 말할 것이다. 그러나 기술면에서는 사람들을 움직이는 '재미있는 영화'나 '재미있는 소설'을 만드는 것과 다를 바 없다. '캐릭터 소설 쓰는 법'과 '캐릭터 정치 만드는 법'은 기술면에서는 거의 동일하다.

소설가나 만화가, 영화감독 같은 엔터테인먼트 종사자들은 대체로 자기네는 정치와 가장 인연이 먼 줄 안다. 바보처럼 자위대의 이라크 파병에 반대하거나, 헌법 9조를 지키라며 떠드는 나를 보고 그러다가 자네 만화만 안 팔리네, 라고 친절하게 충고해주는 분도 있다. 맞는 말씀이다. 엔터테인먼트라고 하면 '귀찮은 현실'에서 도피하라고 마련된 곳이다. 그런 일을 하는 인간이 '현실'을 입에 올리면 당연히 독자가 싫어할 것이다. 실제로 요즘 내 만화 판매가 시원치 않다.

그렇지만 역사적으로도 2차 세계대전 때 독일, 미국, 일본 할 것 없이 전시 체제 선전에 소설가며 만화가, 영화감독이 동원됐다. 그 점에 대해 『'저패니메이션'은 왜 지는가』에 '구체적으로' 써놓았다. 엔터테인먼트로 사람들을 움직이던 기술이 정치에 사람들을 동원하는 기술로 바뀌었다. 어떤 의미에서 매우 무서운 기술이며, 작가로서 그 위험한 기술을 맡고 있는 한 사람임을 잊지 않으려고 노력한다. 이 책을 포함해 '이야기'가 아닌 '평론'이란 표현을 빌어 독자와 연관하는 까닭도 여기에 있다. '소설가'도 포함해 '이야기'의 '작자'가 되려는 사람이라면 어디까지나 '엔터테인먼트'라는 한정된 영역에서만 이용되는 기술임을 명심하기 바란다.

  쓸데없는 소리로 들리겠지만 이 말을 다시 하고 싶어 이 글을 쓴다.

보강 2

미야자키 하야오의 작품으로 본 이야기의 구조

이미 밝혔듯 나는 대학에서는 민속학을 전공했다. 특히 옛날이야기 같은 구승문학에 관심이 많았다. 졸업 논문의 소재는 '항간의 이야기' — '도시전설', '소문'을 야나기타 구니오는 이렇게 불렀다 — 였다. 학창 시절에 '입 찢어진 여자'가 유행했는데, 신기하게도 요즘 다시 유행하는 이런 류의 '소문'이 유포되는 과정에서 '옛날이야기' 형태에 가까워지고 있다. '입 찢어진 여자'가 세 자매 중 막내라든지 '입 찢어진 여자'에게서 도망칠 때 '포마드'를 세 번 외친다는 내용이 신화나 옛날이야기에 흔히 등장하는 요소와 비슷하다. 그림 동화나 일본의 옛날이야기에서도 주로 '세 자매의 막내'가 주인공이며 마법에서 도망칠 때 머리 장식 등 두발과 관련된 소품으로 곤경에서 벗어나는 대목은 '주술적 도주'라 불리는 너무나도 잘 알려진 모티브이다. 한때 '입 찢어진 여자'라는 소문이 '이야기' 꼴을 갖추는 과정에서 신화나 옛날이야기와 같은 형태로 변하는 이유가 궁금했고 '이야기의 문법'이라는 개념으로 이해하려 했다.

이 책에서도 몇 번 '이야기의 문법'이라는 개념을 예로 들었지만,

다시 설명하자면 이렇다. 내가 쓴 이 글의 내용이 여러분에게 전달되는 것은 내가 쓴 단어들이 일본어 문법대로 나열되어 있어서이다. 그럼 일본어 문법을 따로 배웠느냐? 그건 아니다. 우리는 어릴 때부터 일본어를 모국어로 접하면서 자연스레 습득했다.

나의 학창 시절에 잠깐 유행했던 '이야기의 구조론'이나 '이야기의 형태학'도 이처럼 '이야기'에도 '문법'이 있다는 논리를 기본으로 한다. 나는 졸업 논문에서, 사람이 '이야기'를 '이야기'처럼 말할 수 있는 배경에는 '문법'이 존재한다는 견지에서 '항간의 이야기'도 유포 과정에 '이야기의 문법'에 따라 자연히 꼴을 갖춘다고 주장했다. 사실 이론만 앞섰지 내용은 엉성했다. 그런데도 이 책에서 '할리우드 영화의 문법에 따라 9·11 이후의 전쟁이 진행됐다'라고 분석한 이유는 그 당시 생각의 연장임은 더 설명할 필요도 없다.

졸업 논문을 쓰고 나니 대학에 남고 싶었다. 그러다 내 글이 학문과는 거리가 있다는 교수님 말씀도 있었고 아르바이트를 하던 출판사에서 뭉개다 보니 만화 잡지 편집자가 됐다. 만화 잡지 편집자가 해야 하는 중요한 일 중 하나가 만화가를 도와 스토리를 만드는 작업이었다. 그 과정에서 만화가들이 단편적으로 생각해낸 스토리의 '피스' '조각'들을 신화나 민담의 '문법'에 가까운 형태로 잇다 보면 **그럴싸한** 스토리가 완성된다는 사실을 알아냈다. 달리 말하면 '이야기의 구조'라는 개념을 창작에 써먹을 수 있겠다는 직감이 들었다.

물론 나만의 독창적인 발견은 아니었다.

영웅 신화의 공통 구조

내가 막 편집자가 되었을 무렵 영화 〈스타 워즈〉가 선풍적인 인기를 끌었다. 〈스타 워즈〉의 SFX 기술에는 별 관심이 없었지만 스토리가 영웅 신화와 같은 구조라는 점을 발견했다. 프로이트 파 신화학자 오토 랑크Otto Rank는 『영웅 탄생 신화』에서 고금의 영웅 신화에 공통된 틀이 있다고 지적했다. 내용은 다음과 같다.

주인공인 영웅은 **신분이 고귀한 부모**의 자식이며 대체로 왕자다.

태어나기 전에는 **어려움**이 따른다. 금욕, 또는 오랫동안 자식이 없었다거나 외부의 제약 또는 방해로 인한 부모의 비밀스런 성교 등. 모태에 있는 동안 혹은 그 전부터 그의 탄생을 경고하는 계시(꿈, 신탁)를 받으며 대개는 아버지가 위험에 처한다는 내용이다.

계시대로 신생아는 주로 **아버지나 아버지를 대신하는 인물**의 명령으로 살해당하거나 버림받는다. 보통은 **작은 상자**에 넣어 **물가**에 버려진다.

동물이나 천한 사람들(양치기)에게 구조를 받아 암컷이나 천한 여자의 젖을 얻어먹는다.

장성하여 우여곡절 끝에 고귀한 신분의 부모와 재회하고 아버지에게 복수하거나 아들로 인정받아 영광을 누린다.

벌써 눈치 챘겠지만 〈스타 워즈〉 줄거리와 거의 정확하게 맞아떨어진다. 루크가 제다이 기사의 마지막 후손이며 변경의 행성에서 숙부가 몰래 키우고 출생의 비밀을 안다는 도입부가 똑같을 뿐 아니라,

다스베이더가 루크의 아버지이고 이 영화가 루크가 아버지를 죽이는 이야기라는 점도 '문법'대로다. 또 루크가 태어날 즈음 황제를 멸할 것이라는 예언이 나온다. 랑크는 어머니와의 근친상간도 영웅신화의 중요한 구성 요소로 본다. 할리우드 영화라서 거기까지는 채용하지 못했지만 '여동생'인 레이아 공주와의 키스 장면이 나오므로 근친상간 금기incest taboo의 침범이라는 모티브까지 가져왔다.

이 정도면 우연의 일치가 아니겠다는 생각이 들 즈음 〈스타 워즈〉의 시나리오 작업에 조지프 캠벨이라는 신화학자가 참여했다는 이야기를 들었다. 〈스타 워즈〉와 영웅신화의 하나인 '아서왕 전설'의 플롯 상의 일치는 양자를 대비해보면 알겠지만, 〈스타 워즈〉는 단순히 신화에서 플롯을 따왔다기보다 영웅 신화의 '문법'에 충실하려 한 인상을 받는다. 자세한 사정은 〈스타 워즈〉 초기 삼부작 DVD박스에 들어 있는 특전 영상에서 캠벨이 직접 증언했다. 시나리오 단계에서 조지 루카스 감독이 조언을 부탁했고 루카스는 가장 우수한 학생이었노라고 증언했다. 물론 인사성 발언도 들어 있겠지만 〈스타 워즈〉 초기 삼부작은 캠벨이 생각하는 영웅 신화의 아래 프로세스와 정확히 겹친다.

1. 분리 또는 출발 단계
 ① 모험으로의 소명
 ② 소명의 거부
 ③ 초자연적 존재의 원조

④ 첫 경계의 통과

⑤ 고래 태내

2. 이니시에이션initiation의 시련과 승리 단계

① 시련의 길

② 여신과의 만남

③ 유혹자로서의 여성

④ 아버지와의 일체화

⑤ 신격화

⑥ 최종적 보상

3. 귀환 단계

① 귀환의 거부

② 주술적 도주

③ 외부로부터의 구조

④ 귀로 경계의 통과

⑤ 두 세계의 스승

⑥ 삶의 자유

    각 항목이 〈스타 워즈〉의 어느 에피소드에 해당하는지는 각자 생각해보기 바란다.

    루카스 감독이라 하면 스토리텔링 능력이 뛰어난 영화감독으로

평가받는 것도 '이야기의 문법'을 바탕으로 '창작'하는 데 기인한다고 본다.

원래 '이야기의 문법'이라는 개념은 민담이나 신화를 분류한다든지 의미를 해석하고 비교하는 '연구' 수단이었다. 루카스는 그것을 '창작' 수단으로 바꾸어 이용한 셈이다.

다른 글에서도 고백했지만 나는 고교 시절까지 만화가를 지망했다. 그림 실력은커녕 스토리도 쓸 줄 몰랐으니 재능이라고는 없었다. 그러다 힘들 때 기분전환으로 그리던 '개그 만화'가 만화 스승 미나모토 타로みなもと太郞 선생님의 소개로 학습잡지(중학생 잡지)며 에로극화지에 몇 차례 실렸다. 대학에 들어가서는 만화가의 꿈을 접었는데 어쩌다 보니 만화 잡지 편집자가 됐다. 또 어쩌다 보니 '만화 원작자'가 됐다. 그런 '어쩌다가'가 가능했던 것은 순전히 대학시절 들은 '이야기의 문법'이라는 개념을 창작에 응용할 줄 알았던 덕이다. 만화와는 아무런 연관도 없는 민속학을 공부해 만화 원작자가 된 사람이 일본에서는 나뿐이어서 그나마 다행이었다. 『이야기 체조』에도 썼지만, 이런 수법을 '실천'에 옮긴 작품이 『망령전기 마다라』이다. 데즈카 오사무의 『도로로』를 '도작'하면서 랑크가 주장한 '영웅 신화'의 문법을 빌렸고, 주인공이 여정에 올라 아버지를 죽이는 과정은 블라디미르 프로프Vladimir Propp라는 러시아 민속학자가 제시한 '민담 형태론'의 문법을 일부 접목시켰다. 마다라에 앞서 가게오影王라는 '가짜 주인공'이 등장하는데 프로프가 제시한 마법 민담의 중요 요소이다.

솔직히 이야기에 문법이 있다는 논리부터 이해시키기가 쉽지 않은 데다 '오리지널리티'나 '자기 표현'이라는 말에 현혹되기 쉬운 창작의 세계에서는 '문법대로 창작한다'는 생각 자체에 거부감을 일으키기에 충분하다. 그래서 '이야기의 문법'을 습득하는 프로그램인 『이야기 체조』는 문인들의 거센 반발을 샀다. 요즘은 대학이나 대학원에서 '이야기의 구조'를 토대로 창작론을 연구하는 곳도 흔하다. 물론 젊은 지망생 중에는 자신의 창조적 행위가 '문법'의 지배를 받는다는 사실을 좀처럼 받아들이지 못하는 경우도 있다. 그 심정을 이해는 한다. 하지만 '이야기의 문법'을 바탕으로 창작한 예가 있다는 얘기는 사실이다.

그럼 여기서 '이야기의 문법'과 '창작'의 관계에 대해 정리해보겠다.

1. 소설, 영화, 만화를 포함해 전반적으로 '이야기'에는 '문법'이 있으며 '문법'에 맞는 형태를 갖추면 사람들은 '이야기'답다고 받아들인다.
2. '이야기의 문법'은 원래 분석·분류하는 방법으로 80년대에 연구가 거의 종결됐다. 일본에서는 이례적으로 독일문학자이자 민담 연구가 오자와 도시오小澤俊夫가 지금도 연구하고 있긴 하다. 한편 다양한 입장에서 '이런 문법이 있어요'라고 가설처럼 제시된 견해들이어서 체계가 없다. 하물며 그런 개념을 '창작'에 도입하려는 사람은 전무하다시피 하다.
3. 그럼 '문법'에 충실한 '이야기'이면 모두 '재미'있는가 하면 그렇지 않다. 일본어 문법에 맞기만 하면 '시적이다'라고 할 수 없는

것과 같다. '문학' 표현은 '문법'을 의도적으로 일탈하거나 변형하는 가운데 만들어진다고도 한다. 마찬가지로 '이야기의 문법'과 창작이란 관점에서 볼 때, '이야기의 구조'만 따를 게 아니라 '변형'시킬 줄 알아야 작품과 작자의 특징이 살아난다.

'소설'이라면 '이야기'를 표현하는 '문장' 자체의 수사법, 만화는 컷 분할이나 그림체, 영화는 대사 구성이나 연출, 배우, SFX 기술, 음향 등도 '재미'를 구성하는 요소에 들어간다. 즉 '이야기의 문법'만 습득하면 되는 단순한 문제가 아니다.

4. '이야기의 문법'과 창작자의 관계성에는 두 가지 유형이 있다. 하나는 문법을 몰라도 모국어를 구사하듯 의식하지 않아도 '이야기의 문법'을 이용한 '창작'이 가능한 형이고, 둘째는 어느 정도 '학습'해야 가능한 유형이다. 나는 당연히 후자에 속한다. 전자의 유형으로는 '학습'을 통해 재능을 한 단계 끌어올린 조지 루카스 같은 예가 있다.

아무리 '이야기의 문법'이 있다고 설명해도 납득이 안 가는 분들을 위해 구체적인 '이야기'를 분석해보자. 예제는 다음 세 작품이다.

1. 옛날이야기 「노파 가죽」
2. 가와바타 야스나리 「이즈의 무희」
3. 미야자키 하야오의 애니메이션 〈센과 치히로의 행방불명〉(이하 〈센과 치히로〉)

작자도 (옛날이야기는 작자 미상이긴 하지만) 분야도 만들어진 시대도 다른 세 작품이 거의 공통된 '이야기의 문법'으로 이뤄져 있음을 검증해보고자 한다. 이론적인 이야기라 따분하더라도 참아주시기 바란다. 이해를 돕기 위해 권말에 표를 별첨했으니 참고하면서 읽어보시기 바란다.

되도록이면 「이즈의 무희」와 〈센과 치히로〉를 구해서 '읽고', '감상'한 다음 이 글을 읽으면 훨씬 깊이 이해할 수 있을 것이다.

읽어본 느낌이 어떤가?

어디가 '같으냐'라고 반문하고 싶은 분이 많을 것이다.

그럼 「이즈의 무희」와 〈센과 치히로〉의 스토리 전개를 염두에 두고 다음 '옛날이야기'를 읽어보길 바란다.

노파 가죽   209 노파 가죽(AT501B)

어느 부잣집에서 며느리가 딸 하나를 낳고 죽자 후처를 들였다. 줄줄이 자식을 낳은 계모는 눈엣가시인 전처의 딸을 어떻게든 집에서 쫓아내려고 맏딸의 유모에게 집밖으로 내치도록 시킨다. 가엾지만 그대로 두었다간 어찌 될지 몰라 유모는 주인어른과 상의해 돈 천 냥을 들려 집에서 내보내기로 한다. 유모는 소녀에게 "너는 큰 돈을 지닌데다 얼굴도 반반하니 조심하거라."라며 **노파** 가죽이라는 것을 건넸다. 소녀는 그것을 뒤집어쓰고 늙은 할멈 행색으로 집을 나섰다.

정처없이 떠돌아다니다 한 마을의 부잣집에 물 긷는 하녀로 들어갔다. 소녀는 항시 노파 가죽을 쓰고 일했다. 목욕통에 들어갈 때도 집안 사람들이 모두 들어갔다 나온 뒤에 들어간 탓에 가죽을 벗어도 들킬 염려가 없었다.

그러던 어느 날 밤, 늘 하던 대로 노파 가죽을 벗고 목욕통에 들어가 있는데 주인 아들이 그 모습을 보고 상사병이 난다. 보다 못한 아비가 점쟁이를 불러 점을 쳐보니 "이 댁 아드님은 집 안에 마음을 둔 사람이 있으니 그 애를 곁에 두면 낫는다."라고 일러준다. 당장 하녀란 하녀는 모두 불러 모아 한 명씩 주인 아들 방에 들어가 "약이든 따뜻한 물이든 좀 마셔보십시오."라고 청하게 하나 아무도 마음에 들어 하지 않고 고개만 들었다 자리에 눕는다. 마지막으로 물 긷는 노파 차례가 되자 "나 같은 쭈그렁 할멈이 들어가 어쩐단 말이오."라며 사양한다. 그래도 들어가보란 재촉에 방에 들어가 "약이라도 좀 드셔보십시오."라고 하자 주인 아들이 단번에 알아차렸다. 노파 가죽을 들추자 아리따운 처자로 변해 그 집 며느리가 되어 오래오래 행복하게 살았다.

(세키 게이고関敬吾, 「니가타新潟 현 미쓰케見附 시」,
『일본 옛날이야기 대성日本の昔話大成』)

주인공인 소녀가 목욕통 아궁이에 불을 지피는 부분은 〈센과 치히로〉와 비슷하다고 여기는 분이 있을 것이다. 소녀가 '할머니 모습으로 변한다'는 장면은 〈하울의 움직이는 성〉(이하 〈하울〉)과 더 비슷하다고 느낀 분도 있을 것이다. 사실 미야자키 하야오의 〈센과 치히로〉와 〈하울〉은 '이야기의 구조'가 똑같다. 전자는 미야자키 하야오 감독이 지어낸 '오리지널'이고, 후자는 영국의 아동문학이 '원작'이다. 둘 다 구조는 같으면서 '변형'시킨 방식만 다를 뿐이다.

두 작품의 '구조'가 같은 이유는 미야자키 하야오의 '취향'이라 할 수 있다.

작자의 오리지널리티가 특정 구조에 집착하는 형태로 드러나는 경우가 흔히 있다.

미야자키 하야오를 분석하는 글이 아니므로 짧게 쓰면, 미야자키 하야오는 줄곧 '여자아이의 성장 의식'이라는 '주제'를 그려왔다. 〈바람 계곡의 나우시카〉의 나우시카가 파란 옷을 걸친 구세주가 된다는 모티브, 〈마녀 배달부 키키〉의 키키가 어엿한 마녀가 된다는 모티브가 그 예이다. 초기작 〈팬더와 친구들의 모험〉에서 혼자 남아 집을 지키는 여자아이의 불안(〈이웃집 토토로〉에 계승된다)은 어린아이가 성장 과정에서 부모와 분리될 때 느끼는 '불안'을 그렸다. 이런 심리를 '분리 불안'이라 하며 이 상태의 아이들은 '공상 속의 친구'를 만들곤 한다. 위니콧D.W. Winnicott이라는 심리학자가 주장한 '이행 대상'이라는 존재로 어린이의 성장을 돕는 조력자이다. '팬더'나 '토토로'라는 캐릭터가 바로 여기에 속한다. 〈팬더와 친구들의 모험〉, 〈센과 치히로〉에서는 한 걸음 더 나아가 '성장'을 주제로 한다. 그 결과 '이행 대상'인 '가오나시'가 〈센과 치히로〉에서는 조연이 된다.

'이야기의 구조'로 돌아가서 미야자키 하야오는 '여자아이의 성장 의식'이란 주제를 구체적인 모티브 속에서 반복해 그림으로써 자기만의 '이야기의 구조'를 정립해가며 세련미를 더해갔다.

미야자키 하야오가 이 '구조'를 확실히 포착한 작품이 〈모노노케 히메〉이다. 그리고 그만의 '구조'를 정확히 표현한 작품이 〈센과 치히로〉이다. 〈하울〉은 **총정리** 편이라 할 수 있다.

이번에는 「노파 가죽」과 〈센과 치히로〉를 '구조'라는 관점에서 대비해보자. 알기 쉽게 「노파 가죽」에서 '구조'를 뽑아보자.

다음은 민속학자 세키 게이고가 뽑아낸 「노파 가죽」 이야기의 기본 구성이다. 지역에 따라 조금씩 다르게 전해 내려온 옛날이야기 「노파 가죽」에서 보이는 공통된 '구조'이다.

옛날이야기 「노파 가죽」의 기본 구성

1. 발단

① 계모가 의붓딸을 집에서 쫓아낸다.

② 뱀에게 시집간 처녀가 뱀을 죽이고 도망친다.

③ 기타

2. 전개

주인공과 조력자의 만남, 노파 가죽의 수여

① 날이 저물어 처녀는 산속에서 길을 잃는다. 멀리 보이는 불빛을 따라 가보니 집 한 채가 있다.

② 나이든 할머니(마귀할멈)가 산다. 할머니는 처녀를 재워주고 귀신(할머니 가족)에게서 처녀를 지켜준다.

③ 동이 트자 할머니가 노파로 변하는 노파 가죽을 처녀에게 준다.

④ 할머니는 처녀에게 악한에게서 도망치는 방법과 마을로 빠지는 길 등을 가르쳐준다. 처녀는 시키는 대로 해서 마을을 찾는다.

주인공의 노동

처녀는 그 마을 부잣집을 찾아가 아궁이의 불을 때는 등 허드렛일을 한다.

남자의 결혼 상대 찾기

① 처녀는 밤에는 노파 가죽을 벗고 아름다운 모습으로 돌아간다. 그 모습을 엿본 주인 아들이 처녀를 색싯감으로 삼고 싶어 한다.

②-(1) 주인 아들이 몸져눕는다. 어떤 수를 써도 낫지 않자 부모가 점쟁이를 불러 점을 친다. 점쟁이는 상사병이며 그 상대는 집안에 있다고 전한다.

②-(2) 주인 아들은 부모에게 자신의 심경을 전하고 불 때는 할멈을 색시로 삼고 싶다고 한다.

③-(1) 점쟁이의 조언대로 집안 여자들에게 주인집 아들의 병문안을 시킨다. 아무에게도 반응이 없던 주인집 아들이 마지막으로 불 때는 할멈이 노파 가죽을 벗고 아름다운 모습으로 들어가자 웃음 지으며 따뜻한 차를 마시고는 병이 낫는다.

③-(2) 부모가 집안 여자들에게 난문을 낸다. 모두 못 푸는데 할멈만 난문을 푼다.

3. 결말

결혼

처녀는 신원을 밝히고 주인집 아들과 혼인한다.

재회

처녀는 친정에 들러 헤어진 부모와 재회한다.

「노파 가죽」과 미야자키 하야오의 작품

세키 게이고의 분석이 약간 복잡하니 설명하면서 정리하겠다.

'발단' 부분부터 설명하면 주인공 처녀가 계모에게 쫓겨나는 대목은 옛날이야기에서 흔히 보는 도입부이다. 여기서 주목할 점은 '계모'에게 구박 당하는 내용이 아니라, 아이가 '엄마'에게서 '분리'되어 정신적 홀로서기를 시작하는, 이른바 정신적 '고아'가 되는 출발점을 표현하기 위해 '계모의 구박'이란 요소를 채용했다는 점이다. 옛날이야기나 아동문학에 유독 '고아'나 '버림받은 아이' 이야기가 많은 이유도 같은 맥락이다. 〈센과 치히로〉에서는 어떤가? 치히로는 엄마의 구박에 시달리지도 않고 고아도 아니다. 하지만 영화를 유심히 보면 우선 치히로는 이사 도중이고 그동안 지내던 장소에서 떨어져 멀리 떠난다. 그리고 터널 앞에서 "싫어, 난 안 갈래."라며 버티는 치히로를 두고 부모는 멋대로 들어간다. 이 장면의 그림 콘티에 미야자키 하야오는 '거봐, 엄마는 또 배신했어'라고 치히로의 심정을 써놓았다. 치히로는 부모를 불신하고 있다. 치히로를 두고 터널 안으로 들어간 부모는 게걸스럽게 요리를 먹다가 돼지로 변하고 만다. 결국 치히로는 '별세계'에 홀로 남겨진다.

한편 「노파 가죽」의 소녀는 산길을 헤매다 마귀할멈 집에 닿는다. 치히로도 별세계에서 헤매다 하쿠의 손에 끌려 온천여관 '아부라야'에 들어간다. 「노파 가죽」에서는 마귀할멈이 마법에서 지켜준다. 〈센과 치히로〉에서는 '하쿠'가 '유바바'에게 들키지 않게 '치히로'를 숨겨준다. '마귀할멈' 역할의 일부가 '하쿠'에게 옮겨갔고 '유바바'가 마귀할멈과 귀신 두 역할을 겸하도록 '변형'했다. 캐릭터의 역할을 다른 캐릭터로 옮기는 수법은 '변형'의 한 방법이다.

마귀할멈은 소녀에게 '노파 가죽'을 준다. 노파 가죽을 쓰면 소녀는 노파로 변한다. 〈하울〉에서 소피가 마녀의 주문으로 할머니의 모습으로 변하는 대목이 여기 해당한다. 이처럼 아이가 성장하는 과정에서 한 번 다른 모습으로 바뀌는 요소는 민담에서 자주 볼 수 있는데 '성장'이라는 주제와 불가분의 요소이다. 그렇다면 치히로에게 '노파 가죽'은 무엇일까? 당연히 마귀할멈 역은 유바바이다. 치히로는 유바바에게 '오기노 치히로'라는 원래 이름을 뺏기고 '센'이라 불린다. "이제부터 네 이름은 센이다."라는 인상 깊은 장면이 나온다.

유바바가 지어준 '센'이라는 이름이 바로 '노파 가죽'이다.

한편 옛날이야기에서 마귀할멈은 소녀가 나쁜 놈 손에서 벗어나는 방법을 가르쳐준다. 마귀할멈 역할을 겸하는 하쿠 또한 본명을 잊어버리면 "돌아가는 길을 잊어버리게 돼."라며 '돌아가는 방법'을 시사한다.

마귀할멈 집을 나선 소녀는 부잣집을 찾아가 노파 가죽을 뒤집어 쓴 채, 할멈의 모습으로 '불 때는 하녀'가 된다.

〈센과 치히로〉에서는 '마귀할멈의 집'과 '부잣집'이 '아부라야'로 통일된다. 숨어 지내던 치히로는 임시 모습, 즉 센이 된 시점부터 아부라야에서 일하게 된다. 길을 헤매다 치히로가 처음 찾아든 곳은 가마 할아버지의 일터로 가마에 불 때는 일을 돕는다. '목욕 가마의 불을 땐다'라는 대목은 「노파 가죽」의 중요한 요소로 〈센과 치히로〉에서도 채용되었다. 이야기 구조상 가마 할아버지도 유바바로부터 치히로를 숨겨주므로 역시 마귀할멈 역할을 겸한다.

참고로 〈하울〉에서도 소피는 **가마**의 정령 캘시퍼를 돌본다. 「노파 가죽」에서도 부잣집에 일하는 하인이 많다는 걸 강조한다. 이 또한 아부라야의 이미지와 가깝다.

「노파 가죽」에서 소녀는 부잣집 주인 아들의 마음에 든다. 소녀가 노파 가죽을 벗고 목욕하는 장면을 주인 아들이 엿본다. 〈센과 치히로〉에서는 주인 아들, 즉 주인공의 '연인' 역은 하쿠이다. 하쿠는 치히로의 본명을 기억한다. 치히로는 하쿠가 아름다운 용의 화신임을 알게 된다. '상대방의 본모습을 본다'라는 대목은 서로가 '상대의 본모습'를 안다는 형태로 '변형'한 셈이다. 〈하울〉에서도 하울은 소피가 잠든 모습을 보다가 그녀의 본모습을 알아채는가 하면 소피도 의도치 않게 하울의 금발을 원래의 흑발로 돌려놓는다. 역시나 서로가 상대의 본모습을 안다.

이처럼 '서로가 상대의 본모습을 안다'라는 형태를 취한 까닭은

두 작품 다 주인공과 그들의 연인인 소년이 '자신의 본모습을 되찾으면서 성장하는 이야기'를 병행해서 그리고 있기 때문이다. 쉽게 말해 두 개의 '이야기'가 맞물려 진행한다.

이 부분이 '민담'과 현대 소설 또는 영화의 차이점이다. '민담'의 주인공은 한 명이고 '이야기'는 단 한 명의 주인공을 축으로 진행한다. 그러나 소설이나 영화에서는 복수의 캐릭터에 대한 '이야기'가 병행하는 경우가 있다.

「노파 가죽」에서는 주인 아들이 몸져눕는다. 하쿠도 제니바의 집에서 금도장을 훔쳤다가 중병에 걸린다.

「노파 가죽」에서는 주인 아들이 '사랑의 열병'에 걸리지만 〈센과 치히로〉의 치히로는 아직 어리므로 '사랑'이라는 모티브를 생략했다. 대신 어느 쪽도 그들의 병은 소녀만이 고칠 수 있다.

노파 가죽의 소녀에게는 난문이 주어진다. 그것을 해결해야 주인 아들과 결혼할 수 있으며 '사랑의 열병'도 낫는다.

치히로도 하쿠를 구하기 위해 물속을 달리는 열차를 타고 제니바를 찾아간다. 「노파 가죽」에서 소녀에게 주어지는 난문 중에, 죽은 자의 나라로 가서 남편의 혼을 구출해오는 내용이 있는데, 이 장면이 거기에 해당한다고 할 수 있다.

주인 아들은 건강해지고 소녀는 신원을 밝힌다. 즉 '노파 가죽'을 버리고 성숙한 처녀가 된다. 두 사람은 결혼한다. 한편 회복한 하쿠도 용이 되어 치히로와 하늘을 날다가 자신이 누군지 기억해낸다. 이 대목이 '결혼'에 해당하는 모티브라 할 수 있다.

「노파 가죽」에서 소녀가 고향을 찾아가 부모와 화해하듯 센은 치히로라는 이름을 되찾고 부모를 구해 재회한다.

이런 식으로 「노파 가죽」과 〈센과 치히로〉, 살짝 언급한 〈하울〉은 똑같은 '이야기의 구조', 똑같은 '이야기의 문법'에 따라 만들어졌고 몇 가지는 변형했음을 알 수 있다. 미야자키 하야오가 '이야기의 문법'을 채용한 시나리오 창작 기법을 어떻게 습득했는지는 모르지만 그가 〈바람 계곡의 나우시카〉를 발표하기 전부터 대량의 민담 신화를 접한 것은 사실이다. 〈모노노케 히메〉 이후 기법이 향상한 듯 보인다. 그러니 '문법'을 습득하기에 너무 늦었다는 변명은 필요 없다. 무라카미 하루키도 작품을 낼 때마다 이야기 구조를 강하게 의식하지만, '재능'이나 '감성'에 기댄 작품 창작에 벽을 느낄 때 '이야기의 문법'을 창작의 한 수단으로 재발견해볼 만하다.

다만 '이야기의 구조'에 충실한 스토리만 만들면 된다는 뜻은 아니다. 〈하울〉의 경우 하울이 자신의 마법을 전쟁에 쓰지 않으려 노력하다 '사랑하는 사람을 지키기 위해' 전투 행위에 참가하는 대목이 이야기 구조상 '병에 걸린 연인'에 해당한다. 미야자키 하야오는 '겁쟁이 하울' '겨루지 않는 하울'이야말로 하울이 되찾아야 할 모습이라 생각한다. 구실을 만들어 전쟁에 가담하는 행위를 '병에 걸린 상태'로 간주한 미야자키 하야오의 사상 자체는 옳다고 본다. 그러나 '애국심'을 찬미하고 '자위대'의 필요성을 공공연히 외치는 현재의 일본에서 '전쟁을 긍정하는 태도'를 '병'으로 보는 미야자키 하야오의 주장은 받아들이는 쪽의 기대에 어긋나고 '이해하기 어렵다'라는 평가를 받은 것도 사실이다. 전쟁에 이의를 달 의도였다면 좀더 다른 구조의 이야기를 선택했어야 하지 않나 싶다. '이야기의 구조'에 충실한 나머지 작품을 이해하기 어렵게 만든 예이다.

그럼 「이즈의 무희」에 대한 설명으로 넘어가겠다.

「노파 가죽」과 「이즈의 무희」

요점부터 말하면 「이즈의 무희」도 〈센과 치히로〉나 〈하울〉처럼 남녀 각각을 주인공으로 보고 읽을 수 있다. 이 소설에서는 각자가 입장을 바꾸어 '이야기의 문법'에 따라 행동한다.

명목상의 주인공인 '나' 즉 '서생'부터 살펴보자.

'서생'은 어떤 처지인가.

> 눈꺼풀 안쪽이 찡했다. 스무 살의 나는 성질이 고아 근성으로 비뚤어져 있음을 반성하다 숨 막히는 우울을 견디지 못하고 이즈로 여행을 온 참이었다.

자신은 '고아'라는 사실에 주눅 들어 여행길에 나섰다, 라고 고백한다. 우선 주인공의 처지가 부모에게서 분리되어 '고아'가 된다는 「노파 가죽」의 '발단'과 일치한다. 그리고 문자 그대로 '산중', 이즈 반도를 방황한다.

그러면 서생이 헤매던 끝에 찾아든 '마귀할멈'의 집은 어디일까?

"저 유랑 예인들은 오늘 밤 어디에서 묵을 것 같소?"

"저런 인간들이 어디에서 묵든 알 게 뭡니까, 도련님. 손님이 있는 곳이면 어디든 묵습죠. 오늘 밤 잘 곳 따위 정해져 있을라구요."

경멸에 찬 노파의 대답이 '그렇다면 오늘 밤엔 무희를 내 방에 재워야겠다'는 생각이 들도록 했다.

무희 일행을 뒤따라 들어간 산속 찻집이 '마귀할멈의 집'에 해당한다. 단 '마귀할멈'같은 노파가 있긴 하나, 주인공을 성장시키는 소품인 '노파 가죽'은 주지 않는다.

"이렇게 과분할 데가 있나요. 변변히 대접도 못 해드렸는데. 얼굴을 잘 기억했다가 다음에 오시면 보답하겠습니다. 꼭 다시 들러주세요. 잊지 않겠습니다."

나는 오십 전짜리 은화 한 닢만 두었을 뿐인지라 극진한 대접에 놀라 눈물이 나올 뻔했지만, 얼른 무희를 따라잡고 싶은 맘에 할멈의 비틀거리는 걸음이 답답하기만 했다. 이윽고 고갯마루의 터널까지 오고 말았다.

대신에 서생이 오십 전짜리 은화를 노파에게 준다, 이 서생이 마귀할멈 역에게 노파 가죽을 받지 않은 '변형'은 나중에 서생과 무희 사이의 결말과 연관이 있다. 주인공은 결말에서 '성장'하지 못했음이 드러난다.

서생은 '노파 가죽'을 대신할 만한 소품을 손에 넣었을까?

    이튿날에는 아침 8시에 유가노를 나서기로 약속이 되어 있었다. 나는 공동 온천 근처에서 산 사냥모를 쓰고, 고등학교 제모(制帽)는 가방에 쑤셔 넣고 한길에 있는 여인숙으로 들어갔다. 2층 미닫이문이 열려 있어 별 생각 없이 올라가니 유랑 예인들이 아직 이부자리에 누워 있었다. 나는 기가 막혀 복도에 멀뚱히 섰다.

서생은 '마귀할멈'에게 받지 못한 노파 가죽 대신 스스로 '사냥모자'를 사서 쓴다. '학생'에서 '유랑 예인'의 모습으로 변신한다.

그러면 '마귀할멈' 역은 없는가? 아니다. 무희 일행 중 한 명인 남성이 이야기 구조상 그 역할의 일부를 담당한다. 서생은 이 남자의 도움으로 다음과 같이 무희 일행에 낀다. 마귀할멈이 마을로 가는 길을 가르쳐주는 모티브와 같다.

    유가노의 싸구려 여인숙 앞에서 사십 대 여인네가 그럼 잘 가라는 표정을 지을 때 그가 말해줬다.
"이 분이 동행하고 싶다고 하시는데."
"그러시군요. 여행길엔 길동무, 세상에는 정이 있어야 맛이죠. 비록 저희가 미천한 것들이나 길동무라면 얼마든지 해드리지요. 들어와서 좀 쉬세요."라며 쉽게 말했다. 여자들은 동시에 나를 보더니 별 내색 없이 수줍어하며 나를 가만 쳐다보았다.

이리하여 서생은 무희 일행 틈에 낀다. 「노파 가죽」의 소녀가 부잣집에서 일하는 대목인데, 서생은 사냥모자만 썼다 뿐이지 재주가 없어 춤추러 나간 무희가 돌아오기만을 기다린다.

'아, 무희가 아직 연회 자리에 있어. 앉아서 북을 치고 있구나.'
북소리가 멈출 때마다 애가 탔다. 빗소리 속으로 나는 꺼지고 말았다.
다함께 일어나 술래잡기를 하는지, 춤을 추는지, 얼마간 발소리가 어지러이 들렸다. 그러다 갑자기 조용해졌다. 나는 눈을 번뜩였다. 이 적막이 무엇인지 어둠 속에서 확인하려 했다. 무희의 오늘 밤이 더럽혀질까 봐 괴로웠다.

서생이 무희들과 함께 '일하지 않는다'라는 설정 역시 주인공이 성장하지 못함을 의미한다. 반대로 치히로도 소피도 왜 미야자키 애니메이션의 캐릭터는 모두 '일을 하는' 것일까? 단순히 노동을 찬미하려는 게 아니다. 주인공이 일하는 것이 이야기 구조상 주인공의 '성장'에 불가결한 요소이기 때문이다.
이번에는 주인공 '서생'이 첫눈에 반한 상대인 무희에게 '나의 본모습'을 보여줄 차례이다. 그 대목은 다음 장면에서 볼 수 있다.

잠시 나즈막한 목소리가 이어진 뒤 무희의 말소리가 들렸다.
"좋은 사람이지."
"그러게, 사람은 좋아 보이더라."

"정말 좋은 사람이야. 좋은 사람 좋지."

이 말에는 단순하면서 숨김없는 울림이 있었다. 어떤 감정의 치우침도 없는 목소리였다. 나 스스로도 나는 좋은 사람이라고 순순히 느낄 수 있었다. 기분이 좋아 고개를 들어 밝은 산등성이들을 바라보았다.

'좋은 사람'이라고 남에게 자신의 본질을 긍정받는 이 대목은 노파 가죽을 쓴 처녀가 '할머니'로 보이지만 사실은 '젊은 처녀'라는 본질을 주인 아들이 훔쳐보는 것과 같은 의미를 가진다.

그리고 서생에게 호의를 품은 무희는 "활동사진 보러 데려가주세요."라고 조른다.

고슈야를 나오려는데 무희가 현관에 먼저 나와 있다가 나막신을 가지런히 놔주면서 "활동사진 보러 데려가주세요."라고 또 혼잣말처럼 중얼거렸다.

이 부분은 서생에게 주어진 '난문'이라 할 수 있다. 그런데 무희의 엄마 역을 맡은 여자의 만류로 '활동사진' 보러 데려가지 못한다.
'난문'을 달성하지 못한다.

"왜 그러세요. 혼자 따라가도 상관없잖아요."라고 에이키치가 말했지만 어머니가 허락하지 않는 모양이었다. 왜 혼자선 안 되는지, 나는 궁금했다. 현관을 나서려는데 무희가 개 머리를 쓰다듬고 있었다. 내가 말을 걸려다 관둘 정도로 서먹한 분위기였다. 고개를 들어 나를 볼 기력도 없어 보였다.

결혼의 전제인 '난문'을 풀지 못하면 서생은 무희를 손에 넣을 수 없다.

나는 사냥모를 벗어 에이키치의 머리에 씌워줬다. 그리고 가방에서 학교 제모를 꺼내 구김을 펴면서 둘이서 웃었다.

결국 서생은 '노파 가죽' 즉 '사냥모'를 벗고 서생이라는 본모습으로 돌아간다. 그러나 이것이 '노파 가죽'이 아닌 이상 그는 '진짜 나'를 되찾은 것도 '성장'한 것도 아니다. 그래서 무희가 그의 여자가 되지 못했다고도 할 수 있다.

거리는 가을 아침 바람이 불어 싸늘했다. 에이키치는 도중에 시키시마 네 갑과 감과 가오루라는 구강청량제를 사주었다.
"동생 이름이 가오리잖습니까."라며 엷은 미소를 띠었다.

서생은 무희 대신 무희와 이름이 같은 구강청량제를 멋쩍은 듯 받아든다. 서생의 상실감이 잘 표현된 대목이다. 그런데 흥미로운 점은 다음 대목이다.

"할머니, 이 사람이 좋겠어요."라며 막노동꾼으로 보이는 남자가 나에게 다가왔다.

"학생 양반, 도쿄 가는 거 맞지요? 좋은 사람으로 보여서 부탁하는데, 이 할머니를 도쿄로 데려다 주지 않겠소? 불쌍한 할머니요. 아들이 렌다이지 은광에서 일했는데, 요즈막 유행하던 감기에 걸려 아들 내외가 세상을 떴지 뭐요. 이렇게 손자를 셋씩이나 남기고. 방도가 없어 우리끼리 상의해 고향으로 돌려보내려는 참이외다. 미토가 고향인데, 할머니가 아무것도 모르니까 레이간지마에 도착하거든 우에노 역으로 가는 전철에 태워주오. 귀찮겠지만 두 손 모아 이렇게 부탁하오. 이 몰골을 보시오, 가엾지 않소."

말하자면 서생은 '무희'를 손에 넣는 대신 일가친척 없는 할머니와 아이들을 도쿄로 데리고 돌아가게 된다. 서생이 손에 넣는 것이 결말에서 이처럼 바뀌는 대목이 「이즈의 무희」가 뛰어난 연유이다. 대개는 '무언가'를 손에 넣어야 이야기가 끝을 맺는 법인데, 가와바타는 아무것도 손에 넣지 못한 대가를 준비한다. '가족'을 대신할 수도 있고 '무희'를 대신한다고 해석할 수도 있겠지만 서생이 색시를 얻는 데 실패하였으니 '고아'로서의 여행은 앞으로도 계속될 것이다. 어쨌거나 서생은 무희를 손에 넣어 결혼하려는 '통과의례'에 실패한다. '성장하지 못했다'는 것은 바로 이런 이유에서이다.

「이즈의 무희」는 문법상으로는 「노파 가죽」과 같은 형태를 취하면서 결말을 '변형'시켰다.

그럼 이번에는 무희의 시선으로 이 이야기를 살펴보겠다.
무희도 '고아'이며 여행 도중이라는 설명이 나온다.

"그랬소? 제일 언니가 제 처입니다. 당신보다 한 살 아래니까 열아홉이죠. 여행길에 둘째를 조산했는데 아기는 일주일 만에 숨을 거뒀고 처는 아직도 몸이 시원찮습니다. 아까 그 아주머니가 장모입니다. 무희는 제 여동생이고요."
"아아, 열네 살 여동생이 있다고 한 게…."
"그 아입니다. 동생만은 이런 일을 시키고 싶지 않았지만 사정이 여의치 않은지라."

무희는 부모 없이 오빠의 '장모'의 보호를 받고 있을 뿐이다. 무희에게는 '오빠의 장모'가 마귀할멈 역이라 할 수 있다.
그럼 무희에게 '노파 가죽'은 무엇일까요? 이 부분은 분명하게 나온다.

무희는 열일곱 안팎으로 보였다. 여태 본 적이 없는 한껏 부풀린 구식 머리를 하고 있었다. 그것이 갸름한 달걀형 얼굴을 더 작게 보이면서 아름답게 조화를 이루고 있었다. 머리를 풍성하게 과장하여 그린 패사에 나오는 처녀처럼 보였다.

14세 소녀를 17세로 보이게 하는, 어른들의 술자리에도 서는 무희

차림 자체가 소녀를 나이 들어 보이게 하는 '노파 가죽'이다. 그렇게 생각하고 보면 「이즈의 무희」에서 가장 유명한 다음 대목의 의미가 분명해진다.

> 어두침침한 욕탕 구석에서 느닷없이 벌거숭이 여자가 달려 나오는가 싶더니, 탈의장 입구에서 서서 강가로 뛰어들기라도 할 것처럼 양손을 뻗어 무어라 외친다. 수건도 걸치지 않은 알몸이다. 무희였다. 어린 오동나무처럼 쭉 뻗은 다리를 한 하얀 나신에 나는 속으로 청수를 느끼며 깊은 숨을 내쉬고는 껄껄 웃었다. 어린애구나. 우리를 발견한 기쁨에 벌거벗은 채 밝은 곳으로 뛰쳐나와 뒤꿈치를 한껏 세울 만큼 어린애구나. 나는 명랑하게 껄껄 웃어댔다. 머리가 씻은 듯 맑아졌다. 실실 웃음이 났다.
> 무희의 머리가 너무 풍성하여 열일고여덟로 보였던 것이다. 게다가 처녀처럼 꾸며놓아 내가 어처구니없는 오해를 했던 것이다.

서생이 나체를 보든 말든 신경도 쓰지 않는 천진함이 '어른'으로 보였던 무희가 '아직 어린애구나'라고 그녀의 본모습을 서생에게 드러낸다.

그러나 서로에게 호감을 가지면서 서생도 무희도 '활동사진 보러 간다'는 약속을 지키지 못한다.

이 대목이 '옛날이야기'와 현재 이야기의 다른 점이다. 앞서 인용하였듯 '가오루'라는 무희의 이름은 밝혀지지만 서생은 무희에게 「노파 가죽」의 주인 아들만큼 적극적이지 못하다. 애시당초 무희의 마귀할멈 역인 '장모'는 무희가 서생과 활동사진 보러 가는 것을 금한다. 무희의 '성숙'은 아직 이르다고 판단한다.

어쨌거나 현실 연애는 옛날이야기처럼 '구조'대로 전개되지 않고 서생도 무희도 이성에 대해 한 걸음 떼는, 즉 '성숙'하기에는 아무래도 시간이 더 걸릴 듯하다.

또 가와바타가 원래부터 '성숙한 여자'를 싫어한달지 롤리타 콤플렉스의 일면이 있어서 무희의 '성숙'을 기피하였을 거라 짐작된다. 가와바타 본인도 장수했지만 평생 어린아이 같은 면이 있었다. 만년의 『잠자는 미녀眠れる美女』처럼 그 나름대로 가와바타 문학의 개성으로 자리 잡는다. 아무튼 결과적으로 '이야기의 문법'을 변형시키고 '비련'으로 끝맺음으로써 「이즈의 무희」는 오리지널 작품이 되었다 하겠다.

이처럼 '이야기의 문법'을 채용하는 기법은 쓰는 이의 오리지널리티를 뺏는 것이 아니라 오히려 개성을 드러내는 공정이라 할 수 있다. 때문에 글쟁이가 되려는 사람은 '이야기'에도 '문법'이 있구나, 하고 어느 정도 의식하면서 남의 작품을 접할 필요가 있다. 문법을 너무 의식해도 말하기 힘들지만 때로는 의식하는 가운데 표현 기술도 향상하는 것과 같은 이치이다.

구체적으로는 이 장에서 살펴본 「노파 가죽」과의 대비를 다른 작품에 대입해보는 연습을 몇 번 해봐도 좋겠다. 〈하울의 움직이는 성〉과 「노파 가죽」과의 대비는 짧게 다루었으니 좀더 세세히 검토해보면 여러므로 새로운 발견이 있을 것이다. 또는 요시모토 바나나의 『키친』과 속편 「만월」을 하나의 스토리로 보면 이 얘기도 「노파 가죽」과 같은 구조이니 대비하면서 확인해봐도 좋겠다.

그렇지만 '이야기의 문법'은 영어 기본 구문과도 같아서 다양한 데다 연구가 중단된 상태라 정설이 없다. 분야별로(할리우드 영화와 일본의 소녀만화에서는 '구조'가 당연한데 좀 다르다) 아류도 많다. 여러분의 목적은 '이야기'의 '분석'이 아닌 '쓰기'이므로 필요 이상으로 '문법'을 의식할 필요는 없지만 '의식'해서 손해 볼 일은 없다.

아무튼 한번쯤 '이야기에는 문법이 있다'라는 관점을 가져보는 것도 도움이 되리라 믿는다. 루카스의 성공과 내가 만화 원작자로 여기까지 왔다는 너무나도 스케일 다른 두 사례가 증명해준다.

'이야기의 구조'라는 시점에서 소설이나 만화를 읽는 데 관심이 생긴 분이 있다면 내가 쓴 『인신공양론人身御供論』(가도카와문고, 2002)도 함께 읽어보시길 권한다.

주석

서문

1 『이야기 체조物語の體操』: 문학이 갖는 환상을 깨고 실용적으로 소설 쓰는 법을 전수하는 소설 입문서.
2 『다중인격 탐정 사이코多重人格探偵サイコ』: 월간 〈소년 에이스〉 1997년 2월호부터 연재된 동명의 만화를 1998년 6월에 문고판으로 발간한 소설. 엽기 살인 사건 해결에 비상한 능력을 발휘하는 사립 범죄 연구소의 탐정인 아마미야 가즈히코가 살인 사건을 해결하는 과정에서 잊혀졌던 자신의 다중인격들과 범인들의 공통점을 발견하면서 이야기가 전개됨.
3 〈군조〉: 고단샤가 간행하는 월간 문예지. 1946년 10월 창간.
4 〈야성시대〉: 가도카와쇼텐角川書店이 1974년부터 발행하는 엔터테인먼트 소설지. 한번의 휴간을 거쳐 2011년부터 현재의 〈소설 야성시대〉로 지명을 바꿈.
5 미즈노 요슈水野葉船, 1883~1947: 일본의 시인, 가인, 소설가, 심령현상 연구가. 서간문, 기행문, 현대문장 작법을 집필하였으며 자연주의 사조의 촉망받는 신인으로 명성을 날린 바 있음. 이후, 민속학자 야나기타 구니오와의 친분을 계기로 괴담 연구의 길로 들어섰음.
6 다야마 가타이田山花袋, 1871~1930: 소설가. 시마자키 도손島崎藤村과 함께 일본 자연주의 문학의 선구자로 꼽힘.
7 『이불蒲團』: 1907년 〈신소설〉 9월호에 실린 다야마 가타이의 소설. 스승이 제자로 거둔 처녀를 사랑하게 되고 그녀에 대한 성욕으로 갈등한다는 내용. 솔직한 고백과 대담한 묘사로 저자를 일약 일본 문단의 총아로 만든 작품이자 사소설의 출발로 평가됨.
8 사소설: 작가의 경험을 작품화한 소설. 허구를 배제하고 생활이나 경험을 묘사하며 심경을 그리는 데 중점을 두는 일본 근대 문학의 한 형태.

1강

1 무뢰파無賴派: 다자이 오사무太宰治, 오다 사쿠노스케織田作之助, 사카구치 안고坂口安吾 등 2차 대전 직후의 허탈과 혼미함 속에서 생겨난 작가 집단으로 속세의 일에는 관심 없다는 심정을 기조로 한 작품을 집필. 신 희작파戱作派라고도 함.
2 덴게키문고電擊文庫: 미디어웍스 사에서 간행하는 주니어 문고.
3 후지미판타지아문고富士見ファンタジア文庫: 후지미쇼보富士見書房에서 간행하는 주니어 문고.
4 코발트문고コバルト文庫: 슈에이샤集英社에서 격월로 간행하는 주니어 문고로 1990년에

슈에이샤문고에서 독립. 여학생을 대상 독자로 한 연애소설, 코미디, 판타지 등을 주로 발간함. 여학생 대상 문고본의 선구.

5 X문고: 고단샤에서 간행하는 여학생 대상 문고.
6 이와나미문고岩波文庫: 1927년 이와나미쇼텐岩波書店이 발간한 문고.
7 고단샤문예문고講談社文藝文庫: 1988년 고단샤가 발간한 문고.
8 다지마 쇼우田島昭宇, 1966~: 만화가. 대표작에는 '망령전기 마다라' 시리즈, 『다중인격 탐정 사이코』『BROTHERS』등이 있음.
9 트레버 브라운Trevor Brown: 일러스트레이터. 어린 소녀를 소재로 성적이면서 병적인 인상을 풍기는 그림을 주로 그림. 일본에서 개인전을 열기도 했으며 잡지, 단행본 표지 그림을 많이 그렸음.
10 초코에그: FURUTA 제과 주식회사에서 만들어낸 초콜릿 과자. 계란 모양의 초콜릿 속에 조립식 캐릭터 인형이 들어 있는 캡슐을 넣은 과자.
11 애니메이트アニメイト: 만화, 애니메이션, 게임 및 캐릭터 상품을 제작하여 판매하는 회사.
12 『기지마 일기木島日記』: 민속학자 오리구치 시노부가 우연히 들어간 전당포에서 기지마 헤이하치로라는 기인을 만난 이후 미래 예측 계산기, 기억하는 물, 가짜 천황, 유대인 만주 이주 계획 등 묘한 일이 생긴다는 내용의 민속학 전기傳奇.
13 에도가와 란포江戶川亂步, 1894~1965: 탐정소설가. 본명은 히라이 다로平井太郎로 일본 탐정소설의 아버지로 추앙받는 인물. 대표작에는 『파노라마 섬 괴담』『소년탐정단』『괴물 12면상』등이 있음.
14 아라이 모토코新井素子, 1960~: 소설가, SF작가. 대표작에는 『혹성으로 가는 배』『결혼 이야기』『그린 레퀴엠』『티그리스와 유프라테스』등이 있음.
15 〈뤼팽 3세〉: 몽키 펀치라는 필명의 작가가 쓴 만화를 원작으로 1971년부터 TV에서 방영된 일본 애니메이션. 괴도 뤼팽의 후손임을 자처하며 도둑질을 일삼는 호색가에 괴짜인 뤼팽의 종횡무진 미스터리물. 일본의 본격 성인지향 애니메이션의 지평을 열었으며 첫 방영 이후 40년이 지난 지금까지도 텔레비전시리즈, 극장판, 텔레비전스페셜, 게임 등으로 제작되어 세계적으로 각광받고 있음.
16 히라이 가즈마사平井和正, 1938~: SF작가. 대표작에는 '울프가이' 시리즈, '환마대전' 시리즈 등이 있음.
17 오리하라 미토折原みと, 1964~: 만화가, 소설가, 일러스트레이터. 대표작에는 '설렘' 시리즈, 『유리빛 프린세스』『정열 이야기』등이 있음.
18 후지카와 게이스케藤川桂介, 1934~: SF작가. 대표작에는 『페퍼민트 샤워 이야기』『안개의 전설』『꿈풍선』등이 있음.
19 『우쓰노미코宇宙皇子』: 이마에 뿔을 달고 사람의 몸에서 태어난 신의 아들 우쓰노미코의 고뇌에 찬 운명을 그린 만화.
20 이노마타 무쓰미いのまたむつみ: 일러스트레이터. 옅은 색조의 섬세한 그림으로 젊은 세대의 절대적인 지지를 얻고 있음. 대표작에는 『신세기 GPX 사이버 포뮬라』『우주전사

발디오스』,『윈다리아』 등이 있음.
21 나쓰메 소세키夏目漱石, 1867~1916: 소설가. 일본 근대 문학의 최고봉으로 꼽히는 인물. 대표작에는『마음』,『나는 고양이로소이다』,『도련님』 등이 있음.

2강

1 〈문학계〉: 1936년부터 분게이슌주文藝春秋 사에서 발간하는 월간 문예 잡지.

2 가나이 미에코金井美惠子, 1947~: 소설가. 대표작으로『사랑의 생활』『플라톤적 연애』『타마야』 등이 있음.

3 다카하시 겐이치로高橋源一郎, 1951~: 소설가, 평론가, 수필가. 1982년에『잘 있거라, 갱들이여』로 군조신인장편소설 우수상을 타면서 데뷔. 대표작으로『우아하고 감상적인 일본야구』『무지개 너머』『존 레논 대 화성인』 등이 있음.

4 『로도스도 전기ロードス島戰記』: 로도스의 평화를 되찾기 위해 촌뜨기 청년 판이 모험을 하던 중 동료들을 만나게 되는 칼과 마법, 전쟁과 사랑이야기. 일본판타지 소설의 고전으로 꼽힘.

5 미즈노 료水野良, 1963~: 소설가. 대표작으로 '로도스도 전설' 시리즈,『크리스타니아』『하이엘프의 숲』 등이 있음.

6 파티: 영어로 'Party'. 공동의 목적을 가진 일행, 무리, 단체를 의미.

7 TRPG 리플레이: 톨킨의『반지의 제왕』의 영향으로 가상 세계를 동경하던 미국 대학생들이 1970년대에 시작한 보드 게임에서 유래된 역할 분담 게임. 주사위로 신체적, 지적 능력을 결정하여 캐릭터 시트에 적어가며 이야기를 만들어간다고 해서 'Pen and Paper RPG'라고도 함. 리플레이Replay란 게임 기록을 뜻함.

8 〈드래곤 퀘스트〉: 1986년 에닉스 사에서 출시한 가정용 롤 플레잉 게임. 어린이부터 어른까지 즐길 수 있는 게임.

9 〈파이널 판타지〉: 1987년 스퀘어 사에서 출시한 가정용 롤 플레잉 게임. 〈드래곤 퀘스트〉와 함께 일본 RPG 시장을 양분하고 있음.

10 〈판타지 스타 온라인〉: 2001년에 세가 사에서 출시한 온라인 게임. 2002년에는 전세계적으로 가입자 수가 20만 명을 넘어섰다고 함.

11 그룹SNE: 야스다 히토시를 중심으로 1987년에 설립된 작가나 게임 디자이너로 이뤄진 크리에이터 집단. TRPG의 창작과 번역, 게임 소설 창작 등 '게임의 재미와 즐거움'을 추구한 작품을 다수 발표함. 대표작으로『소드 월드』『드래건란스 전기』『로도스도 전기』 등이 있음.

12 야스다 히토시安田均, 1950~: 번역가, 그룹SNE 사장. 역서로『로봇 코만도』『몬스터 탄생』『공포의 환영』 등이 있음.

13 톨킨John Ronald Reuel Tolkien, 1892~1973: 영국 영문학자, 소설가, 문헌학자, 언어학자. 20세기 영문학사에 큰 발자취를 남긴 거장 중 한 사람. 또 북유럽의 설화를 바탕으로 한

독특한 세계를 창조해내어 현대에 판타지 소설이라는 장르를 크게 발전시킨 작가로도 꼽힘. 대표작으로 『베어울프』 『호빗』 등이 있음.

14 『반지의 제왕』: 중간계라는 가상 세계의 운명을 결정지을 '절대 반지'를 둘러싼 선과 악의 대결을 그린 판타지 소설.

15 〈D&D〉: 1974년 미국의 TSR 사가 만든 〈던전 앤 드래곤Dungeons&Dragons〉이라는 롤 플레잉 게임.

16 히치콕Alfred Hitchcock, 1899~1980: 영국 출신의 미국 영화감독. 관객의 공포 심리를 자극하는 '스릴러 영화' 장르를 확립했음. 대표작으로 〈공감〉 〈사이코〉 〈새〉 등이 있음.

17 포켓몬: 1995년에 일본 닌텐도 사에서 출시한 게임. 주머니(포켓) 속의 괴물(몬스터)이란 뜻. 후에 만화책, 텔레비전 애니메이션, 영화, 캐릭터 상품 등으로 제작되어 세계의 어린이들 사이에서 선풍적인 인기를 끈 캐릭터.

18 유리겔라Uri Geller, 1946~: 이스라엘의 나이트클럽에서 연기와 마술 공연을 하던 중 미국의 초심리학자인 푸헤리치에 의해 1972년 세상에 알려짐. 1980년대에 우리나라를 비롯해 세계를 돌며 자신의 초능력을 선보였음.

19 『마다라マダラ』: 영적 능력을 가지고 태어나 빛과 그림자의 숙업을 가진 두 소년 마다라와 가게오, 그리고 그 양친을 축으로 생사를 거듭하며 악의 무리와 싸우는 이야기.

20 데즈카 오사무手塚治虫, 1928~1989: 만화가, 애니메이션 작가. 패전 후 종래 일본 만화의 개념을 바꾸어 스토리 중심의 만화를 확립했고 700여 편의 작품을 남겼는데 생명의 존귀함을 주제로 한 작품이 주를 이룸. 대표작으로 〈철완아톰〉 〈정글 대제〉 〈리본의 기사〉(사파이어 왕자) 등이 있음.

21 『도로로どろろ』: 1969년에 데즈카 오사무의 원작 만화를 소설화한 작품. 일본 전국 시대를 무대로 한 요괴 만화. 태어날 때부터 몸의 48군데를 괴물에게 빼앗긴 핫키마루가 원래의 몸을 되찾기 위해 길을 나선 도중에 만난 좀도둑 소년 도로로와 함께 요괴를 때려잡으러 여행을 떠난다는 내용.

22 〈다라오 반나이多羅尾伴內〉: 1978년작. 도쿄를 떠들썩하게 한 악명 높은 괴도후지무라 다이조가 잘못을 뉘우치고 죄 값을 치르기 위해 다라오 반나이라는 이름의 탐정이 되어 이 세상의 악과 대결한다는 내용의 영화. 칼싸움이 금지되면서 칼 대신 총을 들고 주인공이 활약한다.

23 가타오카 지에조H岡知惠藏, 1903~1983: 명실 공히 시대극의 톱스타로 군림한 배우. 출연작으로 〈13인의 자객〉 〈일본 암살 비록〉 〈대보살 고개〉 등이 있음.

24 『배가본드』: 에도 시대의 무사이자 화가인 미야모토 무사시의 일대기를 그린 만화.

25 『괴인 12면상』: 에도가와 란포의 소년 탐정 시리즈 중 하나. 1936년에 발간된 이후 드라마, 영화, 만화, 라디오 드라마 등으로 전개됨.

26 오마주hommage: '존경' 또는 '경의'를 뜻하는 프랑스어. 말 그대로 자신이 존경하거나 영향을 받은 감독이나 장르에 대한 존경을 영화 속에서 표현하는 기법.

27 미나미노 요코南野陽子, 1967~: 가수, 영화배우, 탤런트. 출연작으로 〈하얀 손〉 〈골드러

시〉〈대하의 한 방울〉 등이 있음.
28 〈여형사スケ番刑事〉: 1974년에 제작된 영화.
29 〈이누가미가 일족犬神家の一族〉: 1976년에 동명 소설을 영화화한 작품. 나스 지방 호반가에 위치한 이누가미 가에 발생하는 의문의 연속 살인 사건에 도전하는 긴다이치 고스케의 활약을 그린 영화.
30 『리바이아상リバイアサン』: 2002년 발간작. 인종과 성별이 뒤섞인 몸의 사미조 고헤이란 남자와 전 애인인 후쿠야마 사쓰키가 신세기의 도쿄에서 만나는 기묘한 인물과 사건을 그림.
31 『블랙 잭ブラック ジャック』: 무면허 천재 외과 의사 블랙 잭의 활약을 그린 의학 드라마. 의사 자격을 가지고 있던 데즈카 오사무 자신이 이상으로 하는 의사상을 블랙잭을 통해 그림.
32 〈기카이다2キカイダ2〉: 1972년에 동명의 만화를 텔레비전 애니메이션화한 작품. 로봇 공학의 권위자인 고우묘지 박사가 '양심회로'를 달아 만든 미완성 인조인간 기카이다 지로가 선과 악 사이에서 갈등하며 악의 군단 '다크'에 맞서 싸운다는 내용.
33 세이료인 류스이清凉院流水, 1974~: 미스터리 작가. 교토대학 재학 시절 『코즈믹 세기말 탐정 신화』로 제2회 메피스트 상을 수상하면서 데뷔. 대표작으로 『톱런』 『톱랜드』 『미스테리어스한 캐러넷』 등이 있음.
34 'JDC'시리즈: 'Japan Detective Club'의 준말로 일본탐정클럽이라는 조직의 탐정 활동을 그린 시리즈. 작품으로는 『조커』 『카니발』 『19박스』 등이 있음.

3강

1 〈퍼프〉: 만화가 인터뷰지.
2 무시 프로덕션虫プロダクション: 1961년에 데즈카 오사무 프로덕션으로 설립되어 이듬해 무시 프로덕션으로 개명. 데즈카 만화의 텔레비전판과 극장판 애니메이션화는 물론, 다른 작가들의 만화도 애니메이션으로 제작함.
3 셀화Cel畵: 애니메이션 필름을 제작할 때 사용되는 투명한 셀룰로이드 시트에 그린 그림.
4 극화劇畵: 『드래곤볼』『슬램덩크』처럼 몇 십 권에 이르는 방대한 스토리의 연재물.
5 미즈키 시게루水木しげる, 1922~: 만화가. 요괴 연구가로도 유명하며 오랜 세월 요괴에 관한 만화를 그림. 대표작에 『캇파 삼페이』 『악마군』 등이 있음. 일본 및 전세계를 다니며 연구한 성과를 담은 『일본요괴대전』 『도설 일본요괴대전집』 『미즈키 시게루 요괴도감』 등을 남김.
6 『게게게 기타로ゲゲゲの鬼太郎』: 1966년작. 유령족으로 태어나 초능력을 가진 기타로가 기타로 우체함에 들어온 요괴 퇴치를 원하는 편지에 응해 요괴를 퇴치한다는 내용. 1996년에는 텔레비전 만화로도 방영됨.
7 사이토 다카오さいとうたかお, 1936~: 만화가. 대표작에 『바롬』 『서바이벌』 『골고13』 등이

있음.
8 『무요노스케無用之介』: 1967년부터 3년간 〈주간 소년매거진〉에 연재된 작품. 1969년에는 텔레비전 만화로 방영됨. 현상금을 목적으로 악당들을 잡으러 다니는 무요노스케의 활약을 그린 시대극.
9 이시모리 쇼타로石森章太郎, 1938~1998: 만화가. SF, 판타지, 시대물, 개그, 순정만화에 이르기까지 폭넓은 분야에서 실험 정신이 돋보이는 작가. 중학교 시절 데즈카 오사무를 사사했음. 대표작에 『환마대전』『가면 라이더』『사이보그009』등이 있음.
10 셋쿄부시說經節: 일본의 전통적인 구승 문학으로 한자 그대로 경전을 강의하는 데서 유래. 몸짓이나 음악적 요소가 가미되면서 대중 예술로 발전.
11 하이쿠俳句: 5-7-5조 형태를 가진 일본 고유의 단시.
12 기고季語: 계절을 나타내는 말. 예컨대 민들레는 봄을, 무지개는 여름을 나타냄.
13 단가短歌: 5-7-5-7-7, 5구 31음을 원칙으로 하는 일본 시조.
14 마쿠라코토바枕詞: 특정 어구를 수식하거나 어조를 가다듬는 어구로 수사법의 하나.
15 오시이 마모루押井守, 1951~: 애니메이션·영화 감독. 실사 영화와 애니메이션 모두 연출할 수 있는 몇 안 되는 감독으로 꼽힘. 대표작 〈공각기동대〉는 세계 영화인들로부터 찬사를 받은 작품. 작품으로는 〈시끌별 녀석들〉〈뷰티풀 드리머〉〈늑대개 전설〉등이 있음.
16 교고쿠 나쓰히코京極夏彦, 1963~: 미스터리 소설가. 대표작에 『백귀야행』『노조키 고헤이지』『우부메의 여름』등이 있음.
17 캬라 모에キャラ萌え: 캬라는 '캐릭터' 모에는 '싹트다'라는 의미의 일본어. 남자들에게 야릇함, 설렘을 느끼게 만드는 캐릭터 또는 그런 감정을 느끼는 사람이라는 의미의 신조어.
18 아즈마 히로키東浩紀, 1971~: 철학자, 비평가. 저서에 『우편적 불안들』『게임적 리얼리즘의 탄생』『일반의지 2.0』『동물화하는 포스트모던』등이 있음.
19 〈디지캐럿DiGiCharat〉: ㈜브로콜리 사의 텔레비전 만화 영화. 디지캐럿 별의 공주 데지코가 지구로 공주 수업을 받으러 내려와 우연히 만난 야스시, 키요시 형제의 집에 머물면서 벌이는 좌충우돌 이야기.
20 오타쿠ォタク: 전쟁 놀이, 애니메이션, 연예인, 전자오락 등 한 가지 일에만 빠져 취미가 생활이 된 일본 젊은이들을 일컫는 말. 단순히 자신이 좋아하는 분야에 심취하는 것을 넘어서 비평적 안목까지 가질 정도로 전문적임.
21 〈유레카ユリイカ〉: 세이도샤靑土社에서 발간되는 월간 예술종합지.
22 안노 히데아키庵野秀明, 1960~: 애니메이션·영화 감독. 대표작으로 〈나디아〉(텔레비전 애니메이션), 〈신세기 에반게리온〉(텔레비전, 극장판 애니메이션), '러브&팝'(영화) 등이 있음.
23 가부키歌舞伎: 음악·무용·연기가 어우러진 일본의 전통 민중연극.
24 오시마 유미코大島弓子, 1947~: 만화가. 대표작에 『빨간 수박 노란 수박』『4월 괴담』『금발의 초원』등이 있음.

25 『숨나라 별綿의 國星』: 1978년 〈LaLa〉에 연재된 만화로 나중에 애니메이션 영화화. 도키오라는 재수생이 주어온 새끼 고양이의 눈을 통해 본 인간 세상의 감동을 그린 작품.
26 『러브히나ラブひな』: 재수생 게타로가 우연히 여자 기숙사의 관리인이 되면서 나루와 사랑에 빠지는 과정을 그린 러브 코미디.
27 『나루에의 세계成惠の世界』: 우주인과 지구인 사이에서 태어난 나루에와 같은 중학교에 다니며 그녀를 일편단심으로 좋아하는 가즈토가 나루에 주변의 특이한 인물들과 펼쳐나가는 SF 청춘 코미디.
28 야나기사와 기미오柳澤きみお, 1948~: 만화가. 대표작에 『푸른 불꽃』『형식 결혼』『DINO』 등이 있음.
29 『엉뚱한 커플』: 복덕방의 실수로 한 집에 살게 된 고등학교 1학년 남녀와 그들을 둘러싼 교사, 친구들의 심리적 동요를 그림.
30 아다치 미쓰루あだち充: 만화가. 대표작에 『레인보우맨』『H2』『KATSU!』 등이 있음. 단행본만 1억 부 넘게 팔렸음.
31 『터치タッチ』: 쌍둥이 형제 타쓰야와 카즈야의 전국 고교 야구 대회 고시엔 도전기와 소꿉친구 미나미 사이에 벌어지는 세 사람의 사랑 이야기를 담은 아다치 미쓰루의 대표작.
32 『미유키みゆき』: 피가 섞이지 않은 여동생 미유키와 같은 반 친구 미유키 사이에서 갈등하는 소년을 그린 청춘 코미디.
33 다카하시 루미코高橋留美子, 1957~: 만화가. 80년대를 대표하는 여성 작가로 쇼가칸 신인 코믹대상을 통해 데뷔. 대표작에는 『란마1/2』『이누야샤』『인어의 숲』 등이 있음.
34 『메종 잇코쿠めぞん一刻』: 잇코쿠라는 하숙집 여주인이자 젊은 미망인 교코와 하숙생이자 대학 재수생인 고다이와 미카타가 삼각 관계를 이루며 엮어나가는 사랑 이야기.
35 『시끌별 녀석들うる星やつら』: 오니 별에서 지구 정복을 위해 내려온 외계인 라무가 지구인 아타루를 쫓아다니면서 일어나는 에피소드를 그림.
36 〈롱 베케이션〉: 1996년에 방영되어 인기 절정을 구가한 드라마. 결혼식 당일 신랑이 도망간 미나미와 연하의 피아니스트 세나의 묘한 동거 생활을 코믹하게 그린 연애 드라마.
37 노지마 신지野島伸司, 1963~: 드라마 작가. 수많은 화제작을 쓴 작가로 대표작에 〈백 한 번째 프로포즈〉〈고교 교사〉〈한 지붕 아래〉 등이 있음.
38 〈스트로베리 온 더 쇼트케이크〉: 고등학교 3학년생 마나토가 의남매인 유이에게 사랑을 느끼고, 마나토의 소꿉친구인 하루카는 그런 마나토를 짝사랑한다는 내용.
39 가지와라 잇키梶原一騎, 1936~1987: 만화가. 스포츠를 소재로 한 만화를 주로 그림. 대표작에 『거인의 별』『내일의 조』『격투기 세계 제일』 등이 있음.

4강

1 호무라 히로시穗村弘, 1962~: 단가 시인, 동화 번역가. 대표작에 『회전문은, 차례로』『라인마커즈』『연애동공반사』 등이 있음.

2 게타下駄: 나무로 만든 굽 높은 일본 나막신.
3 마사오카 시키正岡子規, 1874~1959: 하이쿠 시인.
4 다카하마 교시高浜虛子, 1867~1902: 근대 하이쿠의 창시자.
5 다카노 아야タカノ綾, 1976~: 일러스트레이터. 화집 『HOT BANANA FUDGE』 만화 단행본 『우주선 EE』 등이 있음.
6 〈홍번구Rumble in the Bronx〉: 1996년작. 성룡이 주연으로 할리우드에 이름을 날린 첫 영화. 홍콩과 캐나다 합작 영화.
7 야나기타 구니오柳田國男, 1875~1962: 신화학자, 민속학자. 일본 민속학의 창시자. 저서에 『도오노 이야기』, 『고향 70년』 등이 있음.
8 앨런 던데스Alan Dundes, 1934~2005: 미국 인류학자, 민속학자. 캘리포니아 버클리 대학 교수. 저서에 『포크로어 이론』, 『'빨간 두건'의 비밀』, 『신데렐라— 9세기 중국에서 현대 디즈니까지』 등이 있음.
9 우치다 노부코內田伸子, 1946~: 발달심리학 연구가. 저서에 『놀이에서 판타지로』, 『어린이 문장』, 『언어발달심리학』 등이 있음.
10 팩맨Pac Man: 1980년 게임회사 남코에서 제작 발매한 게임. 게임 캐릭터는 피자를 한 조각 떼어낸 모양에서 발상을 얻었다고 함.

5강

1 부패망腐敗網: 피하 정맥망이 암녹색을 띠며 외표에 그대로 드러나 나뭇가지 모양으로 보이는 것.
2 주브나일 Juvenile: '소년기의'라는 뜻의 영어.
3 쓰쓰이 야스타카筒井康隆, 1934~: 작가, SF작가, 극작가. 대표작에 『베트남관광공사』, 『아프리카의 폭탄』, 『아침의 가스퍼』 등이 있음.
4 『시간을 달리는 소녀時をかける少女』: 1965년에 중고등학생 학습지에 연재됐던 SF. 여고생 가즈코가 실험실에서 라벤더 냄새를 맡고 실신하면서 시간을 넘나들게 된다는 이야기.
5 마유무라 다쿠眉村卓, 1934~: SF작가. 대표작에 『불타는 경사』, 『사라진 스쿨버스』, 『기아 열도』 등이 있음.
6 『위험한 학교ねらわれた學園』: 초능력으로 학교를 지배하는 여자 학생회장과 거기에 맞서 싸우는 학생들의 대결을 그린 이야기.
7 하야카와: 출판사 하야카와쇼보早川書房.
8 『초 혁명적 중학생 집단超革命的中學生集團』: 의문의 우주인으로부터 초능력을 얻은 중학생 6명의 포복절도 활약상을 그린 SF.
9 나가이 고永井豪, 1945~: 만화가. 대표작에 『마징가Z』, 『데블맨』, 『큐티 하니』 등이 있음.
10 고바야시 노부히코小林信彦, 1932~: 작가, 방송 구성 작가. 나카하라 유미히코라는 필명

으로 영화평론에도 참여. 대표작에『꿈의 요새』『사자 주식회사』『일본의 희극인』등이 있음.

11 '오요요ォョョ' 시리즈: 1970년작. 초등학생 루미 가족이 어느 날 '오요요 섬'의 '오요요 대통령'이라는 사람의 지시에 따라 뜻하지 않은 사건에 휘말려든다는 이야기.

12 이노우에 히사시井上ひさし, 1934~2010: 작가, 극작가. 대표작에『비』『상하이 문』『북 치고 피리 불고』등이 있음.

13 『분과 훈ブンとフン』: 훈이라는 여선생이 만든 소설 주인공 분의 활약기를 그린 소설. 세상의 권위와 상식에 도전하는 시공간을 초월하는 분의 통렬한 사회 풍자 소설.

14 『겨울 신화冬の神話』: 태평양 전쟁의 발발로 도쿄에서 산속 절로 숨은 60명의 초등학생들이 굶주림과 배신, 폭력 등으로 갈등을 빚는다는 이야기.

15 히무로 사에코氷室冴子, 1957~2008: 작가. 대표작에『여동생 이야기』등이 있음.

16 구미 사오리久美沙織, 1959~: SF작가. 대표작에『정령 루비스 전설』『밤에 여는 창』『MOTHER』등이 있음.

17 온다 리쿠恩田陸, 1964~: 작가. 호러, SF, 미스터리 등 다양한 장르의 작품을 발표. 대표작에『여섯 번째 사요코』『나사의 회전』『도미노』등이 있음.

18 〈사이보그009〉: 1964년〈주간 소년 킹〉에 연재된 이래 세 차례 영화화, 텔레비전 시리즈화되었음. 국적이 서로 다른 001에서 009까지 아홉 명의 사이보그 병사들이 그들을 세계 정복을 위한 전쟁 무기로 만들어 낸 '검은 유령단'을 상대로 지구의 평화를 위해 싸운다는 SF액션 만화.

19 008: 퓬마라는 이름의 아프리카 출신 사이보그로 바닷속에서도 활동할 수 있도록 반인어로 개조된 남자 사이보그. 원작에서는 시커먼 얼굴에 두터웠던 입술을 최근작에서는 연갈색 얼굴에 얇은 입술로 수정.

20 옴니버스Omnibus: '총괄적인' '많은 것을 포함하는'이란 뜻의 영어. 여러 편의 작품을 한데 모은 걸 의미.

21 남경대학살: 1937년에 발발한 중일 전쟁 당시 장개석 정부가 수도로 삼고 있던 남경南京으로 9만 명의 일본군이 침입하여 남녀노소를 불문하고 중국인들을 무자비하게 학살한 사건. 남경시 인구의 절반인 35만여 명이 희생되었음.

22 〈용감 무쌍 로이드GRANDMA'S BOY〉: 1922년작. 프레드 뉴메이어 감독, 해럴드 로이드 주연의 무성 코미디 영화.

23 오에 겐자부로大江健三郎, 1935~: 소설가. 1994년『절규』로 노벨 문학상 수상. 대표작에『죽은 자의 사치』『개인적인 체험』『사육』등이 있음.

24 『대역取り替え子』: 작가인 주인공 고기토가 고등학교 친구이자 아내의 오빠인 영화감독 고로가 자살 직전에 보내 온 엄청난 양의 카세트 테이프를 들으며 지난 시절을 회상한다는 내용.

25 『스푸트니크의 연인スプ－トニクの戀人』: 22세 작가 지망생인 스미레라는 여인이 17세 연상의 유부녀 뮤를 사랑하다 그리스의 한 섬에서 실종된다는 이야기.

26 샘 페킨파Sam Peckinpah, 1925~1984: 영화감독. 주로 무법자들의 의리와 처절한 폭력을 그림. 대표작에〈철십자 훈장〉〈겟어웨이〉〈지푸라기 개〉등이 있음.
27〈와일드 번치The Wild Bunch〉: 1969년작 미국 영화. 전통적인 서부 영화의 틀에서 벗어나 새로운 지평을 연 수작으로 꼽힘.
28 스플래터 영화Splatter Film: 'Splatter'란 '물이나 흙탕 따위를 튀기다'라는 뜻의 영어. 톱으로 팔다리를 자르고 도끼로 머리를 쳐내어 피가 사방에 튀는 등 한마디로 유혈이 낭자한 영화이면서도 코믹한 요소를 집어넣어 웃음을 유발하는 영화.
29 이시하라 신타로石原愼太郎, 1932~ : 일본의 정치가, 작가. 대표작에『동생』『생환』『NO라 말할 수 있는 일본』등이 있음.
30『태양의 계절太陽の季節』: 방황하는 젊은 세대의 생태를 그린 소설로 1955년 아쿠타가와 상 수상작.
31 옴 진리교 사건オウム事件: 1995년 일본 사이비 종교 단체인 옴 진리교 신자들이 도쿄 지하철에 살상용 사린 가스를 뿌려 12명이 사망, 5천여 명이 부상한 사건.
32 고베 대지진神戸大震災: 1995년 1월 17일에 일본 간사이 지방 효고 현 남부의 고베 시 지역을 강타한 진도 7.2의 강진. 사망 5249명, 피해액 1조 4000억 달러로 추정.
33 메피스트 상メフィスト賞: 미스터리 소설지「메피스트」가 제정한 상.
34 14세: 1997년 고베 시에 사는 중학교 3학년 남학생이 초등학생 여아 두 명에게 사상을 입히고 11살 소년을 죽인 후 머리를 도모가오카 중학교 정문 앞에 두고 연속 살인을 선언하는 글까지 남긴 사건. 후에 살해범은 중증 행위 장애, 성적 사디즘으로 진단 받음.
35 좀비: 부두교 주술사의 흑마술에 의해 만들어지는 영혼이 없는 죽은 신체.

6강

1 타로카드Tarot Card: 기원은 확실하지 않지만 다양한 그림이 그려진 카드 78매로 일종의 점을 볼 때 쓰는 카드.
2〈X파일〉: 20세기 폭스 사가 제작하여 1994년부터 8년에 걸쳐 시즌9까지 방영된 텔레비전 드라마. FBI요원 멀더와 스컬리를 주인공으로 불가사의하고 비밀스런 정부의 음모, UFO, 외계인 등을 소재로 다뤄 폭발적인 인기를 끌었음.
3〈몬스터 주식회사Monster's Inc.〉: 2001년작. 월트 디즈니 사와 픽사Pixar 스튜디오가 합작한 애니메이션. 몬스터 폴리스라는 괴물 도시에 사는 설리와 부가 괴물 도시의 에너지원인 어린이의 비명 소리를 채집하러 다니며 벌이는 좌충우돌 이야기.
4 텍스트 어드벤처 게임: 어드벤처 게임의 초기 형태로 미리 설정된 줄거리에 따라 주인공이 사건이나 문제를 해결하며 게임의 최종 목적지를 향해 가는 컴퓨터 게임. 모험 중에 퍼즐이나 퀴즈 등이 삽입되어 있어 텍스트를 입력하며 해결함.
5〈신세기 에반게리온〉: 1995년작. 전투병기 에반게리온을 조종하는 주인공들의 이야기를 그린 애니메이션.

6 평행세계Parallel World: 흔히 공상과학 소설이나 영화 등에 도입되는 개념으로 우리가 사는 세계와 평행하여 존재하는 무수히 많은 세계.

7강

1 로만시아ロマンシア: 1986년 일본 Falcom 사가 발매한 게임.
2 던전 마스터DM: TRPG에서 이야기를 진행시키고 게임의 판정을 내리는 심판 및 진행자 역할을 하는 사람. GM(게임 마스터), 마스터라고도 함.
3 〈D&D〉 플레이어 매뉴얼: 플레이를 위해 필요한 규칙을 정리한 책으로, TRPG플레이에 필수임. 가장 고전적인 TRPG시스템인 〈D&D〉의 규칙서는 국내에서 1994년경부터 ㈜커뮤니케이션 그룹에서 시리즈로 출간. 본문에서 나오는 기본 룰 세트가 〈플레이어 규칙책〉, 전문가 룰 세트가 〈엑스퍼트 규칙책〉, 컴패니언 세트가 〈컴패니언 플레이 북〉〈컴패니언 던전마스터 북〉, 마스터 세트가 〈던전마스터 규칙책〉〈마스터 플레이어 북〉〈마스터 던전마스터 북〉 등으로 번역 출간됨.
4 6면체: TRPG에서 쓰는 다양한 주사위는 4면체, 6면체, 10면체, D4, D6, D10, D12, D20, D100 등.
5 『성흔의 조커聖痕のジョカ』: 칼디아 제국 아스란 제왕의 왕위 계승을 두고 '브랑크 룬'이라는 신성문자를 서로 차지하려고 전쟁이 일어나고 거기에 '브랑크 룬'을 가진 양치기 소녀 조커가 휘말려든다는 내용.

8강

1 『애견가 연속 살인愛犬家連續殺人』: 1998년에 일어난 사이타마 연속 살인 사건을 그린 소설. 애견 가게의 주인 부부가 클레임을 거는 손님들을 차례로 살해. 그 살인극에 휘말려 공범이 된 저자가 3년간의 감옥 생활을 마치고 출소한 후 회한과 분노를 담아 쓴 공포의 범죄 기록.
2 도쿠다 슈세이德田秋聲, 1871~1943: 소설가. 대표작에 『곰팡이』『축도』『절망』 등이 있음.
3 〈트루먼 쇼Truman Show〉: 1999년작. 5천 대의 몰래 카메라가 설치된 대규모 세트장에서 벌어지는 평범한 세일즈맨 트루먼(짐 캐리 역)의 삶이 전세계 220개국 시청자에게 텔레비전 쇼 형식으로 생방송된다는 내용의 영화.
4 『나에 관한 소문』: 한 무명 샐러리맨의 사생활이 텔레비전과 주간지에 연일 보도된다는 내용의 소설.
5 미노 몬타みのもんた, 1944~: 고시청률 프로그램의 단골 사회자. 특유의 사회 멘트와 강렬한 눈빛 연출로 유명함.
6 〈마음껏 텔레비전おもいっきり テレビ〉: 매주 월~금 12시에 시작하는 주부 대상 프로그램으로 의식주에 관한 다양한 정보 및 주부들의 고민을 상담해줌. 1987년부터 20년 가량

방영된 장수 프로그램.

7 아오키 유지青木雄二, 1945~2003: 만화가, 수필가. 대표작에『금전 인간학』『속으면 안 된다』『일벌레 쓰네지로』 등이 있음.

8 『나니와 금융도ナニワ金融道』: 오사카 금융업계의 이면을 그린 만화로 돈을 빌려주고 회수하는 과정을 현실감 있게 그려 텔레비전 드라마화되기도 함.

9 샐러리맨 금융サラ金: 일정 수입이 있는 샐러리맨들을 대상으로 고금리의 돈을 빌려주는 금융 형태로 일본에서는 사회적 문제로 상징되고 있음.

10 나카무라 우사기中村うさぎ, 1958~ : 소설가, 수필가. 33세에 주니어 판타지『고쿠도 군 만유기』로 데뷔하여 대형 베스트셀러가 되면서 일약 인기 작가로 발돋움. 그 인세로 브랜드 쇼핑에 빠져 빚에 허덕이는가 하면 호스트에게 정신이 팔려 미모를 가꾸겠다고 성형 수술을 감행, 그 경험을 책으로 내기도 함. 대표작에『나카무라 우사기의 빈곤 일기』『쇼핑 여왕』『미인이 되고 싶어』 등이 있음.

11 『고쿠도 군極道くん』: 원제는『고쿠도 군 만유기慢遊記』. 예샬롯이란 나라의 악동모험가 고쿠도와 루베트, 프린스가 신기한 나라를 여행하며 펼치는 대소동을 그림.

12 마쓰모토 세이초松本清張, 1909~1992: 작가. 사회파 추리 소설의 창시자. 장르에 구애되지 않고 늘 도전하는 정신으로 인간의 본질을 파헤쳐 사회의 이면에 주목하였으며, 일본 현대사 연구에도 전력함. 대표작에『점과 선』『눈의 벽』『암스테르담 운하 살인 사건』 등이 있음.

13 사향뒤쥐: 식충목食蟲目 뒤쥐과의 포유류.

14 미야자키 하야오宮崎駿, 1941~ : 만화가, 애니메이션 감독. 대표작에 〈바람 계곡의 나우시카〉 〈이웃집 토토로〉 〈원령 공주〉 등이 있음.

15 〈센과 치히로의 행방불명千と千尋の神隱し〉: 2001년작. 인간들이 들어갈 수 없는 불가사의한 세계로 들어간 10세 소녀 치히로. 하쿠와 린 언니의 도움으로 유바바라는 마녀 밑에서 온천장 '아부라야'의 일을 하며 돼지로 변한 부모의 원래 모습을 되찾는다는 내용의 애니메이션.

16 이와사키 도시오岩崎敏夫: 민속학자. 저서에『도호쿠 민간 신앙 연구』『야나기타 구니오의 민속학』 등이 있음.

9강

1 아사미야 기아麻宮騎亞, 1963~ : 만화가. 대표작에『사일런트 뫼비우스』『컴파일러』『다크 앤젤』 등이 있음.

2 〈로망 앨범〉: 과거 인기를 누렸던 애니메이션들의 줄거리, 제작 뒷이야기, 셀화, 스태프의 인터뷰 등을 담은 무크지.

3 발라드J.G. Ballad, 1930~2009: 영국의 SF작가. 대표작에『크리스털 월드』『크래시』『태양의 제국』 등이 있음.

4 오노 후유미小野不由美, 1960~: 소설가, 미스터리 작가. 대표작에『생일 전날은 잠 못 이룬다』『십이국기』『사귀』 등이 있음.
5 『도쿄이문東京異聞』: 제도帝都 도쿄가 탄생한 지 29년. 평온을 깨려는 듯 밤마다 출몰하여 사건을 일으키는 어둠의 무리들과 그들을 뒤쫓는 제도일보의 기자 히라카와 신타로를 그린 전기 미스터리.
6 쓰루타 겐지鶴田謙二, 1961~: 만화가. 대표작에『Spirit of Wonder』『수소』『물의 혹성』 등이 있음.
7 『우주전함 야마토宇宙戰艦ヤマト』: 1974년작. 태평양 전쟁 당시 침몰한 전함을 개조, 외계인과의 우주 전쟁에 홀로 출격하여 승리한다는 내용의 만화. 텔레비전 만화 및 극장용 애니메이션으로 제작되어 사회 현상을 일으킬 정도로 인기를 누림. 〈우주전함 V호〉라는 제목으로 한국에서도 방영됨.
8 무라카미 류村上龍, 1952~: 소설가, 영화감독. 대표작에『한없이 투명에 가까운 블루』『토파즈』『69』등이 있음.
9 크툴루 신화Cthulhu Mythos: 작가는 '클루루'가 정확한 발음이라 하나, 일반적으로 '크툴루'로 쓰이고 있음. 러브크래프트가 창조한 암흑신화. 아득한 과거 지구에 내려온 크툴루 스폰, 그레이트 올드 원이라는 외계 생명체에 의해 만들어진 인간이 태평양 해저에 잠들어 있다 호시탐탐 지구 정복을 꾀한다는 내용.
10 러브크래프트Howard Philips Lovecraft: 독자적인 작품 세계를 구축, 동료 작가들과 '우주적 차원'의 신화 체계를 만들어냄. 대표작에『광기의 산맥』『던위치 호러』『크툴루의 소환』등이 있음.
11 오거스트 덜레스August Derleth, 1909~1971: 공포 소설 작가. 러브크래프트의 작품에서 단편적으로 등장한 우주의 사악한 신들이나 고유명사를 체계화. 대표작에『크툴루의 가면』『솔라 폰즈의 모험』『다크 윈드 다크 하트』등이 있음.
12 프랭크 벨납 롱Frank Belknap Long, 1903~1994: SF작가.『최후의 사람들』『바다 거머리』『할로윈의 연인』등이 있음.
13 도널드 원드레이Dornald Wandrei, 1908~1987: SF작가. 미국 SF소설의 선구자. 대표작에『드림 호러』『스트레인지 하비스트』『꿈꾸지 마라』등이 있음.
14 로버트 E. 하워드Robert Ervine Howard, 1906~1936: 모험 소설 작가. 괴기환상 소설 세계와 액션 영웅물을 접목한 영웅판타지물(또는 검과 마법물)을 창시. 대표작에 '영웅 코난' 시리즈, '솔로몬 케인' 시리즈,『야수의 그림자』등이 있음.
15 스미스Clark Ashton Smith, 1893~1961: 판타지 작가. 대표작에『잃어버린 세계』『시공을 넘어』『천재 로시』등이 있음.
16 아라마타 히로시荒宏, 1947~: 판타지 문학·신비학·박물학 연구가, 소설가, 영미 판타지 번역 평론 등 폭넓은 방면에서 활동. 저서에『세계대박물도감』『풍수 선생』『황금 전설』등이 있음.
17 구리모토 가오루栗本薰, 1953~2009: 소설가. 미스터리, SF, 역사소설, 탐미소설 등 다양

한 소설 장르에 도전. 대표작에 『마계수호전』 『권 사가』 '이슈인 다이스케' 시리즈 등이 있음.
18 『혹신 전기北神伝綺』: 민속학자 야나기타 구니오가 민속학을 학문으로 인정받기 위해 버려야 했던 '산인설山人説'과 그 배후에 얽힌 진실을 그의 제자이자 주인공 혹신의 시점을 통해 그린 민속학 미스터리.

10강

1 고카미 쇼지鴻上尚史, 1958~: 극작가, 무대연출가, 영화감독. 대표작에 〈줄리엣 게임〉〈내가 병난 이유〉〈파란 하늘에 가장 가까운 장소〉 등이 있음.
2 스튜디오 지브리スタジオジブリ: 미야자키 하야오 감독이 이끄는 애니메이션 제작 회사로 흥행 면에서도 작품성에서도 세계적으로 인정을 받고 있는 저패니메이션의 발신지. '지브리ghibli'란 사하라 사막에서 불어오는 뜨거운 바람을 뜻함.
3 가야마 리카香山リカ, 1960~: 정신과 의사. 신문·잡지 등 각종 미디어에 에세이와 사회 시평, 문화 비평, 서평 등을 집필.
4 가토 노리히로加藤典洋, 1948~: 문예평론가. 저서에 『미국의 그림자』 『패전후론』 『전후적 사고』 등이 있음.
5 나조본謎本: 텔레비전 만화 〈사자에 상サザエさん〉 일가가 도쿄에 오기 전에는 어디 살았으며, 생활 수준, 연령, 용돈 액수 등 별것 아닌 잡다한 사항들에 대한 의문에서 시작한 『이소노 가의 의문』이란 책이 발단이 되어 꼬리에 꼬리를 물듯 나조본(의문을 푸는 책)이 출간됨.
6 우시오 소우지うしおそうじ, 1921~2004: SF영화 감독. 대표작에 〈마그마 대사〉〈쾌걸 라이온마루〉〈우주원인과 스펙톨맨〉 등이 있음.
7 〈스펙톨맨スペクトルマン〉: 1970년에 방영된 텔레비전 SF 드라마. 심형래 감독의 SF영화와 비슷한 느낌의 괴수 드라마로 일본 괴수 드라마 붐에 도화선 역할을 하였음.
8 〈건담〉: 1979년 텔레비전 만화 시리즈로 시작. 원제는 〈기동전사 건담機動戦士ガンダム〉. 22년에 걸쳐 매번 새로운 모습으로 등장한 건담 모빌 수트(인형 병기)는 현재까지도 로봇 만화 팬들의 절대적 지지를 받는 시리즈로 군림하고 있음.
9 도미노 요시유키富野由悠季, 1941~: 애니메이션 감독. 무시 프로덕션에 입사하여 〈우주 소년 아톰〉으로 연출가 데뷔. 대표작에 〈바다의 트리톤〉, '건담' 시리즈, 〈전설 거신 이디온〉 등이 있음.
10 이노우에 다케히코井上雄彦, 1967~: 만화가. 대표작에 『슬램덩크』 『배가본드』 『리얼』 등이 있음. 특히 『슬램덩크』는 세계적으로 1억 부를 돌파하기도 함.
11 하기노 모토秋野望都, 1949~: 만화가. 대표작에 『포 일족』 『메쉬』 『토마의 심장』 등이 있음.
12 구보즈카 요스케窪塚洋介, 1979~: 탤런트, 영화배우. 대표작에 〈GO〉〈핑퐁〉 등이 있음.
13 〈이케부쿠로 웨스트 게이트 파크池袋ウェストゲートパーク〉: 이케부쿠로를 거점으로 패싸

움을 일삼는 젊은이들과 거기에 편승하려는 야쿠자 세력, 그 모두를 일망타진하려는 경찰, 그리고 그룹에 관계되는 여자애들의 의문의 죽음을 밝혀내는 과정을 그린 드라마.

14 구도 간쿠로宮藤官九郎, 1970~: 각본가. 배우, 연출, 밴드 활동 등 다방면에 끼를 발휘. 신세대 감각의 각본가로 주목받음. 대표작에 〈로켓 보이〉〈핑퐁〉〈GO〉 등이 있음.

15 〈계속ケイゾク〉: 1999년에 방송된 드라마. 2000년에는 영화화되기도 했음. 평소 사회적 상식과는 거리가 먼 괴짜 여형사가 자신이 일하는 2과로 넘어온 어려운 사건들을 해결해간다는 이색 형사 드라마. 제목은 미궁에 빠진 사건을 명목상 수사는 계속하고 있다는 의미의 계속.

16 쓰쓰미 유키히코堤幸彦, 1955~: 영상 작가, 연출가, 영화감독. 대표작에 〈러브 스토리를 그대에게〉〈기묘한 이야기 3〉〈긴다이치 소년 사건부〉 등이 있음.

17 가네코 후미노리金子文紀, 1971~: 연출가. 대표작에 〈교습소 이야기〉〈퀴즈〉〈하얀 그림자〉 등이 있음.

18 가타야마 오사무片山修, 1940~: 연출가. 대표작에 〈크리스마스 이브〉〈캠퍼스 노트〉〈아빠〉 등이 있음.

19 신카이 마코토新海誠: 영상 작가. 대표작으로 〈머나먼 세상〉〈둘러싸인 세상〉〈그녀와 그녀의 고양이〉 등이 있음.

20 〈별의 목소리ほしのこえ〉: 신카이 마코토가 혼자서 각본에서 연출, 제작, 편집까지 한 25분짜리 단편 애니메이션. 미카코와 노보루라는 소녀와 소년이 지구와 우주로 각각 떨어져 지내게 되면서 유일한 소통 수단인 휴대폰 메일로 사랑을 확인해간다는 내용. 일인 제작 애니메이션으로서는 완성도가 높다는 평을 받은 작품.

21 〈Hanako〉: 매거진하우스 사에서 간행하는 월간 여성 종합 정보잡지.

22 미타니 고키三谷幸喜, 1961~: 각본가. 연극 연출가. 영화감독. 배우로 드라마 제작으로 다방면에 걸쳐 특유의 유머러스한 감각을 전개. 대표작에 〈돌아보면 녀석이 있다〉〈왕의 레스토랑〉〈오케피〉〈웃음의 대학〉〈멋진 악몽〉등이 있음.

23 쟈니즈: 연예인 사무소로 주로 10~20대 인기 남성 연예인들이 소속되어 있음. 〈키사라즈〉의 주인공 붓상도 'V6'라는 쟈니즈 소속 6인조 남성 그룹의 가수임.

24 〈트릭 2〉: 죽은 아버지의 뒤를 이어 마술사가 된 젊은 여자 주인공과 천재 물리학자가 초현실적인 현상 속에 숨은 트릭을 하나씩 풀어가는 미스터리 드라마.

25 아즈마 히데오吾妻ひでお, 1950~: 만화가. 대표작에 『나나코SOS』『부조리 일기』『날아라 돈키』 등이 있음.

26 『도카벤ドカベン』: 얼굴도 몸집도 도시락('벤토')처럼 사각으로 생긴 중학생 야마다가 고등학교에 진학하여 야구부에 들어가면서 펼쳐지는 고교 야구 만화.

27 『야구광의 시野球狂の詩』: '메츠'라는 프로 야구단에 들어간 여자 투수의 활약을 그린 야구 만화.

28 V시네마: 도에이 비디오가 출시한 비디오 전용 시리즈 영화를 의미하나, 현재는 비디오 대여점에 유통할 목적으로 필름 및 비디오카메라로 제작한 영화 일반을 지칭.

29 아이카와 쇼哀川翔, 1961~: V시네마의 제왕이라 할 만한 영화배우. 주로 조직폭력배나 아웃사이더적 역할을 연기. 대표작에 〈네오 불량배 사격왕 퓨〉〈조직폭력〉〈Dead or Alive〉등이 있음.

30 호조 쓰카사北條司, 1959~: 만화가. 대표작에 『시티 헌터』『엔젤 하트』『패밀리 콤포』등이 있음.

31 『캐츠 아이』: 실종된 아버지(화가)를 찾아 그림 전문 털이범이 된 세 자매 '캐츠 아이'와 경찰의 공방을 그린 액션 만화.

11강

1 시마다 마사히코島田雅彦, 1961~: 작가. 『피안 선생』『잊혀진 제국』『즐거운 내셔널리즘』 등이 있음.

2 〈아마겟돈Armageddon〉: 1998년작. '글로벌 킬러'라는 텍사스 크기의 소행성이 지구를 향해 빠른 속도로 돌진해오는 걸 발견한 NASA가 소행성을 폭파할 굴착 전문가 8명을 파견한다는 내용.

3 〈딥 임팩트Deep Impact〉: 1998년작. 뉴욕 시 크기의 '엘리'라는 혜성이 지구에 충돌하는 걸 막기 위해 미국 대통령이 우주선 '메시아 호'를 쏘아 혜성 폭파 계획에 나서고 인류 멸망의 위협을 느낀 가족들이 결속한다는 휴먼 드라마.

4 〈인디펜던스 데이Independence Day〉: 1996년작. 지구를 침범하여 전세계를 초토화한 외계인에 맞서 공군 조종사였던 미국 대통령 외 미국군들이 지구의 독립을 쟁취한다는 내용.

5 〈고질라Godzilla〉: 1998년작. 핵실험에 따른 유전변이로 태어난 변종 고질라가 뉴욕 한복판에 나타나 시민들은 공포의 도가니에 빠지고, 고질라가 엄청난 수의 알을 품는다는 사실에 놀란 생물학자 닉이 알의 부화를 막기 위해 분투한다는 내용.

6 일본국 헌법 9조: 일본 헌법의 3대 원칙 중 하나인 '평화주의'를 구체적으로 규정하는 조문. 전쟁포기, 전력 불보유, 교전권 불인정이라는 삼대 취지를 담고 있음.

7 막스 뤼티, 1909~1991: 유럽 구전문학 연구가. 대표작에 『민간 전승과 창작 문학』『옛날이야기의 본질』『유럽 옛날이야기』등이 있음.

8 〈바다의 소년 트리톤海のトリトン〉: 1972년작. 데즈카 오사무의 만화를 원작으로 한 텔레비전 만화 영화.

9 사사키바라 고우ササキバラ ゴウ, 1961~: 작가, 편집자, 평론가. 저서에 『이메일 문장 작법』『전쟁과 평화』(공저) 등이 있음.

종강

1 야스쿠니 신사靖國神社: 1868년 유신에 성공한 메이지 천황이 도쿠가와 막부와의 전투에서 숨진 이들을 추모하기 위해 다음해 왕궁 옆 9만 9천m^2의 부지에 만든 호국신사.

2 대역 사건大逆事件: 1910년 폭탄으로 메이지 천황을 암살하려는 계획이 발각되었다는 걸 빌미로 전국의 사회주의자 및 무정부주의자를 탄압한 사건.
3 『도오노 이야기遠野物語』: 이와테 현 도오노 지방에서 전해 내려오는 옛날이야기를 담은 책.
4 소로분候文: '~입니다(소로候)'라는 말을 사용한 문어체. 주로 편지에 쓴다.
5 잇사一茶: 코바야시 잇사小林一茶, 1763~1827. 에도 후기의 하이진俳人으로 분방하고 자주적이며 생활적인 작품세계를 갖고 있다.
6 니햐쿠산고치마키二百三高地卷き: 러일전쟁 후 메이지 38~39년(1905~1906)경에 유행한 여성의 트레머리 일종으로, 틀어 올린 머리 속에 곱슬머리로 만든 다리를 넣어 크게 부풀린 것.
7 에토 준江藤淳, 1932~1999: 문예 비평가. 전후 일본을 대표하는 일급 지성으로 평가됨. 대표작에 『소세키와 그 시대』『아내와 나』『일족재회』등이 있음.

찾아보기

숫자·영문

〈24시〉 267
『5분 후의 세계』 192
9·11 219~225
〈D&D〉 41, 42, 145~147, 154
〈Hanako〉 206~209
TRPG 39~42, 71, 9, 121, 141
TRPG 리플레이 39, 40, 152
X문고 18

ㄱ

가공의 나 248, 249, 254~256
가공의 세계 171, 188, 189, 219, 243, 256
가공의 캐릭터 28, 85, 91, 92, 219
가와바타 야스나리 298, 315, 318
걸프전 220, 229, 261, 266
검은 역사 204
게임 디자이너(GD) 154~160, 178
게임 마스터(GM) 41, 149~161, 165, 178
게임풍 소설 29, 106, 120, 121
『겨울 신화』 105
고단샤문예문고 18
〈고질라〉 224, 228
『고쿠도 군』 170
『망가·아니메』 107, 108, 234
〈군조〉 6, 17
근친상간 금기 294

글말(문어체) 7, 85, 86, 253, 254
『기지마 일기』 22, 23, 46, 47
기호성 101
깨지지 않는 인간 112~114, 116, 117
끝나지 않는 일상 212

ㄴ

『나에 관한 소문』 168
나쓰메 소세키 28, 244
노벨라이즈 22
노파 가죽 298~300, 302~319
논픽션 167, 168, 170, 178

ㄷ

〈다라오 반나이〉 45, 46, 49, 50
〈다이 하드〉 232, 233
다중인격물 43
『다중인격 탐정 사이코』(『사이코』)
  5, 18~23, 25, 38, 39, 42, 43, 46, 53, 67, 75,
  102~104, 112, 115, 119, 126, 202, 222, 223
다야마 가타이 7, 24, 91, 167, 243
〈더 스니커〉 3, 125, 126, 128, 242
던전 마스터(DM) 145
데즈카 오사무 44, 47, 59~71, 73, 76, 77,
  80, 101, 104, 107, 108, 110~112, 204,
  220, 233, 234, 296
덴게키문고 18

『도로로』 44, 296
『도오노 이야기』 245
『도카벤』 212
『동물화하는 포스트모던』 73, 75
〈드래곤 퀘스트〉 39
〈디지캐릿〉 73, 75
〈딥 임팩트〉 224, 228

ㄹ

〈라이언 킹〉 47
라이트 노벨 10
『로도스도 전기』 37~42, 106, 145~149, 151, 153, 154, 219
〈롱 베케이션〉 78
롤리타 콤플렉스 318
『리바이아상』 47

ㅁ

〈마녀 배달부 키키〉 301
『마다라』 44, 53, 145, 155, 296
마쓰모토 세이초 170
마이클 무어 275, 276
막스 뤼티 232
막스 베버 277
「만월」 319
『만화 전과』 60, 61
〈모노노케 히메〉 301, 308
무라카미 하루키 15, 28, 115, 116, 308
무뢰파 15
『무요노스케』 64
〈문장세계〉 247, 248
〈문학계〉 34
『물에 잠긴 세계』 190
미나모토 타로 296

미디어믹스 105, 106, 158
미야자키 하야오 175, 177
미즈노 요슈 7
민담 94, 174, 175, 177, 179, 182, 232, 233, 292, 295~297, 305, 306, 308
『민담의 구조』 174, 177

ㅂ

〈바다의 소년 트리톤〉 234~236
〈바람 계곡의 나우시카〉 301, 308
『반지의 제왕』 41, 42, 179
백스토리 226, 227, 265~267, 281
『분과 훈』 104
불사신 영웅 232
블라디미르 프로프 296
빈칸 채우기 목록 90, 91

ㅅ

〈사랑의 가난 탈출 대작전〉 168, 172, 174
사생문 7, 24, 70~72, 85, 86
사소설 7, 10, 16, 17, 28, 29, 36, 72, 91, 93, 165, 167~170, 178, 244, 254, 255
〈사이보그009〉 107
〈사이코〉 43
사회파 미스터리 170
서브컬처 116, 117, 206
세키 게이고 300, 302, 304
세계관 34, 36, 37, 49, 54, 55, 154~159, 171, 179, 201~204, 215, 216
세부 128, 148
세이료인 류스이 55, 72, 118, 120, 160
〈센과 치히로의 행방불명〉(〈센과 치히로〉) 175~182
셋쿄부시 68~70

셰어드 월드 소설 193, 194, 198
〈소년북〉 61, 64
〈소년 점프〉 94
『솜나라 별』 77
스니커문고 16, 18, 21, 25, 26, 34, 40, 105, 106
스니커 소설 16, 24, 28
〈스타 워즈〉 5, 264, 269, 271, 273, 292~295
스토리 편집 136
『스푸트니크의 연인』 115
『슬픈 예감』 98
『승리하는 날까지』 108, 110
『시간을 달리는 소녀』 104, 160
신본격 120
〈신세기 에반게리온〉 139
신화 179, 264, 277, 278, 291, 292

ㅇ

〈아기사슴 밤비〉 47
아라이 모토코 26, 27, 106, 243, 256
〈아마겟돈〉 224, 228
아웃로 15
『애견가 연속 살인』 165
애니메이션풍 소설 26~28
앨런 던데스 94, 174, 177, 179
『야구광의 시』 212
야나기타 구니오 91, 137, 167, 181, 245, 291
〈야성시대〉 6
언문일치 7, 86, 246
에도가와 란포 25, 72
에토 준 255
엔터테인먼트 소설 24
『영웅 탄생 신화』 293
영화풍 소설 117, 120
옛날이야기 179, 182, 232, 291

오브세션 226, 230, 265, 270, 274, 285
오자와 도시오 297
오토 랑크 293
온다 리쿠 106, 160
〈와일드 번치〉 115
요시모토 바나나 98, 319
『우쓰노미코』 27
〈우주소년 아톰〉 44
『우주전함 야마토』 191
〈우주전함 야마토〉 234
우편 선거 279
위니콧 301
〈위어드 테일즈〉 194
『위험한 학교』 104
〈이누가미가 일족〉 46
이니시에이션 295
『이불』 7, 24, 167, 243, 244, 246~248
이시하라 신타로 117
『이야기 체조』 5, 44, 127, 296
이야기의 문법 264, 291, 292, 295~298
〈이웃집 토토로〉 301
이와나미문고 18
「이즈의 무희」 298, 308
『인간, 이 깨지기 쉬운 존재』 112
〈인디펜던스 데이〉 224, 228
『인신공양론』 319
『일본 옛날이야기 대성』 300
입말(구어체) 86
입 찢어진 여자 291

ㅈ

작가 자신의 렌즈를 사용 91
작가로서의 나 256
『잠자는 미녀』 318
재마술화 277

재신화화 278, 279
재이야기화 9, 277
『'저패니메이션'은 왜 지는가』 287
〈정글 대제〉 47
정보카드 127
조지 루카스 294~296
조지프 캠벨 5, 264, 294
주니어 소설 16, 17
주브나일 104~106, 160

ㅊ

초코에그 20
『초 혁명적 중학생 집단』 104

ㅋ

카드와 플롯 129
캐릭터 소설 10, 29, 33, 87, 91
캐릭터로서의 나 256
캐릭터의 개성 55
캐릭터의 순열조합 88
캬라 모에 73, 74, 119
캬라 모에 패턴의 조합 76
코발트문고 18, 26, 27
〈콤푸티크〉 145, 147
크툴루 신화 193
클로드 브레몽 140
클린턴 266, 268
『키친』 319

ㅌ

『타이거 마스크』 78
탈마술화 277
『태양의 계절』 117
텍스트 어드벤처 게임 139

텔레비전 다큐멘터리 168
〈트루먼 쇼〉 168
특징 목록 90, 91

ㅍ

〈파이널 판타지〉 39
파티 39, 41, 42
판타지 룰 42
팩맨 96, 151
〈팬더와 친구들의 모험〉 301
『편지광 마미, 여름 이사』(『편지광 마미』)
  83, 84, 87, 92
〈포켓몬〉 43
〈프로젝트X〉 169, 171, 172, 174
플레이어 39, 40, 91, 139, 145

ㅎ

〈하울의 움직이는 성〉(〈하울〉) 300~308
허구의 세계 25, 101, 241
『헐리우드 영화 각본술』 88~90, 92, 96,
  226, 227, 263
『혹신 전기』 194
〈홍번구〉 88
〈화씨 911〉 275
후지미판타지아문고 18, 40

국립중앙도서관 출판예정도서목록(CIP)

캐릭터 소설 쓰는 법
/ 지은이: 오쓰카 에이지 ; 옮긴이:김성민. — 개정증보판. — 서울 : 북바이북, 2013
    p. ;   cm

원표제: キャラクター—小説の作り方
원저자명: 大塚英志
색인수록
일본어 원작을 한국어로 번역
ISBN 978-89-962837-8-2 03800 : ₩16000

소설 작법[小說作法]

802.3-KDC5
808.3-DDC21   CIP2013007504

캐릭터 소설 쓰는 법 개정증보판

2013년 10월 28일 1판 1쇄 발행
2022년 11월 15일 1판 5쇄 발행

지은이	오쓰카 에이지
옮긴이	김성민
펴낸이	한기호
펴낸곳	북바이북

출판등록 2009년 5월 12일 제313-2009-100호
주소 121-839 서울시 마포구 서교동 484-1 삼성빌딩A동 2층
전화 02-336-5675 팩스 02-337-5347
이메일   kpm@kpm21.co.kr
홈페이지 www.kpm21.co.kr

ISBN 978-89-962837-8-2 03800

북바이북은 한국출판마케팅연구소의 임프린트입니다.
책값은 뒤표지에 있습니다.